U0531072

新财道家族研究院系列丛书

财富传承的治理之道
——六大规划要务指引

周小明　程卫东　杨　祥　姜德广　著

序

改革开放以来，我国经济社会稳步发展，私人财富迅速积累。随着第一代创富者年龄的增长，未来二十年将是我国有史以来首次大规模私人财富代际传承的关键时期，这意味着将全面揭开个人财富向家族财富演进的序幕。这是一项重大的社会事件。如何在代际有序传承好财富，无论对于财富拥有者还是对于整个经济社会而言，均意义重大、影响深远。

表面上看，家族财富管理只是财富拥有者的私事、家事，这其实是一种误解。家族财富只是在法律上由私人拥有，其效用则是社会的，均直接或间接地用于国家的经济发展，有助于解决社会的就业并贡献税收。如果在代际传承中，私人财富没有得到适当的管理，财富在价值上减损将是大概率事件。财富价值的减损，意味着财富社会效用的降低，不仅影响家族企业员工的就业、国家的税收和经济的发展，还会影响社会和谐。因此，财富传承绝非简单的私事、家事，对于财富人士而言，重视并有效地进行财富传承既是一份对家人的责任，也是一份沉甸甸的社会责任。

然而，传承又是一件非常富有挑战的事情。几千年来，古今中外,都有"富不过三代"等类似的谚语。在世界范围内,能够历经百年而不衰的财富家族非常罕见,很多显赫一时的家族在时间的洪流下都逐渐销声匿迹。如何打破财富宿命、将财富传承下去、传承得更平稳一点、传承得更久远一点,这既是当下中国所有财富拥有者的一大挑战,也是当下中国社会的一个巨大挑战。因为在这方面,中国并没有现成的成功经验可资借鉴。

作为一名信托与财富管理领域的研究者与实践者,2015年,本人与一批志同道合的专业人士联合数十位企业家成立了新财道财富管理股份有限公司,开始了本土家族财富管理服务的实践探索。同时,成立了新财道家族研究院,对家族财富管理展开系统性的研究,并推出了本套系列丛书,以期建立本土家族财富管理的理论体系和实践标准。《财富传承的治理之道——六大规划要务指引》是新财道家族研究院继《家族财富管理之道》(中国金融出版社,2017年)、《财富管理视角下的家族信托规划》(中国金融出版社,2019年)之后,推出的第三本系列丛书。本书旨在为成功的财富传承提供完整的理论指导和务实的实践方案。

无数财富家族成败的经验教训一再表明:要想成功进行家族传承,实现"富过三代",就必须在家族内部构建和实施精心规划的家族治理体系。没有治理就没有传承,传承必须从治理入手,这是成功传承的一个基本规律,也是家族形成财富创造、保护、传承、再创造良性循环的关键所在。在实践中我们欣喜地看到，越来越多的财富家族意识到家族治理的重要性，并开始着手规划和实施自己的家族治理体系。

然而，家族治理是一项极为浩大的工程，而且无法一蹴而就，一旦启动，就必须持续投入，不断地调整与完善。对于致力于长期保有财富的家族而言，家族治理不仅是对某一代人的行为管理，更是对每一代人的行为持续进行动态管理的过程。同时，我们也发现许多家族对于如何构建一套行之有效的家族治理体系彷徨无措，对于家族治理中大量的非技术性的"柔性"问题也倍感力不从心。对此，本书全面总结了家族治理的原理，并开创性地提炼了家族治理规划的六大要务，以期为进行传承的家族开展家族治理活动提供具有实用价值的操作指引。

全书共分为七部分，内容概述如下。

引言"传承从治理入手"。在比较继承与传承两种财富代际传承方式的基础上，指出传承是一种责任担当，是更好的财富代际传递方式，并全面论述了成功传承的哲学，在此基础上，系统性地阐释了何为家族治理、家族治理解决的问题范围，分析了家族治理体系的构成，揭示了传承视角下家族治理的一般性及特殊性特征，进而提出了构建与实施家族治理的六大要务。

第一章"启动家族治理项目"。这是构建与实施家族治理体系的第一大要务。家族治理不会自发形成，是家族有意识进行规划与构建的结果。构建家族治理体系的第一步工作是启动家族治理项目。本章论述了家族治理项目启动过程的五个基本环节：启动家族治理项目的决策、聘请家族治理项目顾问、成立家族治理项目工作组、开展家族治理项目调研、制订家族治理项目工作方案。

第二章"明确家族范围与目标"。这是构建与实施家族治理体系的第二大要务。启动家族治理项目的各项准备工作之后，便进入第二步工作环节，即明确家族范围与家族目标。家族是一个动态的、发展的概念，本章从多个维度对家族及其成员的界定进行了阐述，在此基础上指出，家族必须创建家族的愿景、使命与核心价值观这项"灵魂工程"，进而明确中观层面的家族财富管理目标。家族愿景与财富目标之间需要彼此协同，相互支撑。

第三章"确定家族治理政策"。这是构建与实施家族治理体系的第三大要务。确定了家族范围与目标后，便进入第三步工作，即确定家族治理政策。本章指出家族治理政策应该涵盖家族金融资本、人力资本、文化资本和社会资本等家族财富的所有方面，并且应该相互衔接，共同服务家族的整体目标。在此基础上，全面探讨了家族财产分配政策、家族财产管理政策、家族与企业关系政策、家族人力资本培育政策、家族社会责任政策等主要家族治理政策需要考虑的各方面因素。

第四章"设计家族治理组织结构"。这是构建与实施家族治理体系的第四大要务。家族治理组织结构是家族愿景、目标及家族治理政策落地执行的组织机构。本章翔实地介绍了目前家族治理实践中普遍采取的"家族大会—家族理事会—家族办公室"的组织结构,同时,指出财富家族需要根据自身的实际情况与需求,量身定做其具体的家族治理组织体系。

第五章"制定家族规范文件"。这是构建与实施家族治理体系的第五大要务。正式的家族治理体系应该制定正式的家族规范文件,这也意味着在形式上建立起正式的家族治理体系。本章重点阐述了"家族宪法"的内容、结构及制定流程,家族企业契约的制定目的及具体内容,家族行为规范的共性化内容及其效力。

第六章"实施并重申家族治理"。这是构建与实施家族治理体系的第六大要务。本章重点阐明了实施并重申家族治理是确保家族治理成功的最重要事务。在家族治理的实施过程中,需要提升家族治理的组织力,搭建家族财产的管理结构,提升家族凝聚力,实施家族教育,定期评估并重申家族治理体系。

本书以传承视角系统阐述家族治理理论与实务规划,具有融理论与实务于一体的特点,作者均为兼具学术素养与实务经验的财富管理专家。本书开创性地为家族治理活动的展开提供了一套方法论,不仅适合财富家族成员阅读,也适合各类提供家族财富服务的机构(信托公司、商业银行、保险机构、家族办公室、专业服务机构等）的从业人员阅读，希望读者可以在本书中有所收获。本书只是对家族治理规划进行系统性探索的一个开始，其中的观点和方法还有许多不完善、不成熟甚至错漏之处，真诚地欢迎读者批评指正。

是为序。

周小明

2022 年 8 月 9 日于北京

目录

引言　传承从治理入手　　1

1. 代际传递的两种方式　　3
   1.1　"继承"不是"传承"　　3
   1.2　传承是一种责任担当　　6
   1.3　不做代际传递的懒人　　11
2. 家族传承的哲学　　15
   2.1　三大传承话题　　15
   2.2　传承的时间维度　　19
   2.3　"富不过三代"的魔咒　　22
   2.4　成功家族的传承密码　　26
   2.5　成功传承的基本规律　　29
3. 构建和实施家族治理体系　　35
   3.1　什么是家族治理？　　35
   3.2　家族治理解决什么问题？　　42
   3.3　家族治理体系的构成　　47
   3.4　传承视角下家族治理的特征　　50
   3.5　构建与实施家族治理体系的六大要务　　55

第一章　启动家族治理项目　59

1. 决定启动家族治理项目　61
1.1　要不要启动家族治理项目　62
1.2　什么时候启动家族治理项目　64
1.3　谁决定启动家族治理项目　69

2. 选聘家族治理顾问　70
2.1　家族治理顾问的服务角色　72
2.2　家族治理顾问的选聘标准　76
2.3　家族治理顾问的选聘程序　82

3. 成立家族治理规划项目组　90
3.1　项目组的主要功能　90
3.2　项目组的结构与组成　92
3.3　项目组的组织与领导　94

4. 开展家族治理项目尽职调查　95
4.1　尽职调查的主要内容　95
4.2　尽职调查的主要方式　97
4.3　运用家族资产负债表　99

5. 制订规划工作方案　102

| 5.1 工作方案的主要内容 | 102 |
| 5.2 工作方案的拟订与批准 | 103 |

第二章　明确家族范围与目标　　105

1. 界定家族及其成员	108
1.1 家族的概念及构建基础	108
1.2 以亲属关系为纽带	111
1.3 以家庭关系为核心	115
1.4 传承家族构建的再思考	122
2. 创建家族愿景、使命与核心价值观	128
2.1 创建属于自己的家族梦想	129
2.2 如何创建自己的家族梦想？	134
2.3 方太集团的传承实践	142
3. 明确家族财富的管理目标	149
3.1 家族愿景与财富目标的协同	149
3.2 家族财富管理的目标层次	151

第三章　确定家族治理政策　　155

| 1. 家族财产分配政策 | 158 |
| 1.1 明确家族财产的分配理念 | 159 |

1.2	确定分配用途及相关政策	162
2.	**家族财产管理政策**	**169**
2.1	家族财富创造引擎政策	170
2.2	家族财富风险控制政策	177
2.3	家族投资管理政策	186
3.	**家族与企业关系政策**	**193**
3.1	家族优先还是企业优先？	193
3.2	家族企业所有权政策	199
3.3	家族成员参与企业政策	207
3.4	家族企业的股利分配政策	214
4.	**家族人力资本培育政策**	**217**
4.1	家族人力资本政策的考量因素	217
4.2	人力资本培育政策的三个维度	221
5.	**家族社会责任政策**	**234**
5.1	社会资本与社会责任	234
5.2	家族企业社会责任政策	236
5.3	家族投资社会责任政策	239
5.4	家族慈善社会责任政策	241

第四章　设计家族治理组织结构　　249

1. 家族治理的组织结构　　252
1.1　公司治理组织结构的启示　　253
1.2　家族治理的典型组织结构　　258
1.3　家族治理与企业治理的协同　　264
1.4　李锦记家族治理实践　　269

2. 家族大会及其构建　　278
2.1　家族大会的设置与职责　　278
2.2　家族大会的组成与召开　　281
2.3　家族大会议事规则　　284

3. 家族理事会及其构建　　287
3.1　家族理事会的设置与职责　　287
3.2　家族理事会的成员组成与会议召开　　291
3.3　家族理事会议事规则　　292
3.4　家族专门委员会　　296

4. 家族办公室及其构建　　302
4.1　家族办公室的角色定位　　302
4.2　家族办公室的职责　　305

| 4.3 家族办公室的构建方式 | 309 |

第五章　制定家族规范文件　317

1. 家族规范文件的不同视角　319
1.1　家族治理需要家族规范　319
1.2　家族规范文件的类型　321
1.3　家族规范文件的特点　324

2. "家族宪法"：家族的基本法　325
2.1　什么是"家族宪法"？　325
2.2　"家族宪法"的内容和结构　328
2.3　"家族宪法"的制定流程　335
2.4　"家族宪法"的两个案例　338

3. 家族企业契约　344
3.1　家族企业契约的目的　344
3.2　家族企业契约的内容　348

4. 家族行为规范　357
4.1　家族行为规范的两个案例　358
4.2　家族行为规范共性化内容　362
4.3　家族行为规范的效力　370

第六章　实施并重申家族治理　　375

1. 提升家族治理的组织力　　379
   - 1.1　家族治理组织积极履职　　380
   - 1.2　家族成员广泛参与　　381
   - 1.3　发挥家族办公室的统筹功能　　384
   - 1.4　发挥外部专业资源力量　　388
2. 搭建家族财产的管理结构　　392
   - 2.1　风险全覆盖的家族保险体系　　393
   - 2.2　目标导向的家族基金体系　　398
   - 2.3　可持续的家族投资管理体系　　411
3. 凝聚并教育家族成员　　420
   - 3.1　发挥家族会议的凝聚教育功能　　421
   - 3.2　做好正式的家族教育活动　　433
   - 3.3　举行具有自身特色的家族仪式　　444
   - 3.4　调解和解决家族冲突　　448
4. 评估并重申家族治理体系　　453
   - 4.1　定期评估家族治理效果　　453
   - 4.2　完善与重申家族治理体系　　457

引言 Introduction
传承从治理入手

1. 代际传递的两种方式

1.1 "继承"不是"传承"

衰老不可避免，生命总有尽头，每一位家族财富的缔造者无论其是否愿意，都无法改变其所创造的财富终将进行代际传递的命运。家族财富的代际传递是一个不可逆的进程，面对这一进程，每一位财富拥有者所能做的就是选择好代际传递的方式。

家族财富在代际传递中有两种方式可供选择：继承或者传承。这两种方式虽然只有一字之差，但含义完全不同。继承是采用法定的方式分配家族财产，传承是采用治理的方式管理家族财富，两者的目标、过程和结果全然不同。

传递目标

用继承方式传递财富，目的很简单，就是"分财产"，即将自己拥有的财产直接分配给配偶、子女、父母或者其他家庭成员，财产分配完毕，目的即达成，至于获得分配的人如何管理、使用财产在所不问，完全由他们自己做主，结果好坏也由他们自己承担。采用继承方式传递财富，如果说有什么精神诉求的话，主要是和谐,即希望继承过程中能够避免家庭争产纠纷。

用传承方式传递财富,目标完全不同,是要传"家族事业",即将自己拥有的财产通过恰当的方式转化为不可分割的家族共同财富世代传递下去,实现家业长青。传承的家族通常也会视情况将少量财产分配给家族成员自主拥有使用,但主要财产特别是家族企业则会放入传承的结构(通常是家族信托),为了家族共同的目标统一管理,而不是像继承那样,直接分配给家族成员个人拥有。对于继承来说,一旦将财产分配完毕,传递过程即告结束,传递目标即告实现;而对于传承来说,一旦将财产放入传承结构,传递过程和传递目标恰恰刚刚开始。

传递过程

通常,继承的过程简单而短暂。就继承的对象而言,其非常单一,仅限于家族的物质财富,即在法律上有权属、经济上可计量的各类财产和财产权。就继承的工具来说,其非常有限而且十分刚性,主要是通过立遗嘱的方式,没有立遗嘱的,则按照法定继承方式进行,这两种属于身故后分配遗产的方式。从简单分配财产的角度,也可以采取生前赠与的方式。就继承事务处理而言,财产所有权手续办理完毕,财产的主人从"旧主"换为"新人"后,继承事务即告完毕,费力不多,耗时不长。需要指出的是,继承过程虽然简单,但也需要精心规划,特别是要立好遗嘱,更要避免没有遗嘱的法定继承,否则继承演变成一场费事费时又费力的家庭纷争,就是大概率事件。这样的例子,比比皆是!

相比继承，传承则是一个复杂而长期的过程。就传承的对象而言，传承的是家族的整个财富，家族的物质财富只是其中的一个部分，还包括家族的人力资本、文化资本和社会资本等非物质财富。对于传承目标的实现，家族物质财富的传承只是一个基础，家族非物质财富的传承更具有价值。就传承的工具而言，其非常丰富，而且既有刚性又有柔性。传承既要使用刚性的家族信托工具，又要使用柔性的家族保险、家族资产配置、家族治理、家族慈善、家族教育等多种工具，还要使用法律、税务、财务等辅助性工具。就传承事务处理而言，其复杂且漫长。传承既要管财，又要管人，是一个统筹运用多种工具对家族财富进行综合治理的系统工程，非常复杂且具有挑战性。传承的基准时间长度是超过100年、跨越四代以上的，因此，传承的过程是一个只有开始而没有结束的漫长过程。

传递结果

继承的结果是"分了财产，丢了家族"。在继承方式下，当代家庭成员每个人或多或少都从祖辈那里分得了一块蛋糕，至于这块蛋糕在每个人的手上能保有多长时间，给每个人带来的是祸还是福，是否能够继续造福于蛋糕主人的后代子孙，全靠每个人的造化。因此，在继承方式下，家族只是一个基于血缘和亲情关系的个人联合体，松散而脆弱，不存在基于共同目标、得到有效治理、成员之间利害相关、联系紧密的家族整体。

传承的结果则是"保了财产，建了家族"。传承的出发点不是为了分财产，而是为了保有财产，是要在家族的后代子孙中长期地保有祖先创造的家族财富。为此，传承的家族首先要创建一个法律结构（通常是家族信托），用来长期保有家族财富，防止家族财富被家族成员简单地分割掉。同时，传承的家族还要创建一个治理结构，将家族成员组织起来，为了共同的家族目标和家族利益去管理、使用并不断发展家族财富。因此，在传承方式下，其正常的结果就是，不仅可以保有家族财富，而且也真正构建起了一个所有成员利害相关、联系紧密的家族整体（见表0-1）。

表0-1 继承方式与传承方式比较一览

区别点	继承	传承
目标	分家庭财产，保家庭和谐	传家族事业，促家业长青
对象	家庭物质财富	家族整体财富（金融资本、人力资本、文化资本、社会资本）
工具	遗嘱、法定继承、赠与	家族保险、家族信托、家族资产配置、家族治理、家族慈善、家族教育等
事务	简单的交割财产	复杂的系统工程（综合管理各项家族财富）
时间	短暂，财产交割完成即结束	长期，只有开始没有结束
结果	分了财产，丢了家族	保了财产，建了家族

1.2 传承是一种责任担当

从继承与传承的比较分析中，不难得出结论：传承显然是比继承更好的财富代际传递方式。

继承是"分而不管"，家族财产被简单分割，家族本身不会对分割后的财产和家族成员进行统筹管理。传承是"不分而管"，家族财产不会被简单分割，家族本身既要对家族财产进行统筹管理，又要对家族成员进行统筹管理。显然，从效用上看，传承方式有利于家族财富的长期保有，有利于家族成员的成长，有利于家族事业的可持续发展，也更能使家族财富造福于企业和社会。

因此，传承本质上也是一种责任担当，而继承则是一种懒人思维。对于家族财富的创造者和拥有者而言，虽然传承不是一项法律上的义务，但做好传承工作，却是一项事关家人、企业和社会长期福祉的真真切切的财富责任。

对家人的责任

财富是什么？它是一种能量，既可以成为一种成就人的正能量，也可以成为一种毁灭人的负能量。

关于财富负能量，林则徐有一句话可以说是对它的经典诠释。这句话是这样说的："子孙若如我，留钱做什么？贤而多财，则损其志。子孙不如我，留钱做什么？愚而多财，益增其过。"财富负能量暗合了心理学上的一个著名定律，叫作"不值得定律"，意思是人性中根植着这样一种心理倾向和行为倾向：不值得做的事情，就不值得做好。

作为富裕家族的后代，含着"金钥匙"出生和成长，坐拥财富，心理学上的"不值得定律"更加容易发挥作用。如果简单采取继承方式，将家庭财产通过赠与、遗嘱或者法定继承方式分配给他们自行拥有、处置和享用，财富负能量更加容易伤害他们，很容易使他们掉入坐享其成、无所事事甚至浪荡败家的人性泥沼之中，最终结果很有可能就是财毁人损。因此，简单的继承表面上看对子孙是给财、给福、给关爱，实际上给的可能恰恰是一种"祸害"，关爱的结果往往最终演变成一种对家人的不负责任。只有用精心规划的传承方式来传递财富，用财富来促进人的成长，才有可能最大限度地消减财富对后代的负能量，才是对家人真正负责任的方式。

对企业的责任

家族财富的主体人群是企业家，家族企业通常是家族最主要的财产形态。家族企业在家族财富管理中具有特殊地位，它既与家族内部的成员和利益紧密联系，也与家族外部的员工、利益相关者的利益紧密相联，而且家族企业在一国的经济中占据举足轻重的地位，对一国经济总量、就业和税收的贡献率一般都在50%以上。因此，家族企业是否管理得当，不仅关系家族利益，而且关系员工和其他利害关系人的利益。

家族企业经营动荡、起起落落的原因很多，在金融机构眼里看到的也许是企业资金链断裂，在政府眼里看到的也许是产能过剩，在企业家眼里看到的也许是经营管理出了问题。但在家族财富规划师眼里看到的，很多时候是企业代际传递安排方式出了问题。

采用继承方式对家族企业的传递进行安排，一旦创富一代年长退休或发生人身意外（死亡）、家庭变故（离婚），家族企业经营管理的稳定性就会遭到破坏，其控制的家族企业股权因继承和夫妻财产分割而被稀释，从而使企业面临实际控制人缺位、管理权争夺、继任管理人不胜任等一系列不稳定因素。这些不稳定因素，轻则使企业业绩下滑、元气大伤，重则使企业陷入经营僵局甚至引发企业的解散，不仅损害了家族的利益，也影响员工和债权人的利益。

这样的悲剧时有发生，令人唏嘘！20 世纪六七十年代被美国《财富》杂志评为世界 TOP15 的华人食府品牌——香港镛记烧鹅，就因为父辈去世时采取了诸子均分的简单继承方式，导致继承人控制权大战，最后诉诸法院清盘。21 世纪初曾经资产过百亿元的山西海鑫钢铁集团创始人意外被人枪杀，因未提前做传承安排而被迫采取法定继承方式传递财富，控股权落入并不胜任企业管理的儿子之手，最终导致企业破产清算，不仅家族财富付诸东流，大批工人也因此丢失饭碗，被迫重谋生计。

因此，提前做好传承安排，避免因各种意外而导致的被动继承，保持家族企业的稳定经营，对于企业家族来说，不只是对家人的责任，更是对企业的一份沉甸甸的责任。

对社会的责任

财富的代际传递，表面上看是家族的私事、家事，关系到的只是财富家族自身的利益。实际上，家族财富具有巨大的社会性。家族财富的私人性仅仅是法律意义上的，也就是说家族财富的产权在法律上确实是由私人拥有的，但家族财富的效用则是社会的。家族财富在促进经济发展、创造就业机会、贡献税收收入、推动社会进步等方方面面，均发挥举足轻重的作用，这一点是毋庸置疑的。

影响家族财富社会效用的因素很多，财富的代际传递是否得当，无疑是最为重要的因素之一。长期研究家族企业的知名学者、香港中文大学的范博宏教授在《交托之重：范博宏论家族企业传承》（东方出版社，2014年）一书中，对近20年来200宗华人家族企业传承案例进行了研究。结果显示，家族企业在传承过程中都面临巨大的财富损失，在继承年度及此前5年、此后3年的累计股票市值蒸发平均高达60%。财富价值的损失，意味着财富社会效用的降低，小则关系家族企业员工的就业、国家税收的减少，大则关系经济总量的降低。

此外，财富的代际传递不得当，不仅仅意味着家族物质财富的损失和社会效用的减损，还意味着家族成员管理的失败，家族成员创造、创新能力的失败，甚至滋生败家失德之人。家族财富是一个社会长期繁荣的基础财务资源，家族成员也是一个社会宝贵的人力资源，人的失败，也不仅仅是家族的损失，更是社会人力资源的损失。

从实际情况看，经验与教训都一再表明，代际传递是否得当，与传递方式选择密切相关。运用"分而不管"的继承方式自然传递财富，只会加大物质财富的损失程度甚至使其完全流失，家族成员也更容易被财富负能量所伤害而无法健康成长。只有秉持传承思维，运用"不分而管"的传承方式，事前加以精心规划，事后予以严密管理，才有可能最大限度减少家族财富耗损，才有可能最大限度从财与人两个角度同时增进家族财富的社会效用。因此，传承不仅是对家族的责任、对企业的责任，更是对社会的责任。

1.3 不做代际传递的懒人

对于财富传递代际来说,传承是一种更优选择。既然如此,为什么现实中仍然还有不少财富家族采用了继承方式?分析原因,大致有主动选择与被动采用两种情形。

主动继承的情形

第一种情形是主动选择了继承方式进行财富的代际传递。案例 0-1 中的 A 先生就是这种情形的典型代表,背后的逻辑从形式上看是达观的财富观,实质上是一种责任回避。

> **案例 0-1　A 先生的继承观:自然传递**
>
> A 先生是我相交多年的一位企业家朋友,年龄已过 60 岁,太太已退休,一子一女均已成家且生儿育女,并有稳定工作。A 先生早期为公务员,后下海经商,从事贸易和服装制造业,现拥有一家中型房地产开发企业,经营正常,家庭净资产逾 10 亿元。以下是我与他最近一次关于传承话题的交流。
>
> 问:A 总,你也是 60 多岁的人了,该开始考虑交班传承的事了。
>
> 答:不瞒你说,这个问题我已经思考有一段时间了。看了一些书,还有你们写的书,也曾经与你进行过几次探讨。刚开始,我确实比较困惑,很迷茫,现在我终于想清楚了,传承太难,太复杂,不是我家干得了的事情。

问：好啊，说说你具体的想法。

答：我家的情况你也很了解。虽然这几年赚了点钱，但房地产行业对于我这样规模的企业也算干到头了，未来很难有发展，更不要说传承了。我的两个孩子，儿子是医生，女儿是教师，职业稳定，没有经商创业的想法，也没有这个能力，孙辈还太小，想传承也没有接班人。

问：这个很现实，非常理解。那你想过如何处理你的财产吗？

答：我已经想好了。这两年我会处理掉企业，卖给员工或者其他老板，没有机会的话，现有几个项目做完就清盘。我和太太干点喜欢的事情，享享清福。等我们百年之后，将财产分给两个子女就算了。我们已经请了律师，立好了遗嘱。

问：这倒省事。不过你想过没有，这样一大笔钱直接给了子女，他们能管得好吗？你考虑过这样一大笔钱会给孩子们带来什么样的影响吗？

答：说没想过是假的。对他们肯定有压力吧！不过，我已经想明白，儿孙自有儿孙福，将来会怎么样，看他们自己的造化了，反正我是不想再操这个心了。

问：老A，你这是典型的懒人做法啊！

答：也可以这么说吧。哈哈……

显然，A先生是主动选择了用继承替代传承的方式进行代际传递。从好的方面说，这是一种达观的做法。从不好的方面说，这是一种逃避责任的懒人做法。不过，在随后的几次交流中，A 先生从财产保护和资产配置的角度，部分认可了我们的建议，最后采取家族信托基金的方式，并聘请了专业的投资顾问团队，替自己和子女打理家族财产，但他仍然没有强烈的传承意愿。

被动继承的情形

第二种情形是被动采用了继承方式进行财富的代际传递。案例 0-2 中的 B 先生就是这种情形的典型代表，因事先没有进行任何形式的传承准备而不得不采取继承方式传递财富。

案例 0-2　B 先生的继承悲剧：有心无备

B 先生是一位年富力强的企业家，40 多岁，大学毕业后创立了一家医疗设备公司，经过 10 多年的打拼，公司已经发展成为行业的龙头，正在启动上市程序，估值过 30 亿元，B 先生的身价达 20 多亿元。B 先生的父母均健在，太太一直在公司任财务总监，育有一儿一女，尚未成年，正在就读中学。

B 先生受过良好的现代教育，责任心强，一心要做个伟大的企业家，并立志要将自己开创的家族事业传承下去。B 先生正值壮年，主要精力一直放在企业的发展上，对于家族传承事业，虽然愿望强烈，但并没有投入精力进行实质筹划，想在公司上市后再做具体安排。

天有不测风云！在一次差旅途中，B 先生遭遇车祸不幸身亡。由于事先没有做过任何传承安排，甚至连遗嘱也没有立过，B先生对于公司80%的控股权只能按照法定程序进行被动继承。结果是其太太因夫妻财产分割分得一半股权（40%），另一半股权（40%）作为遗产由其太太、父母和子女共5人各分得8%，公司的实际控制权最终落在了其太太手上。B先生的太太利用其控股权自己出任公司董事长，任命她的弟弟作为公司总裁，公司原来的核心团队纷纷出走，业绩大幅下滑，经营难以为继，上市进程被迫中断，公司最后以5亿元被他人收购。B先生的太太分得48%（2.4亿元），B先生的父母和两个子女各分得8%（各4000万元）。

两年后，B先生的太太改嫁他人。不久，她自身拥有的财产及其作为监护人控制的未成年子女的财产总计3.2亿元，均被其现任丈夫用作炒股票，最后因股价大幅下跌，血本无归，损失殆尽。雪上加霜的是，B先生父母分得的8000万元遗产，也因贪图高利，被人劝诱投入民间高利贷，最后因借款人跑路也血本无归。

B先生的伟大企业家梦和家族传承梦因一场意外而最终化为泡影！

B先生的家庭悲剧虽然惨烈，但具有典型意义。他有心传承，思想虽然没有犯懒，但并没有及时投入精力和资源进行事先规划，可以说在行动上犯了懒，结果是不得不被动采用自然继承的方式传递财富，最终使曾经身拥巨富的家庭在短短几年便走向了穷途末路。

2. 家族传承的哲学

现实生活中,许多财富家族之所以迟迟没有迈开传承步伐、未积极推进传承进程,而最后或主动或被动采取了继承方式进行代际传递,表面上看是主观思想或客观行动上犯了懒,实质上是对家族传承的基本原理甚至基本常识缺乏了解,认识不够,从而影响了他们的传承行动。本节旨在从认识论上揭开传承的"神秘面纱",帮助大家了解家族传承的本质,消除财富家族开启传承之旅的疑惑,积极担当起传承的使命与责任。

2.1 三大传承话题

什么是传承?通俗地讲,传承就是将开创人的事业进行代际传递,并在时间的长流中不断发扬光大。传承的主体可以是国家、组织、企业、家族等,传承的事业也可以多种多样,权力、文化、财富,等等,不一而足。

传承是人类社会永恒的话题。道理很简单,没有传承就没有人类社会的发展与进步。试想一下,今日世界之一切,政治的、经济的、军事的、文化的、科学的、技术的……有哪一项不是在前人开创的事业的基础上不断传承、不断发扬光大而来?可以说,没有传承就没有未来。

人们日常津津乐道的三个主要传承话题,揭示了传承的基本面貌。

传承话题之一：王朝传承

中国自夏朝开始到清朝被辛亥革命推翻（1911年）的4000余年历史，就是一部王朝传承史。所谓王朝就是由某一世系帝王统治的时代。不同的王朝传承的时间有长有短。短的如始皇帝嬴政开创的第一个封建王朝——秦朝，传至二世而亡，不过存续了短短的15年（前221—前206年），由隋文帝杨坚开创的隋朝也仅仅存续了38年（581—618年）。而中国历史上传承长达200年以上的王朝也不在少数。汉朝（自西汉到东汉）前后传了425年（前206—公元220年），唐朝传承了290年（618—907年），宋朝（自北宋到南宋）前后传承了320年（960—1279年），明朝传承了277年（1368—1644年），由清太祖爱新觉罗·努尔哈赤开创的中国最后一个封建王朝清朝也传承了295年（1616—1911年）。

为什么有的王朝传承得成功，有的王朝传承得失败，探究个中缘由是历史学家的事情，但从中我们可以观察到两个十分有趣的现象：一是中国的王朝传承总体比较成功，长寿王朝多，短命王朝少；二是但凡存续时间长、传承得成功的王朝，往往都是业绩非凡的鼎盛王朝，换句话说，兴衰之事与时间长短息息相关。

传承话题之二：文化传承

历史上，中国不仅是成功的王朝传承的典范，也是成功的文化传承的典范。由春秋时代孔子开创的儒家学说，从先秦时期以孔子、孟子、荀子为代表的先秦原始儒学，到汉初董仲舒"罢黜百家，独尊儒术"确立儒学正统地位，到宋代以周敦颐、邵雍、张载、程颢、程颐和朱熹为代表的程朱理学，再到明代王阳明的心学以及清末以康有为为代表的近现代新儒学，至今已延绵流传2500多年。

在这漫长的历史岁月中，儒家学说的内容和形式也应时代的变化而持续得到丰富与发展，其社会功能也与时俱进。儒家学说以"四书五经"[①]为经典，倡导血亲人伦、修身养性、道德理性、现世事功，中心思想是恕、忠、孝、悌、勇、仁、义、礼、智、信。儒家学说经历代统治者的推崇，以及孔子后学的传承和发展，逐渐演变成为个人生活、家庭生活、政治生活和社会生活的基本道德准则、行为准则和秩序规范，深刻影响了国人的思维方式和行为方式，很大程度上塑造了中国的"国民性"，从而成为一种占主导地位的中国传统文化。

今天，虽然儒家学说已经不是一种显学，但其合理的文化内核已经成为中国特色社会主义文化的一个有机组成部分，其文化影响力仍然广泛而深刻地存在，国人的人格特征、思维方式和行为方式也无不有着儒家文化的烙印。可以这么说，除了宗教之外，能够将一种古老的世俗学说传承发展成为一种今天仍然具有广泛影响力的文化现象，在世界文化史上，非儒家学说莫属。

传承话题之三：家族传承

从传承主体上看，家族一直是各种事业传承的重要载体，是

[①] 通常，"四书"是指《大学》《中庸》《论语》《孟子》，"五经"是指《周易》《尚书》《诗经》《礼记》《春秋》。

传承舞台上不可或缺的重要角色。总的来说，涉及传承问题的典型家族有三类。

第一类是权力型政治家族。中国历史上的王朝本质上就是这种家族，传承的对象是"天下"。今天，"家天下"的权力型家族在全球范围内已经不多见，主要是一些采取"君主立宪制"的国家作为权力象征保留的王室，如日本天皇家族、英国国王家族以及西班牙和北欧一些国家的王室家族。

第二类是知识型文化家族。这种家族自古及今均不多见，在全球范围内至今仍具有典型意义的就是孔子家族了。孔子家族自孔子以下至今已经传承到第80代，以传承"儒家文化"为使命。

第三类是财富型商业家族。这是现代社会最为常见的家族。中国历史上由于长期实行"重农抑商"政策，财富家族并不普遍，同时"王朝政治"下缺乏对私人财产权的严密保护体系，因此为数甚少的财富家族也鲜见长期传承的例子。

中国财富家族作为一种广泛的社会现象登上历史舞台，是近40年的事情。由于改革开放政策，经济上实行社会主义市场经济，法律上对合法的私人财富予以严密的保护，因此诞生了大批身拥巨富的家庭和家族。胡润研究院2020年发布的胡润财富报告显示，中国拥有亿元资产家庭数量达到了13万户，拥有千万元人民币资产的家庭数量达到202万户[1]。财富家族的大量出现，使家族传承具有了普遍的意义，成了必须面对的私人和社会考题。

---

[1] 据《2020方太·胡润财富报告》，截至2019年年底，可投资资产在600万元以上的家庭有501万户，可投资资产在1000万元以上的家庭有202万户，可投资资产在1亿元以上的家庭已经超过13万户。

本书探讨和研究的家族治理规划，针对的就是财富型商业家族的传承问题，政治家族和文化家族的传承和治理并不在本书的考察范围之内。

2.2 传承的时间维度

对于财富家族来说，家族传承意味着创富一代要将自己创造的财富事业在代际之间长期久远地传递下去，并不断发扬光大。那么，多长叫长期？多远叫久远？这就提出了一个衡量传承是否成功的时间长度问题。时间太短，称不上真正的传承或者成功的传承。

"富过三代"

就传承的时间维度而言，每一个家族都有自己的理解和时间框架。但通常来讲，他们都希望"富过三代"，这可以看作是成功传承的基准时间长度。家族财富若能传承三代以上，就可以称为成功的传承，反之就是失败的传承。若以创一代为第一代，往下再传承三代以上，"富过三代"意味着成功的传承起码要跨越四代人。在我国有"世代"的说法，"世"与"代"通常混合使用。《字汇》①说"父子相代为一世"，《后汉书·窦何传》注解更说"代，世也"。那么，"一代"或"一世"的时间通常为多

---

① 《字汇》由明代文字学家梅膺祚撰写，是明代至清初最为通行的字典。此书将《说文解字》部首简化为214部，开创了全新的字典体例。

长呢？按照《说文解字》①对"世"的解释，"三十年为一世"。据此，若按年衡量，"富过三代"的基准时间长度应在100年以上。

美国家族财富传承专家詹姆斯·E.休斯在其专著《家族财富传承——富过三代》一书中，也提出了一个基本相同的长期保有财富的时间基准。他在该书中对于"长期"的定义是：长于100年或者一个家族四代人的时间，并进一步指出，对于一个致力于长期保有财富的家族来讲，短期是20年，中期是50年，长期为100年。②

可见，进行家族财富传承规划的时间维度，与普通投资者或普通企业投资规划的时间维度完全不同。对于普通投资者或普通企业来讲，通常短期为2年、中期为5年、长期为10年；而对于进行传承的财富家族来讲，衡量的基准时间长度则要长得多，起码是家族财富的代际传承和保有能够长于100年或跨越一个家族四代人，即"富过三代"。从这个意义上讲，传承的财富家族都是长期主义者，善于与时间为朋友，崇尚以耐心为美德（见表0-2）。

表0-2 家族传承规划的基准时间长度

时间长度	普通人	传承家族
短期	2年	20年（一代）
中期	5年	50年（两代）
长期	10年	100年（三代）

---

① 《说文解字》由东汉文字学家许慎撰写，是中国第一部系统分析汉字字形和考究字源的字书，也是首部按部首编排的汉语字典。
② 詹姆斯·E.休斯：《家族财富传承——富过三代》，钱峰，高皓译，东方出版社2016年，第7—10页。

每一代都是第一代

"富过三代"的时间维度是一个动态而非静态的过程,即家族的每一代都必须视自己为第一代即创造财富的一代,每一代都必须以"富过三代"的视角进行家族财富的传承和保有。只有这样,家族财富才可能传过一个又一个三代,才可能代代长久相传。美国家族财富传承专家詹姆斯·E. 休斯指出:"我喜欢教授的方法是,提醒一个家族的每一代人:你是第一代。无论是哪一代,只要他们自认为是第一代,就会拥有同样的创造能力。只有当一个家族无法认为自己是第一代时,才会有步入第二代的停滞阶段和第三代衰退阶段的风险。"[1]

"每一代都是第一代",成功传承的家族的确如此。帕丽斯·希尔顿生来就是市值30亿英镑的希尔顿集团继承人之一,她的家族拥有着世界上50多个国家和地区的2000多家酒店,但她没有坐享其成,也没有被束缚于酒店基业,而是通过自己的模特、演员、歌手、作家、商人等身份,短短几年就为自己和家族赚取了亿万美元。由此,她不仅成就了自己,也为家业长青贡献了自己的力量。

当下我国流行一个名词——富二代,其内涵往往贬义大于褒义,通常是享有财富的标签,而不是创造财富的源泉。一个家族如果想将财富传承至遥远的未来,就必须创建一种机制,使每一代都成为创造财富的一代,而不是坐吃山空的一代。换言之,

---

[1] 詹姆斯·E.休斯:《家族财富传承——富过三代》,第8页。

"富二代""富三代"也必须是"创二代""创三代",否则难以逃脱"富不过三代"的魔咒。这正是家族治理的核心价值所在。

2.3 "富不过三代"的魔咒

每一个准备开始传承的家族都面临一个共同的"拦路虎",就是"富不过三代"的魔咒。传承真的能成功吗?如果传承最终是不能获得成功的一种徒劳、一种痴人说梦,那么,任何的传承努力又有什么意义呢?

"富不过三代"的谚语

的确,在经验上,"富不过三代"成了一个谚语。什么是谚语?谚语就是在无数的经验感受中总结出的带有规律性的结论。"富不过三代"这个谚语不仅中国有,全世界各个国家和地区都有自己的版本。在中国有"道德传家,十代以上,耕读传家次之,诗书传家又次之,富贵传家,不过三代"的说法,在葡萄牙有"富裕农民—贵族儿子—穷孙子"的说法,在德国有"一代创造、二代继承、三代毁灭"的说法,在美国有"一代积累、二代富有、三代挥霍"的说法。

美国家族财富传承专家詹姆斯·E. 休斯在其《家族财富传承——富过三代》一书[1]中讲述了一个爱尔兰人"富不过三代"的谚语故事,形象地说明了这个问题。第一代人没有接受过正式

---

[1] 詹姆斯·E. 休斯:《家族财富传承——富不过三代》,第44页。

的教育，在土豆地里辛勤耕耘，一边积累财富，一边过着节俭的生活。第二代人上了大学，穿着时髦的衣服，在城市有自己的公寓楼，在乡村有自己的别墅，步入上流社会。第三代人大部分过着奢侈的生活，几乎不工作，只知道花钱。第四代人则重新回到了土豆地里干苦力活。

"富不过三代"，这个谚语某种程度上的确成了家族财富的宿命或者说魔咒，反映了典型的家族财富宿命三部曲：第一代：创造阶段；第二代：停滞阶段；第三代：消逝阶段。根据中欧国际工商学院李秀娟教授的研究，在美国，家族企业在第二代能够存在的只有30%，到第三代能够存在的只有14%，到第四代及以后依然存在的只剩3%。

"富不过三代"的哲学

"富不过三代"是一个经验总结，从理论角度进行分析，我们发现有三大法则在支撑着这个经验，使得这个经验在绝大多数场合保持了它预言的正确性。

第一个是自然法则的作用。从发生、发展到停滞、衰败是事物发展的自然法则，所谓"物极必反""有生就有灭"讲的就是这个道理。自然界是这样，人类社会也是这样。比如，山再高都有自己的顶峰，顶峰之后便是或陡或缓的下坡；又如，人再强都有自己的极限，极限之后便是身体或智力的衰退。中国智者老子《道德经》通篇讲的就是大小、盛衰、强弱、刚柔、高低、祸福等对立关系的自然转换，这种转换不是来自事物的外部，而恰恰是包含在同一事物的内部。一个事物发展到极盛的状态，其自身已经包含了走向衰败的因子。一个家族如果没有持续而卓有成效的管理，原始的自然法则就会发生作用，某一代人的强盛可能恰恰预示着下一代的衰落。

第二个是行为法则的作用。家族财富的创造和传承本质上是人类行为学的问题，要长期创造和保有家族财富，核心不在于每一代家族成员拥有什么，而在于每一代家族成员做了什么。只有每一代家族成员都不满足于坐享其成，愿意为家族财富贡献自身的力量，才有可能改变"富不过三代"的财富宿命。如果家族后代不能保持积极作为，肆意地挥霍父辈们留下的经济、人脉、社会资源，那么，财富家族即便是拥有富可敌国的财富，也极有可能落入"富不过三代"的陷阱。

第三个是社会法则的作用。从社会主流价值观看，对于不劳而获、靠继承祖辈财富的寄生阶层，社会普遍持否认态度。这种价值观反映在法律上是许多国家通过征收高额的赠与税和遗产税，以避免阶层固化，税率最高通常可达50%甚至70%。如果对家族财富不加以精心管理，后代家族成员又丧失了财富再创造的激情与能力，仅遗产税一项，家族财富也难以"富过三代"。我国目前虽然还没有开征赠与税和遗产税，但也一直处于研究之中，从社会公平的角度，未来的开征也应该是大概率事情。

"富不过三代"的反例

然而，我们也看到，虽然绝大多数家族财富在历史的长河中都如过眼云烟般转瞬即逝，但是，仍然有不少财富家族成功打破了"富不过三代"的魔咒。这种情况在不同文化背景的不同国家均不乏其例。欧洲有罗斯柴尔德家族,美国有洛克菲勒家族,亚洲的日本有龟甲万酱油,中国古有"同仁堂",现有"李锦记"(见案例0-3)。

案例0-3　成功传承的家族

——罗斯柴尔德家族:世界老牌金融世家。发迹于18世纪中期的欧洲,至今已传承至第八代,绵延近300多年,历经普法战争、第一次世界大战、第二次世界大战而不衰。

——洛克菲勒家族:世界石油大王,发迹于19世纪中后期,至今已传承至第六代,绵延150多年,历经第一次世界大战、第二次世界大战而不衰。

——龟甲万酱油:享誉世界的日本国宝级酱油,最初创立于17世纪中叶,已传承350多年。作为家族企业,由三大酱油世家创立于1917年(当时名为野田酱油株式会社,1964年更名为龟甲万酱油株式会社,1980年更名为龟甲万株式会社),后又传承100多年,并开创"八家共治"的家族企业治理模式(其中一家创始家族后来分家一共分出六支家系,与另外两家创始家族共八家共治)。

——同仁堂:中国中医药行业的金字招牌。由乐氏家族创立于1669年(清朝康熙年间),并由乐氏家族传承至1956年公私合营时止,历时近300年,历经清朝鼎盛和衰落期、辛亥革命、北伐战争、抗日战争、解放战争而不衰,并于新中国成立后作为国有企业延续发展至今。

> ——李锦记家族：李锦记是东南亚酱料界的金字招牌，由李氏家族于 1888 年在广东创立，后总部迁往香港，由最早的一家小作坊发展成为今天的跨国酱料集团，至今已绵延 100 多年，传承了四代人，并且第五代已经开始着手接班。

问题是，这些成功逃脱"富不过三代"魔咒的家族，到底是偶然和碰运气的结果，还是有某种规律可依循？换句话说，家族传承到底有没有成功的密码？

答案是肯定的。无论是研究的结果，还是成功传承家族的经验都显示，传承虽然难，但并非无迹可寻、无律可循。成功的传承有自己的密码，有自身的规律性。进行传承就是要找到这些能够指向成功的密码和规律性因素，并针对它们实施良好的家族治理。

2.4 成功家族的传承密码

如何才能打破"富不过三代"的魔咒？

这激发了许多有识之士探寻传承密码的兴趣。中国管理界的英才杂志社于 2012 年在安徽出版社出版了《全球顶级家族企业真相》一书。该书对美国、英国、法国等 13 个国家传承过三代的 58 家著名家族企业的共性特点进行了系统研究。研究结果表明，那些成功传承三代以上的家族，通常具有以下 11 个共同特性：敏锐的商业嗅觉，富有创新精神，怀有梦想，家族观念强，有自己的传承方式并从小培养,良好的政商关系,家族人丁兴旺,慈善意识强,家族与企业的利益绑定,良好的家族文化,具有信仰、信念、企业家精神、正确的财富观(见表0-3)。①

表0-3 成功传承的密码

共性特点	企业举例
敏锐的商业嗅觉	强生集团:1920年,强生公司员工做饭时割伤手指,为方便包扎换药,他自制了一些药膏带——在一小块胶布上粘好涂有药膏的纱布,随取随用。公司对这个设计很感兴趣,经过实验和改进,就变成个人护理市场影响深远的邦迪创可贴。
富有创新精神	杜邦公司:杜邦家族标志性人物亨利在其39年的任期内建立了杜邦帝国,他的接班人——尤金在1902年突然去世导致企业危机,在此之前,杜邦公司一直是以单人决策模式进行企业管理。危机发生后,杜邦家族中的3位家族成员挺身而出,并把单人决策改为集团式经营的公司,初步具备现代企业管理雏形。
怀有梦想	雅诗兰黛创始人:雅诗·兰黛出生在纽约的一个贫民区,父母经营五金店。她梦想有朝一日成为镁光灯追逐的焦点,被鲜花和掌声包围。第一次世界大战期间,她获得了其化学家叔叔的礼物——护肤油的配方。从在家做护肤膏,并向身边人推销起步,到1948年其产品进驻美国最高级百货公司聚集地——第五大道,目前已发展成为世界知名化妆品公司。
家族观念强	罗斯柴尔德家族:富裕了八代的罗斯柴尔德家族有自己的族徽——一只手抓五支剑,寓意着兄弟齐心,其利断金;并有着严格的家规,如不对外公布财产情况、星期六为休息日等。

---

① 根据《全球顶级家族企业真相》一书整理。

续表

共性特点	企业举例
有自己的传承方式并从小培养	杜邦公司：家族所有男性成员都必须从基层工作开始，奋斗五六年后，由几位长辈对其表现做评估。如果评估结论不好，会被请出公司；如果评价很高，会得到进一步提升和锻炼。 大多数日本企业家对事业传承的重视大过对血统的坚持，他们习惯将家业交给有能力的孩子，或招"贤婿"，比如三井财团。
良好的政商关系	摩根财团：美国内战期间，战局成为黄金价格的晴雨表：北方军胜利，金价即下跌；北方军吃败仗，金价即上涨。当时的变化幅度极大。J. P. 摩根与北方军总司令格兰特将军的电报秘书关系非常好，能在几分钟后获知最新军事情报，摩根利用军事信息赚取黄金差价利润。
家族人丁兴旺	希尔顿家族的反面例子：希尔顿家族创始人康纳德的传承人巴伦育有八名子女，但只有六子理查德·希尔顿育有二子二女，在寻找接班人时，四名第四代成员没有一个对家族事业有足够激情和经验的人选，不得已选择家族以外的人。
慈善意识强	洛克菲勒家族：截至20世纪20年代，洛克菲勒基金会成为世界上最大的慈善机构，洛克菲勒的儿子小洛克菲勒大半生时间都花在家族慈善上面。
家族与企业的利益绑定	韩国现代集团创始人郑周永家族：郑周永隐退时，内部矛盾开始激化，其去世后，家族企业分裂，现代汽车、现代重工纷纷脱离现代集团。
良好的家族文化	三井家族：《三井氏家规》教育子女要团结、节约、尊重长辈、生意场上要会取舍，同时重视海外贸易；此外，三井兄弟间形成"分家不分业"的家庭协议。
具有信仰、信念、企业家精神、正确的财富观	洛克菲勒的基督信仰；安利创始人杰·温安洛和理查·狄维士信仰加尔文教，杰·温安洛在自传中描述："如同耶稣的寓言所示，我们都是来保管这些财富的，每个人都必须善用上天赐予的财富。"

资料来源：根据《全球顶级家族企业真相》一书整理。

成功家族所显示的这些共同特性，就是"富过三代"的关键因素，就是成功传承的密码。不难发现，那些管理成功的财富家族其实并不是偶然运气好，而是针对这些密码进行富有远见的精心规划和积极管理的结果。

2.5　成功传承的基本规律

应该说，不同版本的研究成果，不同家族的经验教训，已经从不同的角度和层面比较充分地揭示了成功传承的众多密码。这里我们将进一步提炼，以找出更一般性的规律，来帮助财富家族更加简洁明了地理解家族传承的成功哲学。

总结家族传承的经验教训，结合我们的实践探索与研究思考，我们发现，要想成功进行家族传承，实现"富过三代"，必须秉持四个基本的传承理念并运用于传承的实践之中：财产为基、人力为本、精神为根、治理为器。这些就是成功传承的基本规律。

财产为基

家族财产即家族的金融资本，是家族（家族集体和家族成员个体）拥有的物质财富的总和，这是家族传承的物质基础。

家族的金融资本是催生现代家族传承需求的直接诱因。现代已经没有历史上的宗法制家族，家族成员以核心家庭（夫妻、父母和子女）为基本生活单元，普遍采取个体化、松散化的自由发展模式，如果没有某一代家族成员创造了巨额的私人财富，就不会存在家族传承的需要。可以说，没有家族财产这个物质基础，就不会有家族传承的前提。因此，将家族物质财富在子孙后代中有序传承、长期保有下去，是现代家族传承的基础目标。离开了这个基础目标，谈家族传承无疑是空中楼阁、镜中花月。

这就是成功传承的第一个基本规律：财产为基。家族传承要以家族财产为物质基础，并以家族财产传承为基础目标。

人力为本

那么，又如何才能真正将家族物质财富成功传承下去呢？

人们从成功家族的经验与失败家族的教训中一再发现这样一个事实：仅着眼于物质财富本身谈传承，是不可能逃脱"富不过三代"的命运的，要想成功传承物质财富，必须以积极有为的家族成员即家族的人力资本为支撑。原因很简单，财富是由人创造、由人拥有的，如果拥有祖先所创造财富的子孙后代没有创造财富的意愿、责任与能力，再多的财富只会呈现单向度的流失，直至最后消失殆尽。因此，如果要想成功传承物质财富，就必须也能够成功地将祖先创造财富的意愿、热情与能力一并传承给子孙后代。

美国家族财富管理专家詹姆斯·E. 休斯在其《家族财富传承——富过三代》一书中，提出一个极其重要的观点，他认为，长期保有财富本质上是一个人类行为学的问题。要长期创造和保有家族财富，核心不在于每一代家族成员拥有什么，而在于每一代家族成员做了什么。做什么比拥有什么更重要。只有每一代家族成员都对家族财富积极贡献力量，都为家族财富添砖加瓦，才有可能改变"富不过三代"的财富宿命。如果家族后代不能每一代保持积极作为，只是消极地享有、消费财富，那么，即便某一代家族成员创造了富可敌国的财富，也必然会落入"富不过三代"的陷阱。

詹姆斯·E. 休斯进一步指出：一个家族最重要的资产就是每一个成员，成功传承的家族需要花费大量的时间用于发展家族的人力资本，任何一个家族无论他们在税收上节省多少，省下来的收入与因未能教育好家族成员所带来的损失相比都是微不足道的。中西社会不同的研究已经证明，对于家族人力资本的投资，无论是对后代自身的成长还是对家族日后的发展，虽然不易被量化和计算，但回报都是极为巨大的。

上述事实和观点引申出了成功传承的第二个基本规律：人力为本。这个理念对家族财富做了第一次扩展：家族财富的构成从家族的金融资本扩展到了家族的人力资本即家族成员，而且从传承的角度看，家族人力资本的传承才是家族物质财富传承的支柱。

遗憾的是，在家族财富管理领域一个根深蒂固的误区就是将管理重心指向家族的物质财富，甚至将家族财富等同于家族的物质财富，致力于追求物质财富的保护与增长，而忽略了"人是最重要的家族资产"这一简单的道理，忽略了家族人力资本的培育与发展。如果认识不到以人为本这一点，家族传承就无法真正破局。

精神为根

既然家族物质财富的成功传承依赖于积极有为的家族人力资

本，那么，又如何激发家族成员成为积极有为的人力资本呢？

这就需要在家族中注入一种精神、构建起一种文化，让这种文化成为不断激发每一代家族成员成长为合格的家族人力资本的强大精神动力。一个家族如果不能提炼和培育能够体现家族精神的家族文化，在漫长的传承岁月中，就不可能凝聚每一代家族成员对家族身份的认同，并激发每一代家族成员持续为家族事业承担积极的责任、贡献积极的力量。缺乏精神和文化支撑的家族，即使某一代家族成员创造了巨额财富，也注定走不长远。这个道理对于一个民族甚至一个国家来说，也同样适用。

在家族财富管理领域，通常将家族财富形象地比喻成为一棵大树。我们知道，一棵树的树冠有多大、树干有多粗，这棵树又能活多久，完全取决于埋在地下的树根有多发达、在地下扎得有多深。树根虽然埋在地下看不见，但树干和树冠的营养完全依赖它来提供。树冠再大、树干再粗，如果根系不发达，一场大风、一场大火之后，这棵树就再难以存活，而如果根系非常发达，即使树冠和树干被大风刮倒、被大火烧毁，枯木逢春，依然可以勃发新的生机，重新长成参天大树，所谓根深叶茂、源远流长说的就是这个道理。

对于家族财富这棵大树来说，家族的物质财富就好比树冠，家族的人力资本就好比树干，而家族精神就好比树根。只有家族精神积淀深厚，才能不断滋养家族成员，使家族财富之树的树干变得更加粗壮，并由此支撑起更大的家族财富之树的树冠，创造出更多的家族物质财富。所以，中国才有了"道德传家，十代以上；富贵传家，不过三代"这句经典之语，因为一个家族的道德观和价值观才是家族文化的内核。

在实践上，成功传承的财富家族无不重视家族精神的提炼和家族文化的培育。罗斯柴尔德家族的座右铭是：只要你们团结一致，你们就所向无敌，你们分手的那一天，就是你们失去繁荣的开始。福特家族的核心精神是这样表述的：勇气、忍耐、锻炼、秩序是我一生奉行不移的座右铭。洛克菲勒家族是虔诚的基督教徒，奉行慈善、博爱与节俭。李锦记家族的价值观极其简练地表达为"思利及人"。

由此引申出了成功传承的第三个基本规律：精神为根。这个理念对家族财富做了第二次扩展：家族财富不仅包括家族的金融资本、家族的人力资本，还包括体现家族精神的家族文化资本和综合社会资本，而且从传承的角度看，家族文化的传承是家族物质财富传承和家族人力资本传承的基石。

治理为器

前面三个理念已经告诉我们，成功的传承必须同时关注到家族财富的三个层面即物质财富、家族成员、家族精神以及三者之间的相互关系，即物质财富是基、家族成员是本、家族精神是根。

如图 0-1 所示，家族财富就像一棵大树，一般人看到的是树冠（物质财富），往下看是枝干（家族成员），但是最宝贵的是埋在土地下的树根（家族精神）。对于传承的家族而言，这三种财富缺一不可，环环相扣，彼此相依，互相支撑。金融资本给家族成员提供物质保障和成长舞台，家族精神给家族成员提供精神养分。反过来，家族成员不断反哺金融资本和家族精神，使物质财富更壮大，使家族精神更深厚。

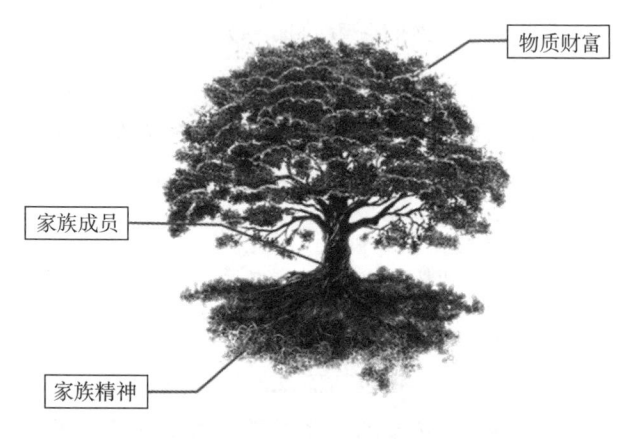

图 0-1　传承家族的财富构成

认识到家族传承的这些成功规律是一回事，但要将这些规律付诸实施则是另一回事，认识到和做到有天壤之别，认识到不会自动变成现实，要想成功，还必须找到正确的实践方法。

从实践论的角度，家族传承要想成功，必须在行动上采取措施对上述三大家族财富传承规律及其相互间的关系同时进行管理，还必须采取措施在每一代进行持续的动态管理。在绵延几代人的漫长历史岁月中，如何持续构建和管理家族的金融资本？如何不断构建和管理家族人力资本？如何不间断构建和管理家族文化？又如何不断应对三者之间时有发生的紧张甚至冲突关系？……毫不夸张地说，成功的家族传承从来都是积极构建和管理的结果，我们还没有找到不进行积极构建和管理，完全靠运气自然"富过三代"的例子。

这意味着，成功的家族传承，不仅需要正确的理念指导，更需要找到正确的管理方式。有幸的是，无数家族的成败经验教训已经给我们指明了方向，这就是在家族内部构建和实施精心规划的家族治理体系。没有治理就没有传承，传承从治理入手。治理为器，这是成功传承的第四个基本规律。

3. 构建和实施家族治理体系

3.1 什么是家族治理？

家族治理的现实困惑

关于家族治理的话题，近年来，我们同许多企业家朋友进行过探讨，其中不乏身拥巨富、特别成功的企业家。我们的一个感受是，他们更认可也更感兴趣的是企业治理，都认为要打造"百年老店"，离不开建立和实施富有成效的企业治理体系。但一谈到家族治理，普遍的反应是比较茫然或者不知从何入手。在他们看来，有组织的地方才需要治理，企业的组织很严密，所以必须进行治理，而现代家族比较松散，更多的是一个情感交流的场所，组织性不突出，所以不需要治理也难以治理。

其实，这是一个认知误区。对于那些想要打造"百年老店"，实现久远传承的财富人士来说，家族作为一个整体的组织存在是实现这一目标的前提。要想实现财富传承,首先需要将个人财富转变为家族共同拥有的财富,正是这种共同的财产利益,使原来松散的家族成员有了紧密连接的纽带,财富因素的加入,客观上强化了家族的组织性,使家族具备了治理的组织基础。如果不加以治理,财富因素的加入反而可能会破坏原来松散而又亲密的亲情关系,引发家族纷争,不仅难以实现家族传承的初衷,还诱发出家族的不和谐音符。

因此,意在久远传承的家族,由于具备家族财产这一物质条件,应该说已经具备了建立和实施家族治理的组织基础。

不过,也要看到实施家族治理远比实施企业治理困难要大得多,这是因为家族治理的非建制型特点。我们知道,企业治理是一种建制型治理,其治理机制由法律规定,也由法律保护。《中华人民共和国公司法》(以下简称《公司法》)对不同组织形式的公司,都有或严格或宽松的"三会一层"(股东会、董事会、监事会、管理层)的治理机制规定,其他国家有关公司和企业的法律也都会对企业治理机制做出基本的规定。而迄今为止,还没有看到世界上有任何一个国家对家族治理做出过法律规定,家族治理完全是一种家族内部基于社会契约而构建的一种自治型机制,自愿性和非强制性是其基本特点。因此,构建和实施家族治理体系需要尽可能调动更多的家族成员参与进来,需要家族付出更多的努力,而这既是家族治理体系能够发挥效果的基本前提,也是构建和实施家族治理的巨大挑战。

家族治理的基本内涵

由于家族治理的非建制型特点,无论是理论上还是实务上,目前对于什么是家族治理，并没有统一和确切的定义。家族企业研究学者 Julia Suess 对家族治理研究领域的几十篇文献进行了分析，对家族治理的共同要素进行提炼，认为大部分学者指称的家族治理是由企业家族（business family）自愿创建、旨在管理和完善家族与企业的关系以及企业家族成员之间关系的一系列结构、程序与机制。[①] 从这个意义上说，家族治理主要是针对企业家族的，但事实上对于没有家族企业的财富家族而言，家族治理的原理与机制同样适用，只不过治理领域会相对简单一些而已。

通俗地讲，但凡为了处理家族事务、实现特定家族目标而在家族内部实施的一切正式和非正式的管理政策与管理机制，都可以纳入家族治理的范畴来理解。现实中，财富家族不论大小，也不管是否要传承，都会存在不同程度的家族治理现象。只不过对于财富体量大、明确需要传承的家族而言，通常其家族治理的领域会更广泛，家族治理体系会更严密，家族治理机制会更正式。

延伸阅读 0-1　什么是家族治理？

"家族治理"（family governance）这一术语的确切起源难以考证，但可以确定的是，它是随着"治理"（governance）这一概念的兴起与广泛使用而逐渐在家族财富管理领域受到越来越普遍的关注。20 世纪 80 年代，作为与政府管理相区别的术语，"治理"一词成为人们探讨组织运作与管

[①] Suess J., Family governance-Literature review and the development of a conceptual model. *Journal of Family Business Strategy*, 2014, 5(2): 138-155.

理的核心术语之一。与政府管理强调国家及其组织结构不同,治理更强调社会实践与活动,强调民主化与多元主体的参与,强调平等与对话。治理的这些特征,使得它不仅适用于现代国家治理这一情形,也广泛适用于其他结构化的组织,各领域的治理理论与实践都得到了长足的发展,特别是公司治理。

相较于国家治理与公司治理,家族治理的研究与实践的影响力要小得多,究其原因,在于财富家族在范围、结构特征、稳定性及其社会影响力等方面,都无法与国家、公司相提并论。但是,治理在国家与公司中所发挥的作用与功能,也日益受到财富家庭与家族财富管理从业者与研究者的关注。在破解家族财富传承之谜时,除了关注家族财富的保持与增长外,他们还不约而同地把目光投向了家族本身。家族虽然在很多方面不同于国家、公司这样高度组织化、结构化的组织,但是,国家治理、公司治理的经验与实践,也可以为家族的秩序、稳定与发展,提供一些可资借鉴的经验。家族治理的概念与实践也应运而生。但是,由于家族不是一个法定的组织形式,同时具有多样性的特征,对家族治理的认识、实践、侧重点,不同的家族、不同的从业者与研究者,有各自不同的认知,有各自不同的探讨视角,关注的家族治理的内容也不尽相同,因此,虽然在世界范围内家族治理的理论与实践日渐丰富,但是到目前为止,还没有形成关于家族治理的共识与公认的定义。

传承家族的治理对象

顾名思义，家族治理的对象就是家族。而任何一个家族无论其大小，均由三个元素构成：家族财产、家族成员与家族精神，所不同的只是这三个元素的规模、结构与比例。正式家族三元素的不同规模、结构与比例，使得一个家族与另一个家族区别开来，并使具体成员打上了家族身份的特定烙印，外人也是据此来识别一个家族的。比如，说这家很有钱，表明他们家财力雄厚；说这是一个大家族，表明他们家人丁兴旺；说这家道德败坏，表明他们家家风不正，家族精神缺失。

目标决定对象。不同家族的治理目标并不相同，因而各自针对家族三元素中的治理侧重点也不相同。对于以财富传承为目标的家族而言，如前所述，其治理对象必须涵盖家族三元素中的所有元素，即需要将家族作为一个正式组织，要将家族财产、家族成员和家族精神视为一个财富整体来加以治理，否则，将很难逃脱"富不过三代"的命运。

家族财产是家族的物质财富，属于家族财富构成中的金融资本，在法律上有权属，在财务上可计量，在形态上表现为动产、不动产、股权等，是家族治理的基础对象。家族成员是家族的智力财富，属于家族财富构成中的人力资本，以家族内部具有婚姻和血缘关系的人员为主，也可以根据需要包括为家族创造价值的其他人员（如家族企业管理层、家族办公室专业人员），是家族治理的核心对象。家族精神是家族的精神财富，属于家族财富构成中的文化资本，表现为家族的愿景、使命、价值观、财富观、家族传统、家族信用、家族社会责任、家族社会关系等不同方面，同样是家族治理的核心对象。

传承的家族需要将家族金融资本、人力资本和文化资本作为一个财富整体实施全面的治理，而展现家族整体财富最好的办法，就是借助企业资产负债表的方式，创建家族资产负债表。不同的是，企业资产负债表是单纯财务意义上的，而家族资产负债表则是整体财富意义上的，需要在资产栏、负债栏和权益栏每一方增添家族的非财务因素。表0-4反映了一张典型的家族资产负债表应该体现的内容。

表0-4　家族资产负债表示例

家族资产负债表	
家族资产	家族负债
金融资本	内部风险
家族理财资产	家族治理的缺失或失败
家族实物资产	不能理解成功需要百年的计划
家族经营资产	不能理解和管理所有形式的家族资本
人力资本	缺乏家族愿景、使命
家族内部成员人数	缺乏家族价值观
家族外部成员人数	健康
家族人力资本质量	死亡
文化资本	离婚
家族传统	债务
家族愿景、使命	缺乏人力资本
家族价值观	缺乏社会资本

续表

家族资产负债表	
家族资产	家族负债
社会资本	不适当的资产配置
家族社会责任	**外部风险**
家族社会关系	经济风险（资产泡沫、通货紧缩、财政危机、非法贸易等）
家族信用	政治风险（政治危机、社会动荡等）
	社会风险（社会稳定、粮食危机等）
	环境风险（灾难/不可抗力等）
	政策风险（所得税、赠与税与遗产税等）
	技术风险（网络攻击等）
	其他风险
	家族权益
	家族金融资本是否增长？
	家族人力资本是否充足？
	家族文化资本是否提高？
	家族凝聚力是否增强？
	家族成员是否幸福成长？
	家族治理是否有效？

当家族创建了属于自己的家族资产负债表之后，达成家族财富管理目标所需要关注的因素就会一览无余，家族很快可以认识到从长期保有财富角度来看家族目前所处的实际地位和实际差距，并据此采取相应的改进措施。家族资产负债表的创建和管理，也可以帮助每一个家族成员迅速学习如何充当家族这个大企业的股东并理解自己在其中的职责，从而更好地服务于家族目标。

3.2 家族治理解决什么问题？

家族治理应该发挥什么样的功能？这同样取决于家族的目标。不同目标的家族，希望家族治理发挥的作用也不相同。对于致力于传承的家族来讲，家族治理应该发挥全局性的功能，而不仅仅是针对局部问题发挥作用。具体说来，传承的家族治理需要发挥五个方面的基本功能：构建传承的家族主体、建立与维护家族内部秩序、培育家族人力资本、建立并维护家族与企业的关系、建立并维护家族与社会的关系。

构建传承的家族主体

家族的存在是财富传承的基础，没有某种组织意义上的家族，就谈不上财富的家族传承。由于现代社会的开放性、多元性和个体性，简单的血缘关系和社会习俗已不足以将松散的家族成员扭结成一个具有组织意义的家族整体，因此，在现代社会，传承的家族是构建型的，是有意识、有目的构建的结果。基于此，家族治理发挥的首要功能，就是构建和维护一个适合传承的家族主体。

家族治理主要通过两种方式，提供传承的家族主体所需要的基本条件，包括物质条件和精神条件。

- **创建家族共同财富**。第一种方式是通过采取合适的法律结构（主要是家族信托），建立法律上有保障的、可用于家族长期保有和传承的家族共同财富，同时在家族内部建立投资管理体系，以促进家族共同财富的长期保值增值。这是传承的家族主体所需要的物质条件，而这个基础只能通过家族治理来提供。
- **创建家族使命、愿景**。第二种方式是创建能够体现独特家族精神的、属于自己的家族愿景、使命、核心价值观与财富观，以定位家族存在的意义与未来方向，并识别家族身份和凝聚拥有独立个性、兴趣、爱好与认知偏好的家族成员。这是传承的家族主体所需要的精神条件。而家族精神的形成、传授与接受，不是一个自发的过程，需要以某种家族治理机制来提炼、概括和教育，才能培养家族成员对家族的认同感。

建立与维护家族内部秩序

传承的家族主体即使构建起来，也需要建立与维护家族内部秩序，以防止家族纷争甚至家族解体。而家族内部秩序的建立与维护，只有通过家族治理机制来实现。家族治理机制在这方面的功能主要体现在以下方面。

- **建立家族治理组织体系，处理家族事务**。家族虽然不像公司组织那样严密，但传承的家族需要处理的家族事务比公司只多不少，家族政策的制定与修改、做出家族各项决策、组织家族各种活动、处理家族内外部关系等，无不需要建立必要的治理组织来处理。
- **制定家族规范文件，有序处理家族事务**。对于任何一个组织来说，要想维系组织的秩序，建立必要的制度与规范是必不可少的条件。家族涉及复杂的关系与问题，而且具有多发性、持续性的特征，只有通过家族治理体系制定家族规范文件，才能有序处理方方面面的家族事务。

- **解决家族利益冲突，维护家族和谐**。传承的财富家族特别是企业家族，随着代际关系的往后推进，每一位家族成员均同时扮演多种不同角色。比如，在家族内部，可能是（外）祖父母、父母、婆媳、子女、（外）孙子女、堂（表）兄弟姐妹的身份；在家族企业中，可能是股东、董事长、总经理、部门经理或者普通员工的角色。这些角色及与之相关的利益之间天然就存在冲突，需要持续地通过家族治理建立家族内部秩序来协调和解决，否则家族就难以维持团结。

培育家族人力资本

从前文关于家族传承基本规律的讨论中，我们已经知道，强大的人力资本是成功传承四大规律中的重中之重。家族只有对家族成员有意识、有计划地培养和训练，才能培养出符合家族发展需要的人力资本。而且，"十年树木，百年树人"，家族人力资本的培育与提升既是一个持续不断的过程，也是一个经过长期的努力才能见到成效的过程。因此，家族人力资本培育必须纳入制度化的轨道，而这也只有通过家族治理才能做得到。

- **维系家族人力资本规模**。通过家族文化、家族财富分配政策等，为后辈家族成员的教育、成长提供必要的财务支持和其他方面的激励，鼓励年轻一代家族成员在适当年龄结婚生育，确保家族人力资本充足并能够持续实现代际更替。
- **打造家族教育体系**。通过家族治理机制建立家族教育体系，如建立家族教育基金，资助家族成员学业成长与在职培训，又如在家族内部实施专项教育项目，使家族成员熟悉家族精神、掌握家族技能、提升家族领导力等，培养符合家族事业发展的家族成员。
- **支持家族成员成长**。通过家族治理机制建立家族成长基金等，支持家族成员的成才计划与实践，包括支持家族成员接受各种类型的教育以及各种实习、从业、创业实践，提升家族人力资本的质量。

建立并维护家族与企业的关系

家族企业具有特殊性。很多人都注意到了它们与非家族企业在经营行为、持续性、盈利性等方面的不同，既有优势，也有劣势。对于造成这种差别的原因，在相当长的时间内，很多研究者将关注的重点一直放在企业治理或者公司治理上，但是，仅企业治理或公司治理方面的实践与特征无法解释为何很多家族企业的表现明显优于非家族企业，尤其是在德国等国家。一个显而易见的现象是，虽然很多家族企业表现优秀，但也有些家族企业在经营与生存能力上都存在问题。同样都是家族企业，都采取了类似的公司治理模式，为什么绩效差别那么大呢？

研究者们后来扩大了研究视野，将家族本身纳入公司治理研究范围，并逐步形成了共识，即家族企业表现好坏的关键其实是家族治理。相比非家族企业，家族企业的优势在于注重长远性，避免短期效应，注重投入和产品质量，而这些都不是企业的董事会或者管理者所能决定的，关键是控股的家族能够持续给予企业支持，成为所谓的耐心资本。

而要实现这一点，关键在于通过家族治理，确立家族对于企业的基本政策，主要包括家族与企业优先关系政策、家族企业股权和控制权政策、家族企业雇佣政策、家族企业领袖继任政策、家族企业利润分配政策等，以实现家族利益和企业发展利益的平衡，避免竭泽而渔的现象。这也正是家族治理在家族和企业关系上所能发挥的重要作用，即打造与维护家族与家族企业之间的关系，在家族目标与企业目标上进行必要的平衡，实现家族与企业的相互支持、共同成长。

建立并维护家族与社会的关系

任何一个家族都是一定社会条件下的家族，家族既是社会的一个组成部分，也深受社会各方面的影响，家族无法脱离既定的社会而存在。从系统论角度看，作为一个系统的家族，不仅需要在内部打造秩序，充分发挥家族成员的积极性与主动性，从内部实现熵减，而且也须与社会建立良好的互动关系，既从外部吸收各种信息、资源、人才、知识技能，又反哺社会，积极承担社会责任，从外部促进家族系统的熵减。因此，处理好家族与社会的关系，获得社会的认可与必要的支持，是家族存续的重要条件。

在家族与社会关系领域，家族治理的核心目标是通过家族对社会的贡献，践行家族的价值观，同时为家族赢得社会声誉，增加家族的社会资本，从而为家族的发展提供更有利的社会环境。

处理家族与社会关系的方式与路径很多，如家族与企业承担社会责任，企业合法合规经营等，其中家族慈善是最普遍与最常见的形式。家族处理与社会的关系，应有统一的筹划，使得家族与社会关系的理念、价值观与政策，能够贯穿到家族社会活动的每一个方面，包括将家族企业的商业慈善打造为家族慈善，使家族企业的社会责任与家族理念、价值观统一起来等，不断强化家族处理社会关系的理念与准则，使家族的社会活动既有利于社会，也有利于家族的发展。

3.3 家族治理体系的构成

传承的家族要全面实现家族治理的功能，需要构建起相对严密且更加正式的家族治理体系。从家族治理体系有效运行角度看，既要有必要的治理规范，又要有必需的治理组织，还要有落实规范要求与组织决策的实施机制。因此，完整的家族治理体系是由规范体系、组织体系与实施体系三个部分构成的。这三个部分既相互联系，又相对独立，共同发挥作用实现家族治理的功能。

家族治理规范体系

家族治理规范体系在内容上是指一系列处理家族内外部关系、约束家族成员的行为准则，旨在确定家族的目标、价值与原则，明确家族成员的权利与责任，在形式上表现为经一定程序制定的各种家族治理文件，这些文件依其内容复杂程度不同、位阶不同，包括很多种类型，如家族根本性的规范，通常称为"家族宪法"或"家族宪章"，这里的"家族宪法"是对国家宪法概念的借用，旨在说明"家族宪法"是家族的"母法"，规定家族的根本性问题。此外，还有关于家族特定事项的规范，如行为规则、程序性规则以及具体政策等。

家族治理规范体系的核心是"家族宪法"或类似的家族构成性文件，但是，仅仅制定"家族宪法"是不够的。"家族宪法"只能规范家族规范中具有根本性意义的内容，更具体的内容、需要不断更新调整的内容，应由具体的家族政策文件予以规定，如家族企业政策、家族成员成长支持政策、家族成员保障政策、家族慈善政策、家族教育政策、家族成员行为准则等。

完备严密的家族治理规范体系应该能够清晰体现家族的愿景与价值观，并全面体现家族对于包括金融资本、人力资本、文化资本在内的所有类型的家族资本的管理政策，但其内容则需要定期评估，做出适当修改以适应家族与企业的最新情况。

家族治理组织体系

家族治理的组织是家族成员参与家族活动，讨论、决定与处理家族事务和家族企业相关事务的平台，也是负责与监督"家族宪法"具体实施的机构。它由一系列具有不同权力与职责的组织构成，这些组织构成家族治理的组织体系。

家族治理的基本组织体系一般是规定在"家族宪法"之中，

但是，根据"家族宪法"规定的目标与原则，家族的决策组织也可以在一定条件下创设临时性组织或其他工作层面的组织。

不同的家族治理组织承担不同的功能，如协商、决策、执行等。不同家族的组织体系不尽相同，不像国家或公司这些正式组织，有完备的分工合作又相互制衡的组织体系。家族治理组织主要是功能性的，根据家族的特点与处理事务的需要而设立。但在实践中，财富家族的组织体系，包括具体的组织形式、机构成员的构成、职能与职权、议事规则等，也呈现出越来越多的共性特征，逐步形成了一些具有典型意义的组织类型，主要包括家族会议、家族理事会、家族专门委员会、家族办公室、家族基金会等。

家族治理实施体系

家族治理的生命在于实施，而实施家族治理既是一种管理，也是一门艺术，高度依赖家族的勇气与智慧。为了保证家族治理的顺利实施，家族需设计、建立必要的实施体系。实施体系的本质是一种保障机制，确保家族治理方案能够得到贯彻落实。

家族治理实施体系主要包括定期不定期召开家族会议、定期不定期举办各种家族活动、设立并管理各种功能性家族基金、开展各种形式的家族教育等，具体的实施体系也依家族不同而不同。在实施家族治理的早期，通常需要借助外部专业机构和专业人员来帮助财富家族实施家族治理，以弥补家族在治理经验与程序等方面的不足。

关于家族治理体系三个构成层面的更详细讨论，会在以后的各章节中陆续展开，这里仅做简要的介绍，以概览性地窥其全貌。

3.4 传承视角下家族治理的特征

传承所需要的家族治理体系通常是一种正式的体系，因而既具有正式组织治理的一般性特征，又受家族这一组织形式自身特色的影响，具有与其他类型组织治理不同的特殊性。

家族治理的一般性特征

传承视角下的家族治理具有各类正式组织治理共同的典型特征，特别是体现在治理制度化与程序化、系统化与结构性，以及合作与参与性等方面。

- **制度化与程序化**。虽然与政府和公司相比，传承所需的家族治理在机制上更为灵活，但它通常是一个制度化的体系与程序，主要体现为：一是家族治理规范体系采取书面文件形式并按一定的程序加以制定；二是家族决策的机制化与程序化，家族重要事务根据家族规范文件的要求，在各类决策组织框架下做出决策。

- **系统化与结构性**。传承视角下的家族治理，需要发挥系统的治理功能，形成了一个系统化的规范体系、组织体系与实施体系，具有结构化的特征，从而使家族相关的各类事项、家族的各类需求能够有条不紊地纳入家族治理体系来解决，避免家族事务处理的碎片化、随意性，规避甚至可能出现问题却找不到合理的机制处理的现象。
- **合作与参与性**。治理不同于管理的一个重要特点是它的广泛参与性,各类行为者都以不同的形式、不同的身份参与治理过程,治理更重视不同行为者在治理过程中的互动。家族治理中,家族成员参与更加广泛,也更需要家族成员之间的合作,才能实现治理的目标与功能。在某些情形下或某些类型的事项上,家族之外的行为者也可能会参与到家族治理中来,如外部专业机构、家族企业等。

家族治理的特殊性特征

相比国家治理和公司治理这些非常正式的治理类型,家族治理有很多特殊性,这种特殊性与家族这一组织的特殊性直接相关。了解、把握这些特殊性,有助于准确把握家族治理的实质,了解家族治理发挥作用的机理,从而更有针对性地开展家族治理规划与实践。

通过对现有家族治理实践的研究,我们可以发现,家族治理具有三个突出的特殊性。

(1) 家族治理体系的非建制性。

非建制性,意味着家族治理并不是法定的治理形式,没有明确的制度性要求,不存在明确的、针对性的法律规范,它是一种完全的具有自治性的治理形式。简单地考察一下国家治理与公司治理,我们就能更清晰地了解家族治理的非建制性特征。

国家治理是一种完全的制度性安排,在治理规范上有国家明确的法律规定,包括宪法、法律、行政法规等一整套法律规范体系、规范、指导国家治理；国家有法定的组织机构履行各种国家治理的职责，有各种规范的程序与机制，供各类行为主体参与到国家治理中来。国家治理不仅是功能性的，而且是法定性的，因而它是建制性的治理。

公司治理虽然在很多方面相比国家治理具有更多的自治性，但是它也是在法律规范下的治理，各国的公司法对公司治理，包括治理规范、组织形式、实施机制等都做出了明确规定，公司治理中所具有的某种自治性，也是在法律规范下的自治，公司治理不得超越法律规定的最基本要求与标准。

与上述两种治理形式不同，国家在法律上、制度上对家族治理没有明确的规定，法律上没有专门的、有针对性的规范性要求，甚至家族在现代大多数国家的法律中都不是一种法定的组织形式。因此，家族以何种形式存在，是否需要治理，需要什么形式的治理，完全是家族自行决策的事项。

当然，一方面，国家法律一般都不会禁止家族实施某种形式的家族治理；另一方面，自治型的家族治理也不意味着家族可以为所欲为，可以不考虑法律的规定，在具体规范上、组织实施上、决策的具体内容方面，家族治理也不得违反法律的一般性规定。但是，在法律规定的范围内，对于家族治理的规划与实施，家族有很大的自由空间。

（2）家族治理目标的多元性。

对于一个组织的治理，最重要的指导原则是与组织目标相适应的价值与理性之间的平衡。一个组织的目标越复杂，治理也就越复杂。

致力于财富传承的家族是一个特殊的组织，既包括经济目标，也包括非经济目标。前者是家族传承的物质基础，没有经济目标也就没有财富传承，因此，经济理性与经济价值是家族治理的重要指导原则。但是很显然，从家族自身的组成与本质来说，它是亲属的集合体，而亲属最重要的联系基础是情感上的亲近与联系，因此它的重要价值在于感情，在于非经济价值。没有这样的价值实现，一个具有内在凝聚力的家族是很难维系的，在此方面，家族治理的目标是要促进家族成员之间的情感联系。基于此，可以认为，家族治理涉及家族与财富两大系统，由于这两个系统的目标与价值不同，有时甚至会存在冲突，因此，家族治理的一个重要特征是需要处理好家族与财富之间的关系，需要在维系家族情感与追求企业经营效率和财富最大化目标之间进行平衡。

相比较而言，公司虽然需要考虑相关的各类主体的利益，并考虑社会责任，但最重要的价值是效率，是实现公司的经济目标，因此，公司的治理是以实现公司的经济目标为核心，其治理相对来说要简单一些，面临的价值之间平衡的任务相对较轻。

在治理目标的多元性上，家族治理与国家治理具有相似性，只是后者目标更加多元化，因而国家的治理也就更加复杂，比如，既要考虑政治层面的民主、平等与法治等价值，又要考虑经济层面的效率与公平等价值，还要考虑社会层面的安全、人权、自由、公平等价值。国家治理要同时考虑这些因素，同时考虑这些价值，还要考虑各种价值之间的平衡，因而国家要构建更为严密的治理结构与规范体系，以促进各种价值的实现与平衡。

(3）家族治理方式的个性化。

与国家治理、公司治理不同，家族治理没有统一的、普遍适用的模式。国家治理、公司治理也存在多样性，每个国家、公司的治理都有各自的特色，但是，现代国家、公司等组织的治理存在某种趋同化现象，在基本结构、体系上表现出越来越多的共同性特征。比如国家，不论一个国家的制度如何，都包括立法、司法、行政等职能上的分工，都存在着较为完整的、具有一定等级秩序的法律规范体系。对于公司来说，也是如此，虽然不同国家的公司在治理结构上存在着很多区别，但在公司治理结构中大多有权力机构、执行机构与监督机构，分别行使公司的不同职权。在一个国家之内，由于公司治理结构一般由国家法律予以规定，因此，公司在治理基本结构上大体相同，只是在任意性事项，即法律未强制性规定的事项上，各个公司可以根据自身的特点做出细节上的安排。

家族与国家、公司不同，法律对家族一般不做明确的规定，家族在当代社会更多是一个社会性概念，是由各个家族根据自己的意愿，为一定目标，按自身确定的原则、规则构建的。每个家族情况不同、目标不同、期望不同，所构建的家族也是千差万别。财富家族虽然在拥有家族财富这一点上具有共同性，但是，家族构成、家族规模、家族成员之间的关系、拥有的财富规模与类别、财富观与对财富的期望等，都有各自的特点，因而不存在一个统一模式的财富家族。家族的差异性使每个家族的目标、面临的问题各不相同，对于家族治理的需求与要实现的目标也各不相同，不同类型的家族以及家族在不同的发展阶段可能有不同的治理需要，需要结合家族自身的独特资源及需求，选择具体的治理方式与治理机制。因此，不存在统一的家族治理模式。

当然，从实践来看，一些家族成功的家族治理实践，对其他家族具有一定的参考与借鉴价值，在相互学习与借鉴中，财富家族的家族治理在整体上也形成了一些行之有效的普遍做法，随着家族治理实践的日渐丰富，也可能会形成关于家族治理的某种程度的基本模式或结构性要素。

3.5 构建与实施家族治理体系的六大要务

任何一个家族，如同其他组织一样，只要涉及对集体产生影响的决策与行动，只要涉及组织内的人际关系与秩序，都需要某种形式的治理，因而可以说，所有财富家族都存在家族治理。但是，并不是所有家族的治理都能支持家族财富传承的需要，也不是所有家族的治理都能帮助家族实现特定的目标。一个财富家族，如果要实现特定的目标，特别是实现家族基业长青、实现财富久远传承，它所需要的治理，必须是结构化、程序化并且适合家族特点的家族治理，即正式的家族治理。这样的家族治理不是自发形成的，它是一个系统工作，需要设计、规划与实施，需要家族通过有意识的行为才能形成。

任一家族在着手构建家族治理体系之时，首先需要确定规划流程。为了帮助传承的家族有效地构建家族治理体系，我们根据实践经验，提炼了家族治理规划的六大要务，这六大要务构成了家族治理规划的完整流程。当然这只是一个建议流程，不同的家族可以根据自己的实际情况采用不同的规划流程。

第一大要务：驱动做好规划前期准备
√明确家族传承意愿，做好迎接挑战的心理准备
√学习、了解家族财富管理和传承的基本知识
√选聘家族治理规划所需要的相关专业顾问
√组建由规划顾问和家族成员参与的规划项目组
√由项目组制订家族治理规划工作方案
√运用家族资产负债表进行家族财富评估

第二大要务：明确家族范围与目标
√界定家族的组成范围
√确定家族的愿景与使命
√确定家族的价值观
√确定家族财富管理目标

第三大要务：确定家族治理政策
√确定家族财产分配政策
√确定家族财产管理政策
√确定家族与企业关系政策
√确定家族人力资本培育政策
√确定家族社会责任政策

第四大要务：选择家族治理组织结构
√确定是否及如何建立家族大会
√确定是否及如何建立家族理事会
√确定是否及如何建立家族办公室
√确定是否及如何建立其他家族治理组织

第五大要务：制定家族治理规范文件

√ 确定家族治理文件的类型

√ 起草家族治理文件草案

√ 确定家族治理文件最终文本

√ 签署家族治理文件

第六大要务：实施并重申家族治理体系

√ 提升家族治理的组织力

√ 搭建家族财产的管理结构

√ 凝聚并教育家族成员

√ 评估并重申家族治理体系

第一章 Chapter One
启动家族治理项目

通过本书引言部分的探讨,我们知道,一个家族为了实现财富传承,必须进行家族治理。我们还知道,传承所需要的是正式的家族治理,不会自发形成,是家族有意识进行规划与构建的结果。因此,正式的家族治理体系的形成与实践,有一个起点,即家族治理项目的启动。这是构建家族治理体系的第一步工作。

家族治理项目的启动始于认识与评估。它是一个家族基于对现有治理状况与要实现的目标之间差距的认识与评估、决定打造家族治理体系并为此做好相应准备的一个过程。家族治理项目启动过程包括五个基本环节:决定启动家族治理项目、选聘家族治理顾问、成立家族治理规划项目组、开展家族治理项目尽职调查、制订规划工作方案。

1. 决定启动家族治理项目

正式的家族治理体系是一系列有目的、有计划、有专业介入的家族治理规划的结果,它不是自发形成的,而是始于家族的决定。要不要启动家族治理规划项目、打造一个什么样的家族治理体系、要实现什么样的家族治理目标，都没有统一的标准，完全取决于家族的具体情况、家族对相关问题的认识以及家族财富管理的目标设定。

1.1 要不要启动家族治理项目

要不要启动家族治理项目，是家族首先要决定的一个问题。关于这个问题到目前为止没有统一的标准答案，它取决于两个方面的因素：一是客观因素，主要是从家族的实际情况看，考量是否需要正式的家族治理；二是主观因素，主要是从对家族治理的认识上看，考量是否能够解决相关的疑虑与困惑。

客观影响因素

从客观角度看，家族自身的实际情况千差万别，许多因素都会影响家族治理项目是否启动的决策。以下是一些常见的阻扰迈开家族治理步伐的客观因素：

——家族财产的规模还小，只有巨富家族才需要家族治理。

——家族财产的问题很多，只有清理干净了才能够进行家族治理。

——家族成员人数太少，没有必要进行家族治理。

——家族成员（特别是夫妻）意见不一致，无法启动家族治理。

这些问题需要理性分析。家族财产达到多大体量，才需要家族治理？这并没有标准答案。当然，财产太少确实没有必要。通常，一个家族的财产过了亿元，即成了"亿万富翁"，就可以认为是标准的需要家族治理的对象。不过，这并不是一个绝对标准。事实上，身价几千万元的"千万富翁"，只要有意愿，也完全可以开展家族治理。至于家族财产问题多、家族成员人数少、家族意见不统一，恰恰是没有进行家族治理的结果，而不是不需要家族治理的原因。家族治理是面向未来的规划，一个家族为了未来而着手家族治理时，现在的问题就会找到正确的解决方案。

事实上，除了需要一定的家族财富规模这个门槛外，决定是否启动家族治理的关键因素是传承的需求。一个家族一旦决定了进行财富传承，客观上就必须面对家族治理。在传承的漫长历史岁月里，家族与财富两个维度都面临着数不清的不确定性威胁，要实现家族与财富的长久结合即将财富长久留在家族之中，就必须对家族实施治理，以尽可能减少不确定性的消极影响，在不确定性中寻找某种确定性后果（即财富在家族中的传承）。

主观影响因素

虽然从家族传承的客观需要上看，人们不同程度地看到了家族治理的普遍价值，但是，在决定是否启动家族治理规划时，许多家族仍然心存疑虑，对家族治理存有不同角度的怀疑。

——对家族治理效果的怀疑。很多家族认识到家族与家族财富管理的复杂性，但是，对于家族治理能否应对这些复杂性、能否解决家族面临的诸多问题，心里没底。

——对家族治理可能引起的负面后果的担心。一些家族担心家族治理会引起家族内部一系列的变化，担心这些变化会破坏家族现有的平衡，会引起新的矛盾，产生新的问题。

——对家族治理引进外部顾问与专业资源的疑虑。家族治理规划通常会引进外部专业顾问，外部人员将会更多地了解家族内部的很多信息，这会让很多家族担心信息外露可能会给家族事业带来负面影响。

——对家族治理项目可能涉及的大量工作不胜其烦，认为不值得将大量的时间、精力甚至金钱投入其中。

虽然家族治理的作用与效果已经由大量成功传承的家族实践所证明，众多家族治理方面的研究成果也充分显示了这一点，但是，影响家族开启家族治理之旅的主客观因素也确实存在。尤其是国内财富家族的普遍兴起只是近几十年的事情，人们对家族传承与家族治理的关系需要一个加深认识的过程，对于家族治理的效果也需要本土实践的检验。好在它不是一个法定的任务，而是一项柔性的工程，要不要启动家族治理项目，是由家族完全自由裁量的事项。但是，必须意识到：如果一个家族对财富传承怀有强烈的意愿与远大的抱负，那么，家族治理将是一个绕不过的门槛。

1.2　什么时候启动家族治理项目

对于启动家族治理项目的时间，也没有绝对的标准。不同规模与结构的家族、处在不同发展阶段的家族，对于家族治理需求的内容与迫切性也不尽相同。在确定什么时候启动家族治理项目方面，家族可以考虑的因素主要包括以下几个方面。

家族在财富周期上所处的阶段

在财富周期的不同阶段，家族所面临的核心任务是不同的。在创富阶段，家族的首要任务是创造家族财富，没有家族财富，也就没有家族财富传承，为家族财富传承保驾护航的家族治理也就没有存在的物质基础了。在这个阶段，对于家族治理的需求还未到进行系统化、结构化、程序化正规构建的阶段。

但是，一个家族的财富创造达到一定规模与体量的时候，与之相伴而生的就是，该家族便会自然而然地进入财富保护与传承阶段，对家族治理需求的窗口期也就到来了。在这个阶段，财富创造、财富保护、财富传承交织在一起，虽然创富仍然是一个家族的主旋律，但在它的核心任务表上，至少增加了新的内容，即如何保护和传承家族财富，这时家族治理的规划和构建就需要提到家族的议程表上来。

因此，从家族所处的财富阶段看，一旦家族迈过了创富的阶段（其实这个阶段也是由家族自己定义的，并没有客观的衡量标准），家族治理就会成为家族的一个现实需求，对于有志于传承的家族来说，也就到了启动家族治理的时机。

家族在亲属关系上所处的阶段

随着家族财富创造在时间轴上的延伸，家族内部也将面临很多新的变化。创富一代将逐渐退出历史舞台，家族事业的任务将传递给下一代，而家族的关系也将更复杂化。家族关系的同心圈将不断放大,从最早的以夫妻关系为核心逐渐向以父母—子女关系为核心,再向以兄弟姐妹关系为核心的亲属关系演变,并随着时间的推移,进一步向以堂(表)兄弟姐妹关系为核心的亲属关系演变。

家族亲属关系随着时间推移出现的这些新变化,将使财富家族面临巨大挑战。一方面,家族成员在数量上不断增加,家族内部的人际关系更为复杂;另一方面,这种变化反映在家族管理上其实就是一个"去中心化"的过程,即去"以创一代为中心"的过程,家族创一代的自然权威不再存在,家族的决策与运行面临的背景发生了重大变化,也更容易引发多样化的家族矛盾。

因此,在代际转换、家族核心亲属关系发生变化的新阶段,如果没有合理而有效的治理机制,要将在血缘和其他联系上越来越松散的家族成员维系在一起,几乎是不可能的事情,家族内部将会出现难以解决的纷争、冲突与矛盾,从而危及家族与家族财富的存续,更不用提家族财富传承了。从这个意义上说,起码应该在创富一代向二代转换之际就启动家族治理项目,以未雨绸缪。因为随着家族核心亲属关系越来越远,虽然对家族治理的需求更加强烈,但启动家族治理项目的难度也更大。

家族面临的形势与问题

不同家族面临的形势与问题不同,对家族治理需求的急迫性也不同。

一些家族当下核心成员身体健康,年富力强,企业发展正常,家庭关系和谐,子女成长健康,可能会认为不需要急于启动家族治理项目，甚至从根本上认为不需要家族治理。

一些家族是在经历过多次现实的困境与危机之后，才认识到家族治理的重要性。如李锦记家族，在经历过两次家族内部危机之后才痛定思痛，启动了家族治理项目，打造了一个致力于家族建设的家族治理机制，使李锦记家族与家族企业渡过了危机，并得以不断发展壮大。

家族危机与存在的问题有助于家族加深对家族治理必要性的认识，从而促使他们采取行动，启动家族治理规划。但等待危机与问题出现再开始家族治理规划也是有风险的，一旦家族无法应对这些危机与问题，家族将面临解散的风险，有可能无法从问题与危机中恢复过来，从而使家族财富传承失去了家族这一主体基础，家族财富传承的目标也就无从实现了。

再早也不算早

虽然每个家族可以选择自己认为最合适的时机启动家族治理项目，但对致力于财富传承的家族来说，任何时候启动家族治理项目都是适当的，而且，从实施家族治理项目的难易程度与实现家族治理目标来看，越早启动，对家族越有利。因为风险随时可能降临，意外和明天哪一个先来永远无法得知。等风险降临的时候，危机已经产生，治理往往失去了最佳的时机，甚至永远丧失了治理的机会。

2003 年海鑫钢铁创始人李海仓被枪杀身亡，2016 年上海冠生园的前董事长兼总经理翁懋在旅游时被疑似猴子蹬掉的石头砸中脑部身亡，2020 年 39 岁的游族网络董事长林奇疑似被投毒去世，这样令人唏嘘的意外体现了生命的脆弱和人生的无常。除了这样的意外事故，还有交通事故、突发性疾病、经营风险、债务风险、法律风险等，由于财富人士比工薪阶层面临更多的经营活动和利益纷争，因此其所面临的风险更大、更复杂。而那种想要等到"条件成熟"的时候再启动家族治理的想法无疑是一种冒险，因为"条件成熟"的那一天也许永远不会来到，而风险却随时可能发生，家族治理越早开始越好。

那么选择什么时机启动家族治理项目是合适的呢？我们建议，在时机选择上应当重点关注以下三个"健康"：

- 创一代身体和精神健康时。有关调查资料显示，65岁以上人群中患重度老年痴呆的比率达5%以上，而到80岁，此比率就上升到15%—20%。另外，帕金森综合征、心脑血管疾病导致的偏瘫、多种原因导致的抑郁症等也都处于高发态势。加之受伤、重病可能导致的昏迷或语言功能障碍，都可能使启动家族治理成为一件不可能的事情。

- 家庭或家族关系健康时。事实上，许多有强烈意愿启动家族治理的家族，常常是由特殊事件触发的，比如夫妻已经反目，兄弟已经成仇，而此时才想到启动家族治理，或为时已晚，或平添难度。因此，在家族或家庭关系稳定时启动家族治理，比较容易实行，也能有效预防家族矛盾的发生。家族治理规划的过程本身就是一个凝聚家族成员共识、稳定家族成员预期的过程，从而起到定分止争，最大限度避免未来家族战争的积极效果。

- 家庭或家族财务状况健康时。此时启动家族治理，财务基础较好，家族成员容易对家族目标和家族政策等家族治理相关事项达成共识，也愿意承担更积极的家族责任。而在财务不健康时才启动家族治理，往往限于对眼前问题的纠结，不仅共识难以达成，信心也往往不足，成功难度自然加大。

1.3 谁决定启动家族治理项目

家族治理项目由家族启动，但到底由谁来代表家族启动，则需视家族的具体情况而定。

由家族领导人或主要家族成员决定

很多尚未建立正式家族治理机制的家族，在没有关于家族事项的正式决策机制与程序之前，通常会有一个拥有一定权威的家族成员，对家族事务具有很大的决定权或影响力。该人通常是家族第一代创富领导者，也可能是某几个具有广泛影响力的主要家族成员。他们关于家族事项的决定，通常能得到家族成员的广泛认可，通过非正式机制得到实施。

当家族主要领导人或几个领导人认为有必要加强家族建设，促进家族成员之间的相互理解与团结，为家族传承与未来进一步发展打下良好的家族基础时，他或他们可以决定启动家族治理项目。家族领导人也可能是基于家族发展过程中面临越来越多的问题，从外部顾问那里获得相关非正式意见，并认为有必要通过家族治理建设来应对这些问题，从而决定启动家族治理项目。

由家族决策机构做出决定

在正式家族治理机制形成之前，如果家族存在某种形式的关于家族事务的决策机构，则启动家族治理项目的决策通常由该机构做出。如果由家族决策机构做出决定，则该决定更具有代表性与权威性。在这种情况下，家族领导人可以向该机构提出建议。

当然，由于家族治理体系构建会导致家族一系列政策上的变化，很有可能会改变家族内部的利益结构，因此，家族决策机构或家族领导人在决策之前，征求一些家族成员的意见以凝聚共识，也是有必要的。至于要征求哪些人的意见，取决于家族的规模，以及家族治理项目对哪些人可能产生较大的影响。

通常，在正式决定启动家族治理项目之前，家族也会正式或非正式地咨询外部顾问的意见，或者与其他家族特别是已经有正式家族治理机制的家族进行交流，听取他们的意见，以确定自己家族关于家族治理项目的有关考虑是否符合实际、是否可行，从而进一步明确启动家族治理项目决定的合理性。

2. 选聘家族治理顾问

规划并构建家族治理体系，并不是简单地制定诸如"家族宪法"等家族治理文件，组建相应的治理组织，而是涉及一系列复杂过程、涉及多领域的专业知识与技能。因此，在家族决定启动家族治理项目之后，当务之急是选择、聘用家族治理顾问，以确保家族治理项目的顺利进行,并形成真正适合家族实际与需要的合理有效的家族治理机制。

要规划并构建一个好的家族治理体系,一个甚至几个好的顾问是必不可少的。家族治理顾问的工作不只是完成某一项具体的任务,而是指导家族在家族治理领域走向成功,不仅是设计与规划家族治理,而且可能还会涉及指导家族如何实施家族治理体系,所以,一开始选择好顾问是非常重要的。但市场上从事相关咨询业务的专业顾问很多,不仅类型多,而且来源复杂,所在机构也复杂,并不是所有的顾问都能发挥应有的作用。只有选聘合适的顾问,才能发挥其应有的作用。

如何选聘合适的家族治理顾问,涉及很多方面,也是一项需要家族投入时间和精力的工作。但是,"磨刀不误砍柴工",在选聘家族治理顾问上花费必要的时间与精力成本,是一件事半功倍的事。

选聘家族治理顾问的主要目的是填补家族自身在专业知识、技能方面与需要完成的目标之间的差距[1]。因此,在聘请家族治理顾问之前,家族对家族治理相关问题有所了解是很重要的。只有这样,家族才知道需要聘请什么样的顾问,以及需要他们完成什么样的工作。

要选聘合适的家族治理顾问,关键在于把好三个方面的关:一是要明确选聘家族治理顾问的目的,即需要家族顾问提供哪些服务;二是明确选聘家族治理顾问的标准,并严格按照标准选聘

---

[1] Bonnie Kirchner. *Who Can You Trust With Your Money?* Pearson Education, 2010: 77.

顾问；三是按确定的程序选聘顾问，以保证对拟选聘的顾问有充分的了解。

2.1　家族治理顾问的服务角色

选聘家族治理顾问，首先要知道需要什么样的顾问，他们在项目中将会扮演什么样的角色、起什么样的作用。比如，是要寻找在某一个特定问题或事项上的专家，来帮助家族完成起草"家族宪法"、确定家族治理组织，或者咨询相关家族治理政策等事项？还是要聘任一位总顾问，来统筹协助家族完成家族治理规划的所有事务？还是别的？不同问题对顾问的专业、职责、参与工作的方式的要求都是不一样的。只有知道要选择什么样的顾问，才能确定拟聘用顾问的领域与顾问的可能来源。因此，家族对自己的需求与目标越明确，在聘请顾问上就越有效率。家族可以不知道家族治理有关问题的答案与实现家族治理的路径，但必须要明确自己真正的需求。

对于家族治理顾问应该提供哪些方面的服务，并没有统一的标准，主要取决于顾问的能力与家族的需求。从实践来看，家族治理顾问的能力范围、服务内容、服务方式也不尽相同：既有提供综合性服务的家族治理顾问，也有在家族治理领域提供专项服务的家族治理顾问；既有提供家族治理技术方面的顾问，也有深度介入家族治理更广泛领域的顾问。

实践中，家族治理顾问通常是家族治理项目在专业领域的负责人，同时也是与家族深度沟通、全面参与家族治理项目的专业人士，因而在家族治理项目中发挥着不可替代的作用。

基本服务角色

家族治理顾问的服务角色主要体现在三个方面：

（1）家族治理项目专业负责人。家族治理顾问作为项目专业负责人，负责为家族治理项目提供技术支持与相关咨询。家族治理涉及复杂的人、财、物，涉及家族内部关系、家族与家族企业的关系、家族与社会的关系，涉及很多专业性工具，如家族信托、家族投资、家族慈善、家族教育等，因此，它是一项复杂型的、综合性的高度专业化的项目。家族虽然对家族治理有一定的了解，但是，如何形成各种家族治理的机制、如何在专业上确保家族治理的各种安排能够满足家族的需求，仅依靠家族自身的力量通常是不现实的。家族治理顾问可以在这方面为家族提供专业帮助。

（2）家族治理项目专业协调人。家族治理顾问作为项目专业协调人，负责协调家族治理项目开展过程中涉及的各类专业人士。家族治理项目是一个跨领域的项目，涉及很多不同的专业领域，如法律、金融、投资、税务、婚姻、企业治理等，目前还不存在一个能涵盖所有这些领域的家族治理专业。家族治理专家通常是以某一个专业为基础，通过研究、实践而成为家族治理领域的专家，他们通常对家族治理的整体结构与机制有深入、充分的了解，但当涉及某一特别专业的领域时，他们并不一定擅长，往往需要借助其他专业人士的参与，才能形成符合专业要求的解决方案。因此，在家族治理项目中，通常会有多领域的专业人士参与其中，每个专业人士从各自专业角度参与形成家族治理体系与机制。不同专业人士的视角不完全相同，他们往往并不对项目整体负责任。因此，需要项目负责人联系、协调他们的工作，使得他们的工作在整体上与家族治理项目目标一致，符合项目的需求。家族治理顾问通常最适宜承担这一职责。

此外，财富家族在启动家族治理项目之前，可能已经聘用了不同领域的多个顾问，这些顾问有些可能会参与家族治理项目，有些可能不会，但不论是否参与家族治理项目，在家族治理项目开展过程中，大概率会与该项目产生一定的联系。不同顾问基于各自的职责与工作任务，有可能会与家族治理项目有不同的目标，不同目标的家族顾问之间可能会存在某种冲突，或者家族治理项目有时会需要其他顾问的合作与支持，因此，家族治理项目需要与这些顾问进行必要的协调，家族治理顾问通常适合承担此等职责。

（3）家族治理教育者。在家族治理项目开展过程中，家族治理顾问通常要充当家族内部关于家族治理的教育者角色，根据家族的需求或项目的需要，对家庭成员开展相关的教育，让他们对家族治理、家族治理的机制有更深入的了解。作为一个高度专业化的机制，家族成员通常对家族治理一知半解，有时还可能会有误解。而家族治理不只是一个形成家族治理机制的过程，更重要的是家族治理的实践，而家族治理的实践需要家族成员的理解、参与和支持，因此，对家族成员开展与家族治理相关的教育，对于家族治理项目的开展及实践，具有重要的现实意义。

家族治理顾问除了可以履行上述主要功能外，还可以承担其他方面的辅助功能①，如为家族提供相关专业信息与市场信息，帮助家族成员纠正行为偏见与情感偏见，帮助家族解决纠纷等。

基本服务事项

家族治理顾问可以发挥多方面的作用，但家族到底需要家族治理顾问提供什么样的服务，由家族根据自身的情况与需要来决定。需要的服务不同，对家族治理顾问的资质、专业与技能的要求可能不同，顾问的费用也会存在差异。只有明确了家族到底需要家族治理顾问提供什么样的服务，家族才能正确选聘相关的顾问，也才能准确评价家族治理顾问的工作是否符合家族的期望与需求。

以下是在具体家族治理项目实施上，家族治理顾问通常需要提供的基本服务事项：

——就家族治理项目开展尽职调查并提供尽职调查报告；
——就家族治理项目提出工作方案并与家族讨论确定；
——就家族治理目标提出建议方案并与家族讨论确定；
——就家族治理各项政策提出建议方案并与家族讨论确定；
——就家族治理组织体系构建提出建议方案并与家族讨论确定；
——就家族治理文件提出建议稿件并与家族讨论确定；
——就家族治理后续实施方案提供咨询意见；

---

① Caterina Cruciani. Investor Decision Making and the Role of the Financial Advisor: A Behavioural Finance Approach. *Palgrave Macmillan*, 2017: 73.

——对家族治理体系进行定期评估并提供评估报告；

——其他与家族治理规划和实施相关的专业咨询。

2.2　家族治理顾问的选聘标准

专业顾问通常被认为能够为家族带来净收益（财务上的净收益或者帮助实现非财务上的目标），因此要求顾问拥有比家族更多的知识、技能与信息。但是，在实践中，人们发现，仅仅拥有专业、技能与信息并不一定能够帮助家族实现目标，还需要更多的其他方面的品质。因此，专业顾问的标准既涉及专业领域，也涉及非专业领域。作为家族治理顾问，既需要了解家族财富管理的财务信息，也要懂得非财务的家族事宜；既要了解家族治理相关的专业工具，也要了解更广泛的非工具性事项[①]。

很多行业组织对于相应领域的专业标准进行了研究，如银行业、律师业、会计业、财务顾问业、信托业等，并制定了相应从业人员的从业标准，包括从业的专业标准与职业道德标准等。选聘专业顾问的标准大体上要解决的问题包括顾问的能力问题、可信度问题、勤勉尽职问题以及合作精神问题等，这些问题将通过不同方面的标准来衡量。

家族治理行业到目前为止还不是一个要求具备特定资格的行业，因此，也不存在通用的关于家族治理顾问的从业标准。但考

[①] Michael M. Pompian. *Advising Ultra-Affluent Clients and Family Offices*. John Wiley & Sons, Inc., 2009: 4.

虑到家族治理咨询也是专业性活动，专业顾问的通用标准或通常标准，对于选聘家族治理顾问也具有参考价值，这些标准大体分为以下五大方面：专业知识与能力、沟通与交流能力、积极主动的工作态度、避免利益冲突、遵守职业道德。

专业知识与能力

专业知识与能力是家族治理顾问提供专业服务的基础与根本。该标准可以从三个方面进行考察：

- 家族治理顾问须对家族治理的一般理论、知识、实践、发展动态有深入的了解，对这些内容有浓厚的专业兴趣，不断主动学习、研究，在专业理论、知识、技巧等的了解方面处于领先水平。
- 开展过家族治理顾问业务的实践，具有实际开展顾问业务的能力。
- 除了自身的专业知识与技能外，还了解家族治理领域的其他专家和行业涉及的其他领域的专业，在必要时，可以邀请其他专业人员开展合作，或者寻求行业内其他专家的专业帮助。

沟通与交流能力

家族治理顾问在整个家族治理项目开展与实施期间，需要与各方面的人打交道，出色的沟通与交流能力，对于他们完成顾问工作是必不可少的。沟通与交流能力主要包括以下几个方面：

- 与家族领导人的沟通与交流能力。在家族治理项目开展过程中，与家族领导人的沟通，对于家族治理项目的开展与成功是至关重要的。良好的沟通与交流有助于在家族治理顾问与家族之间形成良好的信托关系，也有助于家族领导人对项目的了解与理解，从而有助于取得家族领导人的支持。

- 与家族成员的沟通与交流能力。家族治理项目不只涉及家族领导人，而且还涉及家族的每一个成员，争取家族成员的理解与支持，对于家族治理在实践上取得成功，是一个必要条件。家族治理顾问良好的沟通与交流能力，有助于帮助家族成员对家族治理的内容与作用加深认识，有助于在家族成员间形成共识，同时有助于消除不必要的误会，从而促进家族治理项目取得成功。家族治理顾问要能够与不同类型的家族成员沟通与交流。

- 与家族治理项目团队及其他专业顾问的沟通与交流能力。这方面的能力对于家族治理顾问承担项目协调人的角色是必不可少的。

良好的沟通与交流能力，特别是与家族的沟通与交流，关键之一是家族治理顾问能够用平实、易懂的语言，向他们解释复杂的专业问题，让他们能够准确、正确了解家族治理的方方面面。对于同样的问题，不同的交流技巧，对于相关当事人的影响是不同的。家族治理顾问虽然是帮助家族打造家族治理机制，但是，他们工作的内容在大多数时候都涉及人，特别是涉及家族成员、家族企业员工，在很多时候他们的工作是与人打交道，因此，沟通与交流能力是其必备的。

积极主动的工作态度

虽然家族的基本要求是家族治理顾问能够按要求完成相关的任务，但是，如果顾问以更积极主动的态度开展工作，在某些方面超出家族的期望，为家族带来增值服务，则更能够在顾问与家族之间形成良好的合作关系，这也将有助于家族治理项目的开展与实施。因此，主动工作态度也是选聘家族治理顾问须考虑的重要因素。对于如何判断家族治理顾问的积极主动态度，没有统一的标准，以下几个方面可作为初步判断的参考。

- 主动应对工作。在工作中不只是简单地回答家族的问题与需求，而是主动地以自己专业的眼光，更深入地了解家族情况与可能存在的问题，以帮助家族进一步理解家族现状与家族需求。
- 主动关心家族与家族的未来。家族建设是一个非常复杂、敏感的事业，不只涉及专业性问题，还涉及广泛的问题，如情感问题。家族治理顾问在从事家族治理项目时，应能够关心家族、关心家族成员与家族的未来。
- 分享。与家族分享专业领域的信息与动态。
- 尊重家族的历史与现状。根据家族的实际情况，提出适合家族需求的家族治理技术方案，而不只是泛泛地套用家族治理的一般方案。
- 在发现新的问题或出现新的情况时，要积极主动地与家族及时沟通。

避免利益冲突

顾问业务可能会涉及利益冲突问题,不同领域的利益冲突表现形式不尽相同。在家族治理顾问领域,虽然对于哪些情形构成利益冲突,目前还没有统一的清单,但须重视利益冲突问题,已是行业内的共识。根据家族治理顾问工作的范围与特点,在避免利益冲突方面,对以下几点应予以特别重视。

- 拟聘用的家族治理顾问是否在为家族对手提供服务。家族对手由家族自己决定,包括家族商业上的竞争对手,也包括因情感或其他方面原因与家族存在历史与现实恩怨的对手。虽然从职业道德上讲,家族治理顾问对于客户的信息拥有保密的责任,但由于家族治理顾问在提供顾问服务的过程中,会接触到大量的家族核心秘密,因此会存在利用两个对手提供的信息从中获利或对其中一方产生损害的可能性。因此,在选聘家族治理顾问之初,家族应要求候选顾问根据家族的要求披露是否存在此类利益冲突的相关信息。

- 拟聘用的家族治理顾问是否为家族部分成员提供其他的服务或与某些家族成员存在特殊的利益关系。如果存在此种情形,则家族治理顾问在工作中有可能会在利益或情感上偏向这些人员,从而失去其公正、中立的立场。

- 拟聘用的家族治理顾问所在机构与家族是否存在特殊的关系。虽然拟聘用的顾问自身与家族不存在特别的关系,但是其所在的机构与家族存在这样的特殊关系,如机构其他人员在为家族或家族部分成员提供某方面的服务，则也可能因机构利益或偏见而影响家族治理顾问的未来工作。

遵守职业道德

专业人员在提供服务时遵守相关专业领域的职业道德是一种基本要求。成熟的专业领域，特别是对执业资格有明确要求的领域，如律师、会计师、金融规划师等，都有相关行业的职业道德要求。

在家族治理顾问领域，还没有相关的行业组织规定职业道德守则，也还没有形成获得普遍共识的职业道德规范，目前还处在一个灰色地带[1]。但是，家族治理顾问领域的职业道德要求与其他专业领域同等重要，甚至更加重要，因为家族治理顾问领域涉及家族各方面的信息，涉及家族各类信息的综合与利用，家族治理顾问提出的建议会涉及家族成员广泛的利益。因此，家族治理顾问的职业道德要求对于保障家族的利益是必不可少的。

在缺乏统一的行业标准的情况下，可以借鉴其他专业顾问领域对职业道德的一般性要求。对于家族治理顾问，可以从三个方面重点考察其职业道德[2]。

- 尽职尽责。该方面的职业道德要求家族治理顾问应按照高责任标准，对客户忠诚，将客户的利益放在首位，按家族

---

[1] G. Scott Budge. *The New Financial Advisor: Strategies for Successful Family Wealth Management*. John Wiley & Sons, Inc, 2008: 153.
[2] Steven D. Lockshi. *Get Wise to Your Advisor: How to Reach Your Investment Goals without Getting Ripped Off*. John Wiley & Sons, Inc., 2013: Chapter 8.

的要求高质量完成任务,帮助家族实现项目的目标。

- 保护家族利益。在家族治理项目中,家族治理顾问要保护的家族利益很多,特别是保守家族秘密、提示家族面临的各种风险、不得利用信息不对称损害家族利益或从中谋取个人利益等。

- 不断提高服务的专业水准。在顾问、咨询行业中,专业水准是一个基本要求,按较高的专业水准为客户提供服务,也是对顾问职业道德的基本要求。在涉及专业性问题时,要坚持专业的眼光、观点与方案,虽然尊重家族的意见非常重要,但是当家族在专业领域提出错误的需求与观点时,要能坚持专业性的要求,这是对客户真正负责任的态度。家族治理顾问应不断追求更高的专业水准,为家族提供高水平的服务。

2.3 家族治理顾问的选聘程序

在明确了聘用家族治理顾问的目的与标准后,如何选聘也是一个关键的问题。很多家族在选聘顾问上具有一定的盲目性、随意性,通过朋友推荐或按机构的名气选聘。这样的选聘程序存在很大的风险,应按照事先计划好的程序,分步对拟选聘的家族治理顾问进行全方位的考核。选聘程序在很大程度上决定了拟选聘的家族治理顾问是否符合家族的需要,是否符合拟选聘顾问的各项标准。

选聘家族治理顾问的程序,就是在决定启动家族治理项目并确定家族治理顾问的基本职责之后，遴选并聘用家族治理顾问的程序。该程序包括确定候选人的范围、初步确定候选人的名单、考察候选人以及确定最终人选四个基本步骤。

确定候选人的范围

任何一个遴选专业顾问的程序，都是从确定候选人的范围开始的。确定家族治理顾问候选人的范围是从市场上从事家族治理顾问的专业人士中，根据家族的需要与认知，从可能的人选中确定拟考察的对象。确定候选人范围的第一步是要列出可提供家族治理顾问服务的专业人士或机构的名单。这个名单的确定方式很多，大体上包括：

- 家族现有顾问的推荐。从熟悉的人中寻求意见，特别是现有的专业顾问的意见，是一个好的开始。家族现有顾问作为专业人士，对相关行业的专业人士通常会有一定的了解，基于他们与家族已经建立起来的合作与信任关系，他们提供的信息具有一定的参考价值。而且，在家族治理项目开始实施后，家族治理顾问还可能与现有的顾问合作，现有顾问推荐的人选也有助于未来的团队合作。
- 其他关注家族治理问题的财富家族的推荐。由于各个家族所处的阶段与情势不同，有些家族在家族治理领域的行动可能会领先其他家族一步，他们或者对家族治理顾问专业市场有了较多的了解，或者已经启动或完成了家族治理机制的构建，因此他们推荐的顾问人选通常也是行业内具有实力的专业人士。

- 通过网络、媒体等搜集相关信息。当代社会媒体发达，信息全面且传播面广、传播迅速。现在已不是"酒香不怕巷子深"的年代了，专业人士都非常重视媒体上的形象，包括在自己网站上的介绍，也包括在其他网站上的相关报道，如关于专业研讨会、讲座等的报道。此外，还可以搜集候选人发表的专业性文章、出版的专业性书籍等。通过媒体通常能够搜集到相关的基本信息。
- 专业协会登记的名录。很多专业领域有自己的专业性协会，如律师协会、信托业协会等，对专业机构甚至从业人士都有登记与公示制度，家族可以从这些登记的名录中搜集到专业服务机构或专业人士的名录信息。但是目前中国还没有关于家族治理行业的专业协会或相关的组织，也没有相关的专业服务机构或人员的登记名录。未来随着家族治理实践的普及，有可能会成立相应的专业协会，届时可能会为市场提供相关的信息。

当然，每种搜集名单的方式都有利有弊。如家族现有顾问的推荐，有可能会存在专业领域不尽相同而不能全面掌握家族治理领域专业机构与人员的情况，也可能会只推荐与自己有特别利益关系的机构与人员等；其他家族的推荐也可能会因家族情况不同而关注不同的家族治理顾问，推荐的顾问人选可能不适应家族的需要；网站报道可能存在不准确、夸大其辞、不全面等情况。最佳的方式是将各种方法结合起来使用，尽可能搜集更多的准确的信息。

初步确定候选人的名单

在列出初步名单之后，家族可根据自己的需要与确立的标准，对名单进行筛选，进一步确定拟考察的顾问人选。人选的范围不宜过宽，因为考察候选人本身是一件耗时耗力的事，人选太多，考察成本就会过高。

确定初步候选人名单实际上是根据掌握的信息，对已搜集的名单进行初步评判，筛选出最有可能适合家族需要的初步名单。至于具体名额，没有一定之规，如果初步信息相对比较充分，筛选3家左右为宜。

初步筛选的关键是充分搜集与候选人相关的信息。搜集信息的渠道包括：

- 推荐人推荐时提供的信息。不论推荐来自何种渠道，推荐时他们一般会提供推荐意见，这些意见中通常会包括很多有用信息。
- 从网络或其他媒体上搜集信息。家族可委托家族中擅长搜集网络信息的成员或为家族工作的其他人员，从各种媒体，包括网络和其他媒体上搜集与候选人相关的信息。
- 参与候选人组织的有关活动，从中了解相关信息。有些服务机构会不定期组织一些专业性活动，家族可以有针对性地参加一些活动，从现场了解候选人的有关信息。
- 在必要时，可以有针对性地邀请一些候选人提供他们的信息。

在搜集必要的信息之后，家族可根据这些信息，对这些候选人从专业、工作态度、职业道德、尽职尽责、工作质量等方面进行初步判断，确定进一步考察的候选人名单。在最终确定考察候选人名单之前，可以与拟邀候选人进行事前沟通，询问其是否有意向参与，如无意向，则不必列入考察范围。

考察候选人

对进入初步候选人名单的候选人，进行全面考察，以确定最终人选。通过考察，家族可以了解拟聘顾问的工作方式、特征、逻辑，也包括项目费用、所需的时间与阶段性安排。考察的方式不拘一格，通常包括书面考察和面谈考察两种主要形式。

- 书面考察。主要是邀请拟考察对象提交项目建议书及家族认为必要的其他书面材料，包括但不限于能证明候选人资质的证明文件等。家族可以从这些书面文件中考察候选人各方面的情况，如候选人的工作态度，是否按时、认真提供项目建议书；项目建议书是否按照家族的情况与要求制作，是否充分体现了专业性；项目建议书中提供的内容与家族已掌握的情况是否一致；工作团队是否符合家族的期望与工作需求；等等。

- 面谈考察。主要是邀请候选人与家族考察人员面对面交流。面对面交流能够更进一步了解书面考察无法反映的很多情况，特别是拟聘顾问的表达与交流能力、性格特征、反应与应变能力、聆听他人与理解能力、对家族的理解程度与对家族治理项目的认同性等。家族还可以在面谈考察中，通过交流进一步澄清双方关心的问题，如价格、服务方式、时间安排、拟聘顾问对项目的理解与期待等。

考察既是选择家族治理顾问的过程，同时也是拟聘顾问与家族之间建立客户—顾问关系的开始。因此，考察不只是对顾问候选人的进一步了解与信息确认，而且是双方对对方作为合作者身份及合作内容的认同。这种合作关系的核心是在双方之间建立一种信任关系，信任是家族与家族治理顾问关系的基石。

从拟聘顾问的角度看，他们的认同在于对家族与共同合作的家族成员的认同、对家族治理项目的认同、对家族要求提供的服务的认同，以及对项目服务费用的认同。顾问的认同，表明顾问愿意与家族建立合作关系，愿意为家族提供家族治理顾问服务。

当然，建立合作关系的核心是家族对拟聘顾问的认可与信任。家族的这种信任一般包括四个层面的信任：一是对顾问专业与技术层面的信任，二是对顾问职业伦理与道德的信任，三是对顾问性格的信任，四是对顾问对家族理解的信任[1]。很多专业人士错误地以为专业能力与技术能够引起客户足够的信任，但实际上，涉及家族的事务很多是软性事项，处理家族相关的事务需要比处理财富更深层次的信任关系。

具体而言，信任的基础至少包括五个方面，一般建立在五个基础之上[2]：

---

[1] Michael M. Pompian. *Advising Ultra-Affluent Clients and Family Offices.* John Wiley & Sons, Inc., 2009: 227.
[2] James E. Lukaszewski. *Why Should the Boss Listen to You? The Seven Disciplines of the Trusted Strategic Advisor.* Jossey-Bass, 2008: 60.

- 坦诚。坦诚是一种品格，也是一种态度，只有坦诚，才能够全面、真实地披露相关信息，包括利益冲突的信息，也才能坚守顾问业务中的专业性。
- 可靠。家族可以依赖顾问的承诺来安排家族治理项目，也可以相信顾问就其职责与义务做出的各种子承诺。可靠性可以根据顾问过去的行为、记录、成就等客观事实来判断。
- 专业能力，包括运用专业知识、经验与见识处理家族治理项目中的各种事务，解决家族治理上面临的各种问题，能够为家族治理项目提供切实可行的方案，能够将自己的经验与专业运用于为家族目标提供服务。
- 正直。这是指顾问或顾问机构在提供专业服务方面的一种优良的品质与倾向，在提供专业服务过程中，能够按正确或适当方式行事，或者在面临两难选择时能够做正确或适当的事。对于正直的家族治理顾问，家族可以预期并指望他们能够在正确的方向上帮助家族，或帮助家族在治理项目上做出道义上正确的选择。
- 忠诚。这种品质是对相对人或事项的一种真正的热爱，自愿按对方或事项的要求去做事，自发地为他人利益勤勉工作。

如果拟聘顾问具有上述五个方面的特征或优点，通常能够赢得家族的信任；而家族要聘到值得信任的家族治理顾问，也应至少考虑其上述五个方面的表现。

为了便于考察，制作选择家族治理顾问评估表是一个可行的办法，可参考下列遴选专业顾问 12 点核对清单。

> **遴选专业顾问 12 点核对清单**[1]
>
> 1. 是否信任该顾问，并对他（她）有信心？
> 2. 该顾问是否在他（她）的专业领域与你在自己的领域取得了同等的成功？
> 3. 该顾问及其所在机构是否有足够远大的抱负？
> 4. 该顾问是否一直在持续学习并愿意做出必要的改变？
> 5. 在你的客户、供应商或其他重要有关系的人士面前，你对于与该顾问的交往是否感到自豪？
> 6. 该顾问是否希望承担你的业务？
> 7. 该顾问是否打算以为你提供服务的业务作为主业，还是你的业务只是该顾问的附带业务？
> 8. 该顾问是否既有长期客户又有新客户？
> 9. 该顾问是否有服务于与你家族情况大体相似的家族的经历？
> 10. 该顾问是否有充足的客户基础，失去其中一个客户并不会对他造成重大损害？或者该顾问的业务严重依赖于你？
> 11. 该顾问是否有来自与你业务类似的家族的热情推荐？
> 12. 该顾问是否适合承担你所需要的角色功能？

---

[1] Craig E. Aronoff, John L. Ward. *How to Choose and Use Advisors: Getting the Best Professional Family Business Advice.* Palgrave Macmillan, 2011: 60.

3. 成立家族治理规划项目组

家族治理项目是一个综合性的项目，不仅涉及多种专业性事项，而且涉及多种身份的人员，需要不同专业、不同类型人员的合作与协作。因此，在家族治理顾问确定之后，接下来的一个关键步骤是成立家族治理规划项目组。

3.1 项目组的主要功能

家族治理规划项目组主要发挥三个方面的功能。

调研与设计功能

调研与设计功能是项目组的核心功能，即通过项目组的工作，对家族相关情况展开调研，并在调研基础之上，根据家族的意愿与需求，设计家族治理体系及具体的制度安排。调研与设计工作主要是由项目组中的专业人员来完成，项目组其他人员协助。

协商与决策功能

家族治理项目不只是一个技术性项目，它涉及财务与非财务事项，因而不可能在真空中进行。家族治理涉及的各种人物、各种关系都会关注该项目，关注家族治理设计的具体内容，权衡其中的利弊关系，因而家族治理项目是在各种力量合作与博弈的环境中开展的,其中有支持的力量,有反对的力量,还有居于中间观望或怀疑的力量。家族治理项目实施过程中,需要与各种力量进行协商,了解各方的意见与意愿,向他们解释,争取他们的支持。

同时,家族治理项目涉及家族不同领域与事项,在横向上要求多种专业意见,既包括与家族治理直接相关的专业意见,也可能会包括征求间接的、非核心领域的专业意见,如婚姻咨询专家、教育专家的意见。在各专业人士之间进行协商与协调,也是项目实施的一个组成部分。

在项目实施过程中,对于家族治理涉及的一些具体制度,如分配规则、家族人员企业就业政策、家族慈善政策等,不同的家族成员可能会有不同的意见,经协商、协调可能也无法解决分歧与矛盾,在这种情况下,可能会需要项目组进行讨论决策,以确定能够为大多数家族成员所接受的方案。

协调与平衡功能

一些家族规模较大,不可能所有家族成员都能加入家族治理项目组,但未加入项目组的成员都有可能会关注项目进展情况,他们的意见也值得关注。与未参加项目组的家族成员沟通,及时了解他们的想法与意见,为家族治理项目提供更准确、全面的家族情况,也是项目组的工作内容之一。这方面的工作,除专业上的沟通与调研外,项目组中的家族成员承担这些工作更为合适。

3.2 项目组的结构与组成

如何组建家族治理项目组，主要须考虑家族治理项目的特点、需求与家族的具体情况。项目组既须具有代表性，便于开展工作，规模又不宜过大，以免影响项目组的工作效率，项目组的具体规模视项目的具体要求与家族的规模和结构决定。一般而言，项目组由以下几方面的成员组成。

专业人员

专业人员包括家族治理顾问和其他专业人员。专业人员的来源依据家族治理顾问的机构类型而定。一些机构属于平台型服务机构，它们主要是根据客户需求，协调第三方为客户提供服务，其主要任务是为客户诊断需求，并据此匹配合适的第三方服务；还有一些机构属于专业型服务机构，自身配备各类专业人员，能够直接为客户提供多样化的、综合性的服务[1]。

对于来自开放式平台机构的家族治理顾问来说，一般会从不同的专业机构中选择相关的专业人员参与项目组，提供专业服务；对于来自专业型机构的家族治理顾问来说，通常是根据项目的需要，在机构内选调人员组成专业项目组，以团队方式为家族提供服务，必要时也会选择所需要的外部专业人员参加。

专业人员的专业组成通常包括法律类、金融类、投资类、教育类、慈善公益类、组织类、婚姻家庭类等，依家族的具体诉求

---

[1] Michael M. *Pompian. Advising Ultra-Affluent Clients and Family Offices.* John Wiley & Sons, Inc., 2009: 229.

而定。

家族成员

家族主要领导人或其指定的能够代表其个人意愿的家族成员是项目组织的当然成员。其他成员应根据家族构成情况、利益分布情况以及个人意愿确定。考虑某一家族成员是否加入项目组，核心因素是代表性，既能代表家族内部的不同利益、不同团体的愿意，又能代表家族成员的性别分布与年龄结构，当然同时也要考虑项目组成员的参与能力。

参加项目组的家族成员一般来说由家族领导人或在家族中享有一定声望的几位家族成员决定，人选可考虑采取推荐与自荐相结合的方式确定。不过，项目组中的家族成员也不必严格规定，可以根据项目的需要与家族的具体情况随时调整。

其他成员

专业人员与家族成员是家族治理项目的主要组成人员，此外，家族也可根据需要邀请其他人员参加到项目组中来。比如，可以邀请具有相关经验与能力的朋友参与到项目组中来，既可以利用他们的技能与经验为项目做出贡献，又可以引进相对独立的第三方对项目进展情况进行评估、督促、居中协调，也可以邀请家族企业代表参与到项目组中，因为家族治理在很多情况下会涉及家族企业，家族企业代表可以从企业的视角为家族制定与企业相关的政策提供意见与建议。

3.3　项目组的组织与领导

家族治理规划项目组在整体上是一个工作性组织，但由于人员结构不同，不同人员在项目组中承担的责任与发挥作用的方式不同，对项目所负的责任也不同，项目组的组织与领导应反映这些特征。

项目组的组织

项目组可以根据组成情况与规划需要，分为若干工作小组，通常可以分为三个工作小组：专业小组、家族小组与支持小组。

专业小组由外聘从事规划项目的专业人员组成，他们负责完成家族治理相关的专业与技术性工作，包括规划工作方案与工作程序、设计家族治理体系、草拟家族治理各种文件、协助实施家族治理方案等。家族小组由家族成员构成，主要是参与家族治理各种方案的讨论、与家族成员进行交流与沟通、协调家族内部的不同意见等。支持小组由其他成员组成，他们的任务是为家族治理项目提供特定领域或中立的第三方意见、参与家族治理方案的讨论、评估项目组的工作等。

项目组的领导

从项目组的组成与要完成的目标来看，项目组的领导应由家族领导人或其指定的代表来担任，由他们来担任项目组组长，更有利于工作的开展。项目组领导的主要任务是在整体上指导项目组的工作，评估工作进展情况及是否符合项目的目标，督促项目组工作，协调不同项目小组之间的分工与合作。这些工作只有家族领导人或其代表才能完成。

但是，家族治理规划从根本上说是一个专业化程度很高的项目，家族领导人通常并不具备专业知识与技能指导专业性的工作，在这方面，他只能依赖家族治理顾问。因此，可考虑由家族治理顾问担任项目组的副组长，既全面负责专业小组的工作，又在专业问题上指导、协调整个项目组的工作。家族治理顾问就专业问题，直接向项目组组长报告工作。

4. 开展家族治理项目尽职调查

在项目组确定后，家族治理项目专业小组在开展家族治理体系设计之前，必须对家族进行全面的了解，为下一步工作提供基础。项目组的尽职调查由项目组全体成员合作进行，但主要调查工作通常由专业小组完成。

4.1 尽职调查的主要内容

家族治理项目尽职调查的内容与家族治理项目涉及的范围有关，既包括家族的物质财富情况，也包括家族本身、家族成员与家族涉及的各种关系的相关情况，因此，内容非常广泛。大体来看，至少须包括以下九个方面。

- **家族历史**。家族历史对家族治理的机制、规范、未来走向都有直接影响，是家族精神财富的重要来源与体现。对家族历史的调查要搞清楚：家族从哪里来？家族历史上有哪些关键人物及其事迹如何？家族有什么重要的历史时刻与历史性事件？家族历史上是否出现过危机？如果存在危机，危机的表现以及是如何解决的？家族财富发展的历史轨迹如何？

- **家族结构**。主要包括家族现在的代际状况如何？家族是如何构建的、规模如何以及家族各组成部分的关系模式是什么？家族成员是如何界定的？
- **家族的领导模式**。是否存在正式的或非正式的家族领导体制？家族领导是如何产生的？家族领导拥有什么样的权限及其实践效果如何？家族对领导体制有何看法与期待？
- **家族成员**。家族成员的各种结构如何（包括性别结构、教育结构、所从事行业结构等）？家族成员是否拥有家族意识？他们对家族有什么样的期待？他们是否愿意进一步加强家族建设，是否愿意受家族规范的约束，对家族与个体的个性关系持什么样的观点？家族是否容忍家族成员的个性特征，以及容忍度如何？
- **家族的决策模式**。家族是否存在某种形式的决策机制，是否有需要家族集体决策的事项，对家族现有决策模式有什么样的看法、意见与建议？
- **家族的具体政策**。是否存在一些关于家族的具体政策？家族成员对现有政策有何意见与建议，认为家族需要哪些新的政策？

- **家族的动力问题**。主要是调查家族应对挑战的动力、方式、存在的不足等。
- **家族的物质财富**。这方面的内容很多，可根据财富的具体结构进行调查，包括财富的结构、规模、家族企业的具体情况等。
- **其他情况**。项目组认为与家族治理项目相关的其他内容，都可以列入尽职调查的范围。

为了确保尽职调查的完整性、全面性，可在确定尽职调查的主要内容上，制作尽职调查清单，以确保没有重大遗漏。

4.2 尽职调查的主要方式

在家族治理规划项目中，可适用的尽职调查方式主要包括以下方法。

访谈法

访谈法是家族治理项目中重要的尽职调查方法，对于家族与家族成员相关问题的调查更是如此，因为很多家族在发展过程中往往并不会太重视档案文件与书面资料的整理与保存，在开展家族治理项目时，往往没有太多的书面资料可用，但家族的很多历史、事件可能会通过口耳相传的方式保留在家族记忆中。通过访谈，可以挖掘与家族相关的很多资料。

家族治理在很大程度上要反映家族的意愿，因此，要制定符合家族意愿与需要的家族治理体系，了解家族成员的真实想法非常关键。同时，家族治理涉及的很多事件，与人的主观看法和感受相关，家族治理的具体内容要得到家族成员的认可，了解他们对很多问题的看法、意见与建议都很重要，而要了解这些内容，面对面的访谈是最佳方法之一。

此外，访谈过程也是一个交换意见、交流想法的过程。通过访谈，项目组人员，特别是专业人员可以借此机会与家族成员进行广泛的交流，帮助家族成员了解家族治理项目，解答他们的疑惑，这也将有助于项目的顺利开展，有利于家族成员对家族治理项目结果的认可与接受。在访谈中，项目组成员还可以识别家族内部现实的或潜在的各种冲突，如利益冲突、观念冲突、情感冲突、信息冲突等，为寻找解决冲突的办法打下基础。

资料与文献调查法

项目组可以通过家族保存的资料，以及公共机构或相关机构保存的有关家族的文献资料，对家族治理涉及的事项进行尽职调查。家族在财富上的资料一般相对比较完整，有些家族在家族事项上也保存部分资料，如家谱、家族重大事项年表等，对于一些名门望族或者在历史上发挥过某种重要影响力的家族，一些公共机构也可能会保存部分资料。这些资料，项目组应尽可能收集整理。还有一些家族有可能涉及一些公共事件，通过媒体或有关机构，也可以了解到相关信息。

专业会诊法

专业会诊法，是访谈法的一个延伸，主要是在征得家族领导人同意后，召集与家族事务相关的专业人员，特别是家族现有专业顾问，必要时也可邀请以前的专业顾问，对家族涉及的与家族治理相关的问题进行研讨、交流，以从专业角度更准确地把握家族的具体情况。

4.3 运用家族资产负债表

专业性的尽职调查有很多共同的工具，但每一类专业性尽职调查所使用的工具也不尽相同。适合项目需要的工具将有助于全面提高尽职调查的效率与有效性。在家族治理项目方面，值得推荐的一个合适的尽职调查工具是家族资产负债表，它同时也是家族财富分析的重要工具。

家族资产负债表借用了企业资产负债表（the balance sheet）的概念。对于企业资产负债表，大家都不陌生，它又称财务状况表，表示企业在一定日期（通常为各会计期末）的财务状况，包括企业资产、负债和企业主权益的状况。它利用会计平衡原则，将合乎会计原则的资产、负债、股东权益等交易科目分为"资产"和"负债及股东权益"两大板块，以特定日期的静态企业情况为基准，将企业的财务状况浓缩成一张报表，它最重要的功用在于反映企业的经营状况。关于企业资产负债表的编制，国家一般都会制定明确的规则，所以，企业的资产负债表大体上是相对标准化的会计报表。

家族资产负债表借用企业资产负债表的概念和结构，用于编制并反映家族整体财富的情况。从结构上，它也包括三个部分，即家族资产、家族负债与家族权益。家族资产越多,负债越少,家族权益就越多,家族财富就越健康。

但是,与企业资产负债表不同的是,家族资产负债表更为复杂。企业资产负债表是财务意义上的,反映的是企业的物质财富状况。而家族资产负债表则是财富意义上的,范围远比企业资产负债表要广泛得多,几乎扩充了每一类所衡量的内容:资产方不仅仅包括财务层面的家族金融资本,还包括非财务层面的家族人力资本、社会资本、文化资本;负债方不仅包括财务层面的金融负债,还包括非财务层面的各种风险;权益方不仅包括财务层面的家族物质财富的净值,还包括诸如家族人力资本、社会资本和文化资本等各种非财务层面上的发展成果。当然,对于非财务方面的资产、负债与权益的分类标准,每个家族也可以按照自己的理解来确定。表1-1反映了一张典型的家族资产负债表应该体现的内容。

表1-1　家族资产负债表示例

家族资产负债表	
家族资产	**家族负债**
金融资本	**内部风险**
家族理财资产	家族治理的缺失或失败
家族实物资产	不能理解成功需要百年的计划
家族经营资产	不能理解和管理所有形式的家族资本
文化资本	缺乏家族愿景、使命
家族传统	缺乏家族价值观
家族理念	健康风险

续表

家族资产负债表	
家族资产	家族负债
家族规则	死亡
人力资本	离婚
人力资本数量	债务
人力资本质量	缺乏人力资本
社会资本	缺乏社会资本
家族信用	不适当的资产配置
家族社会责任	**外部风险**
家族社会关系	经济风险（资产泡沫、通货紧缩、财政危机、非法贸易等）
	政治风险（政治危机、社会动荡等）
	社会风险（社会稳定、粮食危机等）
	环境风险（灾难/不可抗力等）
	政策风险（所得税、赠与税和遗产税等）
	技术风险（网络攻击等）
	其他风险
	家族权益
	家族金融资本是否增长？
	家族人力资本是否充足？
	家族社会资本是否提高？
	家族文化资本和家族凝聚力是否增强？
	家族成员是否幸福成长？
	家族治理是否有效？

上文所提到尽职调查的内容，都可以反映在家族资产负债表

中。当家族运用资产负债表的方式进行家族财富管理时,达成家族财富管理目标需要关注的因素就会一览无余,就可以很清晰、直观地看出为实现家族财富传承的目标,家族目前所处的实际状况、面临的实际问题,并可以据此采取相应的改进与治理措施。

5. 制订规划工作方案

在完成尽职调查工作后,启动家族治理项目的最后一个步骤是形成工作方案,整体家族治理项目将在工作方案的指导下有序进行。工作方案将结合家族需求、家族的基本情况与家族治理的原理和实践来拟定。

5.1 工作方案的主要内容

工作方案的主要内容一般包括以下几个部分。

- **工作目标**。工作目标是指导项目组工作的最高指南,项目组所有的工作都是围绕最终实现工作目标开展的。工作目标是项目组要完成的最终任务,体现在项目组最终工作成果上。因此,清晰阐明项目组的工作目标是起草工作方案的第一步。除了总体工作目标外,还要将总体工作目标分解为具体的工作目标,以便能够随时监督、评估项目组工作情况,同时也便于项目的分工与协调。
- **工作内容**。工作内容围绕项目目标拟定,项目的整体工作目标是通过具体工作内容完成来实现的，而每项分目标也都需要通过具体的工作来完成，因此，具体工作应根据具体目标的要求来设定。
- **项目进度安排**。根据项目的目标与工作内容的实际需要，对项目进度进行计划与安排。进度安排既要考虑项目整体的进度，也要考虑每一项具体工作的进度安排。特别是很多工作是相互联系、互为前提的，因此，要根据各项工作之间的关系来统筹协调，确保项目整体进度按期推进。
- **项目分工**。项目分工既要考虑不同项目小组之间的分工，也要考虑专业小组内部的专业分工。分工既要考虑不同项目小组的组成、能力结构与特长，也要特别注意所有工作都须落实到具体小组，甚至落实到具体的项目组人员，以免出现工作上脱节与遗漏等情形。

5.2 工作方案的拟订与批准

工作方案一般由家族治理顾问带领专业小组起草。在起草过程中，可以与其他小组成员进行事先沟通、协商，特别是在涉及整体安排与各小组任务分工方面，征求其他小组成员的意见，有助于整个项目组对工作方案的认可，也有助于后续工作的开展。

在工作方案草案完成后，应提交项目小组讨论，可根据项目小组意见进行修改。必要时，家族领导人也可以决定就工作方案草案征求项目组之外人员的意见，供项目组参考。

工作方案在经过讨论后，应提交家族治理项目组批准或最终认可。经项目组确认的工作方案，有助于提高工作方案的认可度，增强工作方案的确定性。工作方案经批准或认定后，家族治理项目组正式进入项目开展阶段。

当然，在工作方案经批准或认可后，并不表明工作方案是不可变更、不可修改或补充的。实际上，在整个项目推进过程中，有可能会出现新的情况，要求对工作方案进行调整，也可能随着对项目理解的变化，家族提出了新的诉求，从而工作方案也须随之调整。事态总是不断发展变化的，工作方案根据变化而进行调整，也是常态。工作方案的调整应按工作方案起草、讨论与批准的程序进行，而不能由其中任何一方单方面决定，尽量避免项目推进中的随意性。

第二章 Chapter Two
明确家族范围与目标

当一个家族按照本书第一章的指引，完成了启动家族治理项目的各项准备工作之后，便进入第二步工作环节：明确家族范围与家族目标。这是构建与实施家族治理体系的第二大要务。

家族治理是针对家族而开展的治理，家族既是治理的主体，也是治理的对象，因此，如何界定自己的家族边界，明确家族成员的范围，是构建与实施家族治理体系首先要解决的前提性事务，否则，家族治理针对的主体对象就不复存在。

在家族范围界定之后，紧接着就是需要确定家族的目标。家族治理存在的价值与意义就是要通过适当的机制安排以保障、促进家族目标的实现。不明确家族目标，家族治理就失去了方向，就如同一艘没有航标指引的大船，很难到达彼岸。

没有家族，家族治理就失去了对象；没有家族目标，家族治理就失去了方向。而家族的界定与家族目标的确定，在现代社会中本质上是一项创建性工作，因为现代社会中已经没有刚性的、现成的家族概念和家族目标，传承的家族需要自己开创性地构建家族的概念与家族的目标。

1. 界定家族及其成员

1.1 家族的概念及构建基础

历史上的家族概念

家族是基于姓氏、血缘等亲缘关系联结而成的人的集合。历史上，在世界不同地区和国家，家族都长期是社会的一个基本单元。中国历史上长期是宗法制社会，血缘关系是最重要的社会关系，以血缘关系为基础的家族也得到了制度上的认可和保护，成为一种正式的社会组织。因此，对家族的概念和边界有比较明确的界定。

在我国历史上，有血缘关系的人聚在一起就叫作族，他们共享一个姓氏，因此家族专指同姓的亲属。在父系社会，站在一个男子的角度，血缘关系最近的就是父亲和儿子，因此，父、己、子是一个家族的核心。以此为基础，由父亲往上推一代，由儿子向下推一代，这样扩展出来的亲属关系为祖、父、己、子、孙，按照古代的习俗甚至法律规定，这个五代范围内的直系亲属通常不允许分家，组成一个"五世同堂"的大家庭。再由这五代向上、向下各推两代，亲属关系就扩充为"九族"，即家族。我们在影视剧里经常看到的"诛九族"，通常指的就是这个"九族"。由于"九族"范围内的家族成员在服丧时分别穿戴五种丧服，所以"九族"也叫"五服"。

除了以"九族"为基础的家族概念外，我国古代还有一个大家比较熟悉的概念叫"六亲"，包括父、母、兄、弟、妻、子。这是一个男子一生当中最亲密的六种关系，这个小圈子组成一个家庭，比家族的关系还要紧密。日常生活中，人们经常说到的"六亲不认"，指的就是这"六亲"。

中国古代人的家族观念非常强，一个家族就是一个团结紧密的集团。在中国历史上，很长一段时期，家族这一组织形式发挥着很重要的作用，可以说，每一个人都是某个特定家族中的一员，这个身份对于每一个个体来说，都具有特别重要的意义。在中国古代，一个人被逐出家族是一种很严厉的惩罚。因为古代的家族不仅仅是具有亲属关系人群的简单集合，还承担了很多社会的功能。家族既是一个共同生活的集群，承担家族成员的抚养、教育、赡养等生活保障责任，又是一个共同生产的集群，一个家族通常就是一个基本的社会生产单位，还是一个社会交往的集群，承载着社会的基本道德礼仪规范。从儒家礼治的精髓"修身、齐家、治国、平天下"可以看出，"齐家"是基础和中心。

家族概念的淡漠

在当代社会，家族在大多数国家都已经不是一个具有法定意义的概念，但从历史与社会的维度看，它仍然是一个广为人知的概念。人们在电视剧、文学作品、历史著作中，经常会看到这个词。比如《红楼梦》中有贾、王、史、薛四大家族，在中华人民共和国成立前国民党统治时期有蒋、宋、孔、陈四大家族，从各种媒体上也经常可以看到关于一些显赫商业家族如李嘉诚家族、李锦记家族的报道等。只不过在人们通常的印象中，家族都是与名门世家、名门望族、大家族相联系的，离大多数人的生活很遥远。

这其中的主要原因是，随着现代社会的发展，家族的功能尤其是社会功能已经非常弱化，家族的概念、家族的观念也随之逐渐淡化。在这一过程中，民族国家的兴起是一个重要因素，它取代了传统上很多由家族承担的功能。同时，民主、平等、自由也取代了古代宗法制下的父系权威而成为社会治理的核心价值观，以追求个人的成就、个人的幸福、个人的自我实现为核心的个体精神得以张扬，使得个体对家族的认同感逐渐减弱，不再是以家族的目标作为自己最高的目标。光宗耀祖，不再是个人最高的理想。随着家族功能的弱化，作为一个重要社会集体形式的家族开始解体，或进一步松散化，对于很多人来说，家族不再是一个重要的集体组织形式。在亲属关系上，重要的、紧密的家属关系，逐渐缩小到家庭的范围，家庭成为亲属关系中的核心概念和组织形式。

家族的构建基础

虽然现代社会中家族这一组织形式已经淡出了很多人的视线，但是，随着私人财富的崛起，代际传承的客观需要广泛出现，使得家族的概念、家族的观念重新得到重视。

不过，在现代社会，家族已经不是一个法律上的概念，也不是社会的基本组成单元，法律上对家族及其维系不再提供制度供给。因此，对于着手进行代际传承的财富人士来说，承载传承使命的家族主体需要自己进行构建，并通过建立家族自身的治理体系来维系。对此，每一个致力于传承的财富人士必须有清醒的认识和充分的思想准备。这不是一件容易的事情!

"家族"这个词,它的字根与基础是"家",在英文中对应的单词是 family,而这个单词也有两个含义:一是家庭,二是家族。中英文均表明家族和家庭有共同的渊源,这渊源就是"亲属关系"。无论是家族成员还是家庭成员,他们彼此之间都存在着或远或近的亲属关系,"家族"与"家庭"息息相关,只不过家庭成员间的亲属关系更近些,而家族成员间的亲属关系更远些。简而言之,家庭可以说是缩小了的家族,是由关系更近的亲属组成的"小集体",而家族则是扩大了的家庭,是由一个又一个具有亲属关系的家庭所构成的"大集体"。

因此,在现代社会,构建传承所需要的家族主体,可以从两个维度切入:亲属关系与家庭关系。以亲属关系为纽带、以家庭关系为核心是构建传承家族的两个基础,也是两个抓手。

1.2 以亲属关系为纽带

血亲与姻亲

从时空维度来看,各个历史时期、世界各地,都存在着各种各样的家族。对这些不同时期、不同地方的家族进行研究,我们可以发现它们有一个共同的特点,即它们都建立在某种亲属关系之上,而亲属关系的基础有两个:一个是血缘,另一个是婚姻。基于血缘关系而形成的亲属叫血亲,基于婚姻关系而形成的亲属叫姻亲。

血亲是基于血缘关系而形成的亲属。血缘是具有共同祖先的人之间的自然联系。而具有共同祖先的人之间的血缘关系有直接与间接之分，据此，血亲又分为两大类：直系血亲和旁系血亲。直系血亲是具有直接血缘关系的亲属，由生育自己与自己所生的不同代际的人员组成。以自己为轴心，往上数的父母、（外）祖父母、（外）曾祖父母等均为长辈直系血亲，往下数的子女、（外）孙子女、（外）曾孙子女等均为晚辈直系血亲。旁系血亲是具有间接血缘关系的亲属，即直系血亲以外、在血缘上和自己同出一源的亲属。以自己为轴心，兄弟姐妹、堂（表）兄弟姐妹是同辈旁系血亲，伯伯、叔叔、姑姑和舅舅、姨妈为长辈旁系血亲，侄子、侄女和外甥、外甥女等是晚辈旁系血亲（见图2-1）。

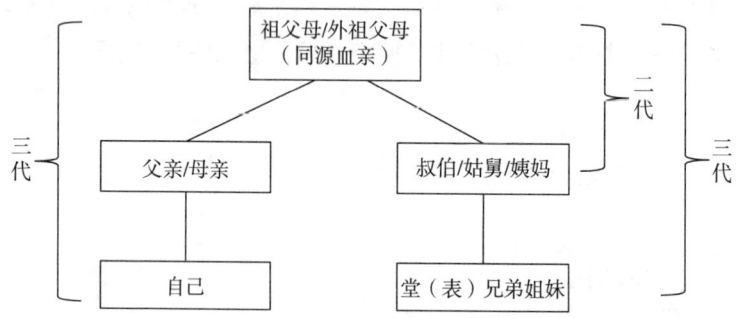

```
          祖父母/外祖父母
           （同源血亲）
          /           \
       父亲/母亲    叔伯/姑舅/姨妈
          |              |
         自己        堂（表）兄弟姐妹
```

注：旁系血亲代数应该分为三步来计算：第一步，找到自己所要计算的旁系血亲的血缘同源人；第二步，从两边分别往上数代数至血缘同源人，得出两个代数；第三步，如果两边代数相同，其相同数为代数，如果两边代数不同，则以就高值作为其代数。举个例子，基于以上计算规则，计算一下自己与叔伯的代数。第一步：先找到自己和叔伯的血缘同源人，即祖父母。第二步：计算自己至祖父母的代数，即三代；计算叔伯至祖父母的代数，即两代。第三步：因为两边代数不同，故取最大值。据此，自己和叔伯属于三代旁系血亲。

图2-1 三代内直系/旁系血亲示意图

姻亲是建立在婚姻关系基础之上，因缔结婚姻而在结婚者及其亲属之间形成的亲属关系。姻亲一般包括血亲的配偶（如儿媳妇、女婿等）、配偶的血亲（如公公婆婆、岳父岳母等）、配偶血亲的配偶（如妻弟媳妇、夫弟媳妇等）（见表 2-1）。

表 2-1 姻亲关系一览表

长辈	公公	丈夫的父亲
	婆婆	丈夫的母亲
	岳父	妻子的父亲
	岳母	妻子的母亲
平辈	妯娌	兄弟的妻子之间的称呼
	连襟	姐妹的丈夫之间的称呼
	姐夫	姐姐的丈夫
	妹夫	妹妹的丈夫
	嫂子	兄长的妻子
	弟媳	弟弟的妻子
晚辈	儿媳妇	儿子的妻子
	女婿	女儿的丈夫

血亲是人与人之间的一种自然联系，而姻亲是一种社会关系。血缘关系有一个客观的基础，姻亲关系则是通过一定的制度缔结起来的。所以，在亲属关系中，血亲关系更为亲近，延续也更为持久。而姻亲关系则取决于多种因素，亲疏远近也各不相同，表现形式呈多样化特征，特别是在现代社会，婚姻关系变得

异常脆弱，高离婚率是全世界的一个普遍事实，因此姻亲关系也变得越来越脆弱，呈现出高"流动性"特点。

亲属概念的启示

作为家庭与家族基础纽带的上述亲属关系在我国法律中也得到了概括性的承认。《中华人民共和国民法典》（以下简称《民法典》）规定："亲属包括配偶、血亲和姻亲"（第一千零四十五条第一款）。但是，《民法典》除了第一千零四十八条从结婚条件角度做了"直系血亲或者三代以内的旁系血亲禁止结婚"的进一步规定外，对血亲和姻亲的范围并没有具体规定，更没有直接针对血亲概念和姻亲概念对亲属间的权利义务做出约束性规定。

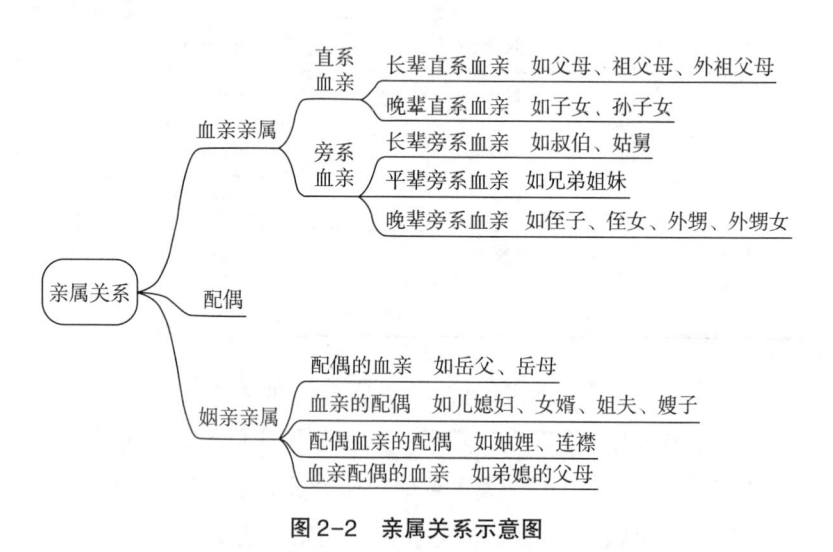

亲属关系
- 血亲亲属
  - 直系血亲
    - 长辈直系血亲　如父母、祖父母、外祖父母
    - 晚辈直系血亲　如子女、孙子女
  - 旁系血亲
    - 长辈旁系血亲　如叔伯、姑舅
    - 平辈旁系血亲　如兄弟姐妹
    - 晚辈旁系血亲　如侄子、侄女、外甥、外甥女
- 配偶
- 姻亲亲属
  - 配偶的血亲　如岳父、岳母
  - 血亲的配偶　如儿媳妇、女婿、姐夫、嫂子
  - 配偶血亲的配偶　如妯娌、连襟
  - 血亲配偶的血亲　如弟媳的父母

图 2-2　亲属关系示意图

因此，我国法律关于亲属的概念是一个广义的概念，其关于亲属范围的规定更多是宣示性的，并不真正具有权利义务约束性质。尽管如此，它仍然为传承的家族构建指明了一个方向，划出了一个边界，打下了一个基础，即亲属关系（见图 2-2）是构建传承家族的基础纽带，它为我们确定家族成员范围提供了一份参考清单。

图 2-3 是一张根据四代内广义亲属关系绘制的家族成员简明图谱，它为我们确定家族成员边界提供了参考指引。

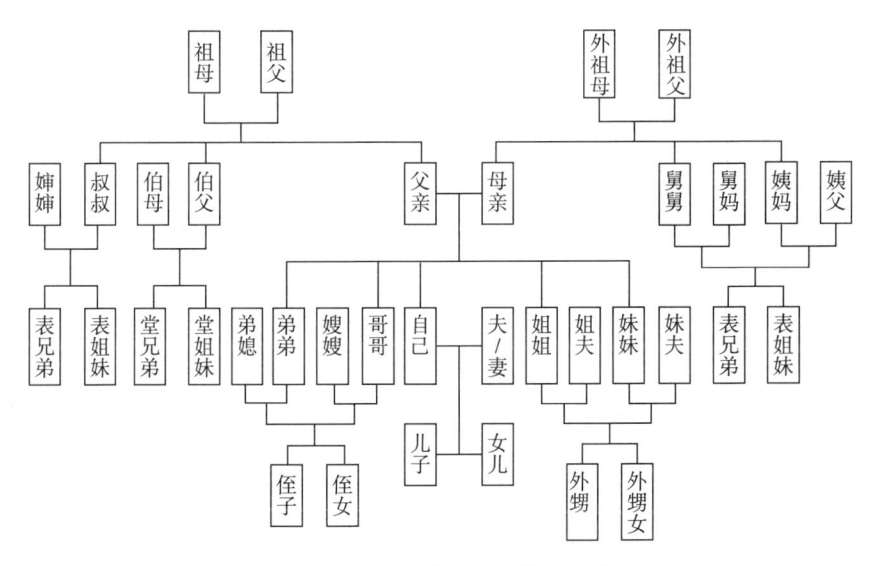

图 2-3　四代内家族成员简明图谱

1.3　以家庭关系为核心

虽然家族和家庭都是以特定范围内具有亲属关系的人员为基

础构成的,但是,在现代社会中,家族和家庭的确定性是不同的。家族的概念具有不确定性,不论在哪个国家的法律中,都找不到关于家族的明确的定义。如前文所述,虽然我国《民法典》对作为家族基础的广义亲属关系做了类型区分,但这种区分本身并未带有权利义务约束的实质法律意义,因此,实践中,家族不是一个规范性的概念,而是一个构建性的概念,作为其基础的亲属范围与具体成员需要由家族自身来定义。而家庭的概念则不同。家庭是一个更具确定性的概念,国家法律一般对家庭与家庭成员都有明确的规定,因而它是一个规范性的概念而不是一个构建性的概念。

近亲属与远亲属

在我国,具有法律确定性的家庭与家庭关系是建立在近亲属这一概念之上的。

我国《民法典》一方面宣示性地规定了广义上的亲属概念,另一方面又重点规定了狭义上的近亲属概念,并详细规定了近亲属之间具有法律约束力的权利义务关系。那么,哪些人属于近亲属呢?《民法典》第一千零四十五条第二款规定:"配偶、父母、子女、兄弟姐妹、祖父母、外祖父母、孙子女和外孙子女为近亲属。"从这一规定可以看出,近亲属的范围是以自己为中心,横向包括同辈的配偶和同代旁系血亲中的兄弟姐妹,纵向包括往上、往下各延伸两代的直系血亲,从代际关系上包括了五代人,相当于古代家族范围中的"五世同堂"的大家庭。

在法律上，近亲属相互间具有广泛而严格的权利义务约束关系，如抚养、赡养、扶养的权利义务关系，监护与被监护的权利义务关系，继承权关系等。表2-2列示了我国《民法典》上规定的近亲属之间的基本权利义务关系。

表2-2 近亲属法定权利义务关系一览表

近亲属关系	基本权利义务规定
夫妻之间	基本权利： (1) 夫妻双方都有各自使用自己姓名的权利。（《民法典》第一千零五十六条） (2) 夫妻双方都有参加生产、工作、学习和社会活动的自由，一方不得对另一方加以限制或者干涉。（《民法典》第一千零五十七条） (3) 夫妻双方平等享有对未成年子女抚养、教育和保护的权利……（《民法典》第一千零五十八条） (4) ……需要扶养的一方，在另一方不履行扶养义务时，有要求其给付扶养费的权利。（《民法典》第一千零五十九条） (5) 夫妻有相互继承遗产的权利。（《民法典》第一千零六十一条） (6) 离婚后，不直接抚养子女的父亲或者母，有探望子女的权利，另一方有协助的义务。（《民法典》第一千零八十六条第一款） 基本义务： (1) ……夫妻双方共同承担对未成年子女抚养、教育和保护的义务。（《民法典》第一千零五十八条） (2) 夫妻有相互扶养的义务。需要扶养的一方，在另一方不履行扶养义务时，有要求其给付扶养费的权利。（《民法典》第一千零五十九条） (3) 离婚时，如果一方生活困难，有负担能力的另一方应当给予适当帮助。具体办法由双方协议；协议不成的，由人民法院判决。（《民法典》第一千零九十条）

续表

近亲属关系	基本权利义务规定
父母子女之间	父母基本权利： (1) 成年子女不履行赡养义务的，缺乏劳动能力或者生活困难的父母，有要求成年子女给付赡养费的权利。(《民法典》第一千零六十七条第二款) (2) 父母有教育、保护未成年子女的权利和义务。……(《民法典》第一千零六十八条) (3) 父母和子女有相互继承遗产的权利。(《民法典》第一千零七十条) 父母基本义务： (1) 父母有教育、保护未成年子女的权利和义务。未成年子女造成他人损害的，父母应当依法承担民事责任。(《民法典》第一千零六十八条) (2) 不直接抚养非婚生子女的生父或者生母，应当负担未成年子女或者不能独立生活的成年子女的抚养费。(《民法典》第一千零七十一条第二款) (3) 继父母与继子女间，不得虐待或者歧视。(《民法典》第一千零七十二条第一款) (4) 对亲子关系有异议且有正当理由的，父或者母可以向人民法院提起诉讼，请求确认或者否认亲子关系。(《民法典》第一千零七十三条第一款) (5) 离婚后，父母对于子女仍有抚养、教育、保护的权利和义务。(《民法典》第一千零八十四条第二款) 子女基本权利： (1) 父母不履行抚养义务的，未成年子女或者不能独立生活的成年子女，有要求父母给付抚养费的权利。(《民法典》第一千零六十七条第一款) (2) 父母和子女有相互继承遗产的权利。(《民法典》第一千零七十条) (3) 非婚生子女享有与婚生子女同等的权利，任何组织或者个人不得加以危害和歧视。(《民法典》第一千零七十一条第一款) (4) 对亲子关系有异议且有正当理由的，成年子女可以向人民法院提起诉讼，请求确认亲子关系。(《民法典》第一千零七十三条第二款) (5) 离婚后，父母对于子女仍有抚养、教育、保护的权利和义务。(《民法典》第一千零八十四条第二款) (6) 丧偶儿媳对公婆，丧偶女婿对岳父母，尽了主要赡养义务的，作为第一顺序继承人。(《民法典》第一千一百二十九条) 子女基本义务： (1) 子女应当尊重父母的婚姻权利，不得干涉父母离婚、再婚以及婚后的生活。子女对父母的赡养义务，不因父母的婚姻关系变化而终止。(《民法典》第一千零六十九条) (2) 继父母与继子女间，不得虐待或者歧视。(《民法典》第一千零七十二条第一款)

续表

近亲属关系	基本权利义务规定
其他近亲属之间	基本权利： 作为第二顺序的法定继承人，享有继承权。具体规定为：遗产按照下列顺序继承： （一）第一顺序：配偶、子女、父母； （二）第二顺序：兄弟姐妹、祖父母、外祖父母。 　　继承开始后，由第一顺序继承人继承，第二顺序继承人不继承；没有第一顺序继承人继承的，由第二顺序继承人继承。（《民法典》第一千一百二十七条第二款） 基本义务： (1) 未成年人的父母已经死亡或者没有监护能力的，由下列有监护能力的人按顺序担任监护人： 　　（一）祖父母、外祖父母； 　　（二）兄、姐； 　　（三）其他愿意担任监护人的个人或者组织，但是须经未成年人住所地的居民委员会、村民委员会或者民政部门同意。（《民法典》第二十七条第二款） (2) 有负担能力的祖父母、外祖父母，对于父母已经死亡或者父母无力抚养的未成年孙子女、外孙子女，有抚养的义务。有负担能力的孙子女、外孙子女，对于子女已经死亡或者子女无力赡养的祖父母、外祖父母，有赡养的义务。（《民法典》第一千零七十四条） (3) 有负担能力的兄、姐，对于父母已经死亡或者父母无力抚养的未成年弟、妹，有扶养的义务。由兄、姐扶养长大的有负担能力的弟、妹，对于缺乏劳动能力又缺乏生活来源的兄、姐，有扶养的义务。（《民法典》第一千零七十五条）

近亲属之外的亲属，就是我们通常所说的远亲。远亲之间只有在一些特定情形下，法律才对他们之间的权利义务关系做出规定。在我国，典型的有两种情形。一是《民法典》上规定的代位继承制。《民法典》第一千一百二十八条第二款规定："被继承人的兄弟姐妹先于被继承人死亡的，由被继承人的兄弟姐妹的子女

代位继承。"不过,这一类型的代位继承权本质上是源于近亲属之间的权利义务关系。二是第一千零四十八条规定的直接血亲和三代以内的旁系血亲负有禁止结婚的义务。除以上两种特别情形外,远亲之间不具有法律上的权利义务,相互之间关系的具体内容与形式取决于远亲属之间的选择与社会习惯,更多的是社会意义上而不是法律意义上的关系。

家庭关系与家庭成员

近亲属的关系构成了我国法律上的家庭关系。换言之,我国法律上的家庭关系是建立在近亲属这一概念上的。《民法典》第五编为"婚姻家庭编",其第三章的名称就是"家庭关系",包括第一节"夫妻关系"、第二节"父母子女关系和其他近亲属关系",内容上完全规范的是近亲属之间在人身和财产方面所具有的权利义务关系。《民法典》第一千零四十五条第三款更是直接规定:"配偶、父母、子女和其他共同生活的近亲属为家庭成员。"由此可见,我国法律上的家庭关系指的就是近亲属关系,法律上的家庭成员只能由近亲属组成(见表2-3)。

表2-3 近亲属与家庭成员对照表

近亲属	家庭成员
配偶	配偶
父母	父母
子女	子女
兄弟姐妹	(共同生活的)兄弟姐妹

续表

近亲属	家庭成员
祖父母和外祖父母	（共同生活的）祖父母和外祖父母
孙子女和外孙子女	（共同生活的）孙子女和外孙子女

不过，《民法典》规定的家庭成员，只有配偶、父母、子女为当然的家庭成员，由他们组成的家庭可以称为"小家庭"。其他近亲属即兄弟姐妹、祖父母、外祖父母、孙子女、外孙子女，只有与"小家庭"成员共同生活在一起，才能成为他们的家庭成员，这时可以称之为"大家庭"。

《民法典》之所以规定配偶、父母、子女为当然的家庭成员，是因为他们之间的血缘和亲情关系最为紧密直接，他们之间在法律上的相关权利义务也不附条件。而规定其他近亲属只有与他们共同生活在一起才成为他们的家庭成员，则是因为兄弟姐妹、祖父母、外祖父母、孙子女、外孙子女这些近亲属虽然血缘亲情关系仍然直接紧密，但相互间的法定权利义务是附条件的，而不是当然存在的，只有在发生特定情形时，彼此间才享有相关权利、承担相关义务。

当然，上面所讲的家庭是指法律意义上的家庭，不包括社会意义上、情感意义上的家庭。社会意义上的家庭是指彼此之间如同家庭成员一样生活在一起的小群体，比如外甥、外甥女、侄女、侄子这一类的远亲属成员有可能因为特殊情况生活在一起，彼此之间构成一个如同家庭一样的团体，但是这些人不构成法律意义上的家庭成员。情感意义上的家庭范围更加广泛，即使不是亲属关系的成员之间在感情上也可以如同生活在一个大家庭之中一样，但彼此之间没有法定的权利义务关系。

法律上以近亲属关系为家庭关系的基础，以近亲属为家庭成员的对象，为传承家族的构建提供了一个具有确定性的核心单元即家庭。在广义的亲属关系图谱（血亲和姻亲）中，具有近亲属关系的成员组成一个又一个在法律上可以确定其成员的家庭，将这些家庭按照一定的标准在时间上（即多少代）和空间上（即哪些成员）集合在一起就组成了自己的家族。

1.4 传承家族构建的再思考

家族界定与法律规定

前面我们讨论了亲属、近亲属和家庭这样的概念，法律上没有明确规定家族的概念，那么家族到底是什么呢？又如何从亲属关系和家庭关系出发，来构建家族呢？

前面我们也已经谈到，虽然法律上对家族没有明确的规定，在社会认知中也没有关于家族的统一标准，但一个基本共识是，古今中外，家族都是建立在亲属关系基础之上的。从这一社会现实和认知出发，可以认为，法律上关于亲属关系与家庭的规定，为探讨家族提供了一个基础。

家族是由相互之间有亲属关系的人构成的，这里的亲属关系，一般都超出了家庭的范围，也超出了近亲属的范围，但是它并没有一个明确的边界。家族是不是由所有具有血缘关系和姻亲关系的人构成的呢？或者说，是不是所有具有血缘关系和姻亲关系的人都是家族成员呢？其实不是。

是不是属于自己的家族成员，需要家族确定一个空间上和时间上的标准。在空间上，以哪种亲属关系为中心来确定家族成员，是仅仅以父系亲属关系为中心，还是要考虑母系方面的某些亲属关系？是仅仅以父系方面的直系血亲为中心，还是要考虑母系方面的某些直系血亲？是仅仅考虑直系血亲，还是也考虑旁系血亲甚至兼顾某些姻亲？在时间上，又包括多少代际？三代、四代、五代乃至动态的世代？所有这一切，都依赖家族自己的定义。

一个显然的事实是，历史、文化和习俗将有助于致力于财富传承的家族建立界定作为传承对象的家族成员的边界和范围。从历史与惯例来看，历史上和现实中的家族，多数是以同一姓氏的男性直系血亲为中心构建的，次要考虑因素是同一姓氏的旁系血亲，再次要的考虑因素是母系的亲属关系，最次要的考虑因素则是姻亲关系。

比如，中国古代的家族是以父系为主构建的，是建立在父系血缘关系基础之上的，同时家族成员通常生活在一起，或相互之间具有紧密的联系。家族通常具有一些共同性的外在表现，比如共同的家族精神、家谱、家族祠堂、族产、家族组织等。这些外在的表现不仅赋予、显示家族成员的身份，同时使家族具有对外宣示性和可识别性，从外部看来，这样的一个群体构成了一个家族。

当然，家族自身的文化也会影响上述家族界定诸多考虑因素的重要性排序，在现代社会，法律上并不反对将包括姻亲在内的远亲属纳入基础家族成员范围之内。

广义上的家族与狭义上的家族

从出生意义上说，任何一个人都属于一个家族，因此，从最广泛的意义上说，所有具有血缘关系的亲属（以及他们的配偶）都是家族的成员，他们构成一个共同的家族。但从这样的角度来理解家族，对于家族财富管理来讲，显然太广泛了。实际上，这样广义上的家族，也无法进行有效管理，因为它不具有组织性，不具有共同目标，不具有法定的或约定的相互间的权利义务关系，也没有有效地对成员进行管理和约束的机制。广义的家族具有某种社会意义、心理意义和生物学上的意义，而不具有管理上的意义。

当我们从管理意义上来谈家族时，只能是狭义上的家族，只能是由部分具有亲属关系的成员构成。从这个意义上来讲，家族是构建型的组织。所谓构建型是指根据成员意愿、为一定目标、根据一定的规则组建起来的组织，它既不是先天的，也不是法定的，具有成员的意志性特征。狭义上的家族就是这样的组织，它是依据具有亲属关系的成员之间的意愿，为某些家族目标而组织起来的相互之间联系相对比较紧密、具有某些约定的共同行为规范、具有一定的外在表现特征的集体或组织。

与广义上的家族相比，狭义上的家族成员之间具有更紧密的联系，因此，除了亲属关系的基础外，还须具有其他更结实、稳固的共同基础。当我们讨论家族财富管理时，我们是从狭义的家族来讨论的。这样的家族是一个相对组织化的集体，虽然它不是法定的，但是家族成员相互之间具有紧密联系，具有共同的家族意识和维系家族的意愿，具有共同的身份认同，共同致力于实现家族的目标，并为此而受共同规范的约束。

构建这样的狭义上的家族，很显然，除了血缘、姻亲这样的一个社会基础以外，还需要某种黏合剂把这些家族成员凝聚在一起。为不同目标而构建的家族，黏合剂各不相同：在宗法传家的家族中，宗法是主要黏合剂；在精神传家的家族中，家族精神是核心黏合剂；在财富传家的家族中，财富是重要的黏合剂。

时间维度上的家族

在讨论家族构建时，还要考虑另外一个概念，即时间。在任何一个时间点上，具有亲属关系的人，可能会构成一个相互之间有紧密联系的家族，但是这样的家族是静态的，不具有动态的意义，不具有传承意义，随着时间的推移，这样的家族也有可能就不存在了。因此，仅仅具有静态意义的、具体时间点上的家族，不是具有典型意义的传承家族。典型意义上的传承家族，实际上是指时间轴上逐步推移的家族，这个家族是延续的、能够传承的，具有动态的特征。只有这样的家族，才是真正的家族，才是值得关注的家族。虽然从广义上说，每个人都隶属一个家族，每个血缘系上都存在着相应的家族，但是人们真正关注的是能够传承的、具有外在可识别特征、体现某种价值的家族。

在这个意义上，中国最具典型意义的家族是孔氏家族。

孔氏家族就是由孔子传承下来的家族，该家族依靠的不是财富传家，而是精神传家。它的开创者孔子大家都不陌生，是中国儒家文化的开创者和集大成者，以他为代表的儒家思想，既是中国 2000 多年封建社会的伦理基础，也成为历代封建王朝的执政基础。儒家是中国传统文化的一个核心代表，随着儒家文化的传承，孔氏家族也随之传承下来。从孔子到现在，孔氏家族已经传了 80 代，不管时代怎样变迁，孔氏家族的谱系一直延续，完整地记录了孔氏家族的所有成员。当然，这个家族具有特殊性，它以精神传家为基本特色，但这个精神传家不完全是靠孔子的力量或孔氏家族的力量和孔氏家族的精神传下来的，它还借助了中国的社会力量和权力力量。从宋代开始，历代王朝都封孔子嫡长子孙为衍圣公，就是这种力量的代表。朝廷权力的加持，不仅巩固了孔氏、孔子、孔氏家族在社会中的地位，而且增强了孔氏家族精神的感召力和凝聚力，所以孔氏家族一直延续下来了。这在中国历史上只此一家。

古代家族多是以宗法传家、精神传家的家族，现代社会中，财富传家的家族更具有典型意义，更具代表性。如洛克菲勒家族，该家族的创立者约翰·洛克菲勒创立了洛克菲勒财富帝国，从第一代传到现在已经历时 100 多年，经过了六代，目前仍然繁荣昌盛，财富保存下来了，家族保留了下来，而且在社会上也享有很高的威望。洛克菲勒家族通过财富把家族凝聚在一起，财富支持了家族的发展。

家族的几个共同特征

从前面两个家族的例子我们也可以看出，构建一个传承意义上的家族，除了我们前面讲到的血缘关系、姻亲关系以外，还需要具备一些条件，具有一些共同的特征。

首先，它需要一个杰出的家族开创者。一个能够传承的家族，通常会有一个杰出的人物，作为家族的起点，他创造了某种值得传承的有价值的东西，凝聚并激励家族成员努力将之传承下去。如孔氏家族开创性的杰出人物是孔子。家族的开创者不仅创造了家族传承的核心内容，而且也一直是家族的一个重要榜样和重要支撑，不断地激励后辈、凝聚后辈。洛克菲勒家族的开创者是约翰·洛克菲勒，他不仅在财富上取得了非凡的成功，个人也具有非凡的性格特征。任何一个家族的打造与构建，都需要很多的资源，如果没有一个非凡的人物奠定这样的一个基础，家族是很难凝聚在一起的。同时，构建一个家族，也需要一个非凡的人物，作为家族的一个象征。

其次，它需要一种支撑力量。传承的家族虽然构建在亲属关系的基础之上，但仅有亲属关系是不够的，它还需要一种支撑的力量，作为一种特殊的黏合剂，把具有独立意志的、具有不同兴趣与目标的、分散的家族个体成员联合起来。无论支撑力量是精神还是财富，家族的构建都离不开这样的支撑。比如说孔氏家族，它的支撑力量是精神，用精神来凝聚家族的成员。洛克菲勒家族，它是以财富以及与财富相关的其他因素作为家族的凝聚力量。中国古代社会中，宗法是普遍的凝聚家族的一个重要力量，但在现代社会中，宗法的凝聚力已经很微弱了，精神传家仍然发挥重要的作用，但是一个独立的非凡的家族精神的形成，实际上也很困难。因此，现代中国的家族，也与世界上其他国家一样，以财富家族为主，以财富以及与财富相关的家族精神为支撑力量。

最后，它需要一种持续的活力。家族传承需要不断有新的活力加入家族，来促进家族的发展，也就是说，家族是一个动态的、发展的概念。在动态发展过程中，有两个因素发挥着重要的作用。一是成员，即建立在亲属关系基础上的人，没有了人，家族也就不存在了。二是持续的凝聚力，能够使家族持续存在。因此，在管理意义上和传承意义上的家族，一直处在不断维系、不断构建的过程之中，没有一成不变、一劳永逸的家族。从这个意义上说，家族财富管理既是以家族为基础展开的，其核心也是构建家族的重要方式。

2. 创建家族愿景、使命与核心价值观

明确了家族的边界和范围之后，接下来要做的是一件更具有挑战性也更加激动人心的事情，那就是创建家族的愿景、使命与核心价值观。我们把这项工作称为"灵魂工程"或"梦想工程"，它的使命就是给家族注入灵魂，让家族拥有共同梦想。

一个伟大的组织，能够长久生存下来，最主要的条件并非结构形式和管理技能，而是我们称之为信念的精神力量，以及这种信念对于组织全体成员所具有的感召力。[1] 这段话同样适合于家族建设。一个家族只有找到了自己的"信念""梦想"和"灵

---

[1] 托马斯·J. 彼得斯，小罗伯特·H. 沃特曼：《寻求优势——美国最成功公司的经验》，管维立译，中国财政经济出版社 1985 年。

魂"，并通过有意识的家族治理予以明确和实施，才能真正实现家业长青、家族繁荣。

2.1 创建属于自己的家族梦想

描述梦想的术语

传承的家族维系，需要两个纽带。一个是家族共同财富的物质纽带，另一个是家族文化的精神纽带。没有家族共同财富，在个性张扬、开放多元的现代社会不可能建立起可以传承的家族，而没有能够体现家族共同梦想和核心价值观的家族文化，家族就会缺乏凝聚力和向心力，物质纽带虽能维系一时一世，但绝无可能维系长久和世世代代，在家族矛盾不可调和的某个时间点上终将断裂。只有物质纽带和精神纽带同时发力，现代意义上的传承家族才可能持续维系下去。

要构建维系传承家族的精神纽带，必须创建能够反映家族愿景、使命与核心价值观的家族梦想。它们不仅能够为家族注入强大的凝聚力与向心力，还能够在家族面临重大挑战和艰难选择时，帮助陷入狭隘利益算计中的家族成员跳脱出来，为家族决策提供价值观层面的重要指引[1]。

愿景、使命、核心价值观是在现代企业战略管理理论与实践中发展起来的一套用来表述企业长远目标、抱负和梦想的术语，

---

[1] 蒋松承：《家族办公室与财富管理》，广东人民出版社2014年，第22页。

而且已经被无数成功企业的战略实践证明是行之有效的"灵魂术语"。构建正式的家族治理体系,本质上就是要给家族规划出一套能够实现传承的"家族长期发展战略规划",因此,实践中,借用企业战略规划中必然使用的"愿景、使命与核心价值观"这套术语,来创建、界定家族的愿景目标、远大抱负和宏伟蓝图是通常采用的方法。

愿景、使命、核心价值观的学术界定非常复杂,但通俗理解起来也很容易。愿景就是一个组织(或个人)在未来想要成为的样子,描绘的是心中的一片蓝图。比如,阿里巴巴的愿景是"旨在构建未来的商务生态圈,让客户相会、工作和生活都在阿里巴巴,并持续发展最少 102 年"。通用电气(GE)的愿景是"使世界更光明"。愿景是方向型的,指明了最终想要成为的样子,虽然最终未必会成为那个样子,但它会激励你努力成为那个样子。

使命是一个组织(或个人)存在的意义,即为什么存在,能为别人做什么。比如,阿里巴巴的使命是"让天下没有难做的生意",其核心业务就是建设一个网上交易平台,促进买卖双方公平公正的交易,把生意变得简单和轻松。通用电气的使命是"以科技创新改善生活品质"。使命是任务型的,指明了你必须要做的事情,而且要把它做好。使命不是为了挂在墙上展示,而是骨子里真正坚信的东西,它往往在组织和个人面临生死攸关的重大利益抉择时发挥决定性作用。

核心价值观是一个组织(或个人)用什么来指导做,也就是做人做事想要坚守的原则、方法或标准。比如,阿里巴巴的核心价值观是"客户第一、团队合作、拥抱变化、诚信、激情、敬业"，通用电气的核心价值观是"坚持诚信、注重业绩、渴望变革"。价值观是行为型的，指明做人做事的基本行为准则，具有强烈的是非判断。

简单地说，愿景是在未来想要达到的一种状态的蓝图，阐述了最终目标即"我们去哪里"。使命是以何种身份或状态来实现愿景，阐述了"我们为什么去"。核心价值观是为实现愿景和使命而所秉持的行为标准，阐述了"我们如何去"。愿景、使命、核心价值观构成了一个组织乃至一个个人完整严密的"梦想图"。

清晰而简短

家族对自己愿景、使命与核心价值观的描述，应当尽量清晰而简短。清晰而简短的描述词，更能获得家族共同认可，通常也更有力量。然而对其提炼却绝非易事。它们既要符合社会的主流价值观，又要体现家族自身特色；既要简练清晰，又要充满鼓舞人心的力量。例如，英格兰的某一家族是如此描述的："本家族将努力成为英格兰最受尊敬的家族之一，始终以谦逊稳健的方式，出色地处理家族核心事务，包括我们的家族企业、财富管理、社区支持、慈善捐助。"[1] 又如，比尔及梅琳达·盖茨基金会（BILL&MELINDA GATES FOUNDATION）提出的口号为"众生平等，我们急切而乐观地投身减少不平等现象的事业"（All lives have equal value, we are impatient optimists working to

---

[1] 马克·海恩斯·丹尼尔，汤姆·麦卡洛：《家族理财之道：财富增长与跨代传承的七大要务》，童伟华译，机械工业出版社2016年，第77页。

reduce inequity)[1]。

表 2-4 是一些中国家族企业核心价值观的描述[2]：

表 2-4 家族企业核心价值观描述

公司名称	核心价值观	主要产业
方太集团	产品、企品、人品三品合一	厨具
安踏体育	永不止步	体育用品
格兰仕集团	努力，让顾客感动	家电
传化集团	滴水之恩，当涌泉相报，做对社会有责任的企业	代工、物流
复星集团	修身、齐家、立业、助天下	医药、房地产类
美的集团	为人类创造美好生活	家电
用友软件	做客户信赖的长期合作伙伴	软件
世茂集团	缔造生活品位	房地产

下面则是一些海外家族体现其家族愿景、使命与核心价值观的家训表述：

- 李锦记家族：思利及人。
- 邵逸夫家族：达则兼济天下。
- 李嘉诚家族：努力工作，信守诺言，损己利人。
- 瓦伦堡家族：好学、尊重、忠诚、勤奋。

---

[1] 比尔及梅琳达·盖茨基金会官网[OL]. https://www.gatesfoundation.org/en/.
[2] 范博宏：《交托之重　范博宏论家族企业传承 01》，东方出版社 2014 年，第 50 页。

- 福特家族：我从母亲那里学到了现代社会生存最重要的方法，母亲教导的"勇气""忍耐""锻炼"以及"秩序"是我一生奉行不移的座右铭。
- 罗斯柴尔德家族：金钱一旦作响，坏话戛然而止。只要你们团结一致，你们就所向无敌；你们分手的那天，将是你们失去繁荣的开始。要坚持家族的和谐。
- 摩根家族：用于推动历史的不是法律而是金钱，金钱！今天就要预测到明天需要什么样的人才。信息是赚钱的法宝。
- 杜邦家族：投资要保持最大的利润，至少是10%，保证风险最小，坚持全额投资；每一个国家只设一个工厂，从事一种产品专门生产。投资要选择最幸运的地点、最有利的市场、最有前途的产品。
- 奥纳西斯家族：没有什么东西比成功更能导致成功。无论怎样也要把皮肤晒成褐色，住在漂亮的房子里（哪怕你住的是这栋房子的地下室）。经常出现在以豪华著称的餐馆（哪怕你只要一杯饮料）。
- 洛克菲勒家族：人生只能靠自己，靠谁也不行！让孩子们通过家务劳动来赚钱是洛克菲勒家族的一贯传统。
- 高尔文家族：人是最重要的。不要怕犯错误，放手去干吧！如果我们要做这件事，那就立即去做。
- 迪士尼家族：迪士尼乐园的理想是，希望人们在这里找到快乐和知识。如果不理解真实的事物，就不能根据真实的事物创造出奇妙事物来。

- 马克斯家族：不问价钱，每件1便士。倘若有数以百万计的人在你的商店川流不息，最有效的宣传方式就是口碑。只有当口碑不能快速地传达商店的动态时，才真正想要使用广告。

以上这些描述，就其内容而言，每个家族均有所不同，但其共同的简短、清晰而有力的表达方式，值得借鉴。

2.2 如何创建自己的家族梦想？

每个亲手创造财富的人士均会有不同程度、不同形式的愿景、使命与核心价值观，否则难以创造出引以为傲的财富。但是，要把家族创始人的这些愿景、使命、核心价值观凝聚成为家族后代的共同梦想并持续传承下去，则需要一个提炼、总结并与当代家族成员达成共识的过程。这个过程就是创建家族共同梦想的过程。

好愿景的评判标准

要想创建恰当的家族愿景以及相匹配的使命、核心价值观，并使其在后代家族成员中传承下去，必须对愿景本身的好坏有一个评判标准。尽管每个家族对自己愿景的出发点和侧重点会有所不同，但以下几个方面是创建一个好的家族愿景时通常应该加以考虑的，也可以说是评判一个愿景好坏的基本标准。

- **发自内心**。家族愿景是家族的共同梦想，好的愿景必须发自每个家族成员的内心，而不是出于对家族权威的简单屈从而做出的虚情假意的敷衍，更不是出于对家族利益的算计而做出的工于心计的表演。当然，并不是每个家族成员都有远大的目标、崇高的理想，但这不重要，重要的是都需要他们把对自己的理解、对家族的理解和对家族的希望真实地表达出来。只有这样，才能清楚地知道家族成员对家族目标与个人目标在理解上的共同点和分歧点，然后才可以最大化求同存异，以创建出适合自己家族的共同愿景。

- **激发潜能**。虽然传承家族创建愿景的目的，在一般意义上都可以理解为就是凝聚家族成员，实现家族传承，但是，要真正做到这一点，其创建的愿景、使命、核心价值观必须能够激发每个家族成员的潜能。因此，好的家族愿景重视的是让每个家族成员发挥最大潜能，既通过家族力量帮助他们实现个人价值，又激发他们为家族目标积极贡献力量。家族愿景的创建过程，就是一个帮助每个家族成员寻找自己人生意义与人生目标的过程，也是一个激发他们努力采取行动实现自己人生价值的过程。
- **关注未来**。好的愿景应该着眼更长远、更广阔的时空维度，旨在在更长久的世代之间、在更广泛的家族成员之间，能够不断维系、加强家族成员间的亲情纽带，激发家族成员的创造活力。好的家族愿景要关注家族多代人的长期发展，要找出那些能够跨越不同时期政治、经济、法律、技术、文化等多方面的影响因素，而又能真正长期维系多代人的核心价值观。要做到这一点，一个好的方法就是不妨问问自己，假如你是这个家族的愿景创建者，你所创建的家族愿景和坚持的家族梦想，能够影响家族几代人吗，能够在一百年、两百年、三百年后依然存在吗？当你这样做的时候，诸如团结、责任、创造、拥抱变化等，这些长久成功的元素就会逐一浮现出来。

- **涵盖多面**。好的愿景应该涵盖人生与生活的方方面面，而不仅仅是创建愿景的人自己所重视的方面。在西方社会，人类行为学家与心理学家创建了一种被称为"生命车轮模型"的方法，来分析生活的不同维度。在生命的车轮上，以下几个要素是不可或缺的：精神领域的使命感、心灵的智慧、职业成就感、财务管理、家庭关系、社会关系及其影响力、身体健康与活力。每个人一生都要经历上述各要素。只不过在人生的不同阶段，车轮上的有些要素会更加重要些，而其他要素则显得次要些。好的愿景应该能考虑到生命车轮上的多方面因素，不断促进、激发、增强家族成员在生命车轮每个方面的潜能和能力。[1]

家族愿景的覆盖面

前面我们已经谈到，一个好的家族愿景，其目标应该能够涵盖人生与生活的方方面面。如何界定人生与生活的基本层面，前

---

[1] 伊尔泽·艾伯茨：《富过三代——家族财富传承》，田径，刘怡译，清华大学出版社 2019 年，第 25 页。

面提及的由人类行为学家及心理学家建立的"生命车轮模型"是一个可以借鉴的方法,即从精神领域的使命感、心灵的智慧、职业成就感、财务管理、家庭关系、社会关系及其影响力、身体健康与活力等维度去提炼家族的愿景、使命与核心价值观。

在这里,我们建立了一种"生命力量模型",以供家族愿景创建者参考。按照我们的理解,一个能够传承的家族,就是一个有力量的家族,而一个家族要有力量,其每个家族成员就应该成为一个有力量的人。一个传承家族的愿景、使命、核心价值观,应该体现出这种力量,并激发家族成员成为有力量的人。那么,力量又从何而来呢?我们重点关注了以下四个方面:心灵愿景、能力愿景、关系愿景、身体愿景。

- **心灵愿景**。人类行为学家与心理学家的研究成果反复证明这一点:人类最大的动力来自精神与心理层面上的心灵自我驱动。家族愿景的创建,首先也是最核心的任务就是提炼出那些有助于每个家族成员心灵健康与心灵成长的最重要因素或者说最基本因素。这些因素首先涉及对作为个体的家族成员在人生意义与价值、人生目标与使命、人生核心价值观等方面的探讨,进而涉及对作为集体的家族的意义与价值、家族的目标与使命、家族的核心价值观等方面的反复探讨与提炼。当一个家族在探讨心灵愿景的时候,诸如梦想与激情、勤劳与节俭、善与爱、情与义、诚实与信用、利他与利己、勇敢与怯弱、成功与失败等,这些反映心灵力量的词汇就会浮现出来,家族要做的就是将它们全部列出,并加以选择。

- **能力愿景**。对于一个传承财富的家族而言,持续的活力和创造力是其长久存在和发展的核心力量之一,而保持这种动力的秘诀就是有源源不断的、数量足够的、具有强大能力的家族成员。因此,一个家族的愿景应该包含家族能力规划方面的基本目标。传承家族所需要的能力是多方面的,包括语言文字能力、专业能力、财务能力、沟通能力、领导能力、创新能力等方方面面,每个家族都可以列出一长串的能力清单,然后根据自己的需要,抉择出最重要的能力选项作为家族的愿景目标。通常,多代成功传承的家族,最重要的是领导能力和创新能力。

- **关系愿景**。心灵愿景和能力愿景都是在人与人、人与社会的关系中得以展现并予以实现的,离开了良好的人际关系,再有抱负的愿景也是一厢情愿。对于传承财富的家族而言,最重要的人际关系有三个:家族内部关系、家族与企业的关系、家族与社会的关系。只有这三个关系都处理好了,家族才有可能长久传承下去。因此,一个家族的愿景必须能够考虑到上述人际关系的建设目标。当一个家族着手考虑关系愿景的时候,诸如亲情、和谐、团结、关爱、诚信、社会责任等,对这些词汇就需要认真衡量和决策。

- **身体愿景**。"工欲善其事,必先利其器。"身体是一切的基础,健康是生命的基点。任何一个个体和组织,只有其自身或其成员拥有健康与充满活力的体魄，方有可能实现自己的梦想。这是一个显而易见的道理，然而在家族愿景创建中却最容易被忽略。为什么要将身体愿景列入家族愿景的关注范围？美国财富心理咨询师伊尔泽·艾伯茨在其《富过三代——家族财富传承》一书中的一段话最能说明问题："健康的心灵能够促进健康的身体。而健康的身体才有可能容下健康的心灵。你由两部分构成，即身体和心灵，二者相辅相成，它们相互联系、相互作用。如果你能对自己的身心健康给予特别的愿景与使命，这其实是在为自己准备一份厚礼。"[1]

试想一下，如果一个个体和一个组织，其自身或其成员在心灵、能力、人际关系、身体四个层面都有力量，那么，这个人无疑就是一个强有力的人，这个组织也是一个强有力的组织。一个家族如果能够通过创建自己的愿景、使命、核心价值观将这种力量传承下去，这个家族就能够长久地延续和发展。

家族愿景的创建步骤

通过前面的探讨，我们已经知道，一个好的家族愿景应该符合一些基本标准：要发自家族成员的内心、能激发家族成员潜能、应着眼于家族长远未来、能关注家族成员人生的多方面；我们也知道，一个好的家族愿景应该包含能够塑造"生命力量"的

---

[1] 伊尔泽·艾伯茨：《富过三代——家族财富传承》，第31页。

四个基本方面,即心灵愿景、能力愿景、关系愿景和身体愿景。那么,接下来,我们又应通过什么样的步骤,才能创建出一个属于自己家族的好的愿景呢?

在我们的建议框架内,有三个基本步骤。

- **第一步:梳理家族传统**。家族传统是一个家族愿景、使命、核心价值观的无形来源,它最原始又最为持续。家族传统通常由先辈的创业历史和故事加以展现,通过核心家族成员(家族领袖和成年家长)的言传身教得以延续。以家族历史和家族故事展现的家族传统,可以以潜移默化的方式增进每一个成员对家族的认同感和归属感。从一个更深层次的角度来说,共享的家族历史和家族故事能帮助家族成员在源远流长的家族血脉中找到自己的位置,它以一种家族特有的方式,为家族成员在面对"我是谁?我从哪里来?要到哪里去?"这样的哲学命题时,提供了一条清晰而又可追溯的线索。因此,一个家族创建明确的愿景的过程,就是一个反复讲述自己家族历史的过程、不断分享家族故事的过程,从中可以找到他们共同的理想和价值观。而最后创建的家族愿景也应该能够反映出家族特有的历史以及蕴含其中的家族特有传统。

- **第二步:总结创始人心得**。一个家族无论其历史多么久远,通常都会有一个代表性的人物来开启传承的历史之门。如孔子开创了精神传家的孔氏家族,老洛克菲勒开创了财富传家的洛克菲勒家族。这个代表人物或许是一位父亲，也可能是一位母亲，更有可能是他们一起。在现今中国，这个代表人物通常就是为家族创下"第一桶金"的"创一代"。他们取得过非凡的成功，有许多可以值得总结的成功经验；他们也遭受过无数的挫折与磨难，同样也有数不清的刻骨铭心的教训。他们亲手缔造了家族财富，并首次开启了家族传承之门，深谙财富创造的艰难和财富保有的不易，他们关于人生、家族、财富、企业、社会等方方面面的看法，是一个家族最为宝贵的财富，对家族的愿景、使命、核心价值观产生最直接最重要的影响。因此，总结家族创始人的心得体会，是一个家族创建自己愿景必须经历的过程，也是最为关键的一个环节。

- **第三步：家族广泛参与**。虽然家族传统与家族创始人的看法是构建家族愿景的重要环节，但家族愿景是家族共同的愿景，旨在为所有的家族成员提供意义、价值、目标、方向与行动指南，因此，让全体家族成员都参与进来，以取得认同的最大公约数，也是创建一个好的家族愿景不可或缺的环节。现代社会是一个开放的社会，愿景也许源于家族历史中的传统，但当代家族成员未必会完全认同。同时，现代社会还是一个个性张扬的社会，年轻一代家族成员也未必赞同老一代成员的想法。而缩短历史与当下之间的"鸿沟"，减少年轻一代与老一代之间的"代沟"，最有效的办法就是让所有家族成员都能充分表达关于自己、关于家族的真实想法，并提出自己的愿景目标。为此，一个可行的方法就是按照前文我们建议的"生命力量模型"，让每一位成员向自己提出高质量的问题，如你想成为什么样的人，并写下自己的人生使命宣言，如我的人生目标是将孩子培养成为世界领导者，等等。

在这三步的基础上，一个家族就能提炼出为多数家族成员所共同认可的愿景、使命、核心价值观。

2.3 方太集团的传承实践

三大启示

在本土家族传承实践上，方太集团具有典型意义。方太集团的创业历史由茅理翔于 1985 年开启，历时 35 年之后，茅理翔于 2005 年向儿子茅忠群完成交接班。时至今日，从一代向二代传承的角度看，作为企业的方太集团以及作为家族的茅氏家族都是成功的典范。方太品牌虽然由一代创立，但在二代手上获得了更大的发展，取得了更加辉煌的业绩。虽然在以后漫长的岁月里，二代能否持续推动企业的发展，并成功完成向三代的传承，需要时间来做出回答，但是，其在一代与二代之间的传承，无疑是成功的。而这种成功绝不是偶然的，是以茅理翔为核心的茅氏家族精心规划的结果。

在方太集团的传承规划中，最重要的启示有三条。一是不断凝聚家族精神，提炼家族愿景、使命、核心价值观（见表 2-5），以此给家族与企业指明方向,注入强大的精神动力。二是"干三年、带三年、看三年"的接班人培养计划。从1996年开始,茅理翔对儿子茅忠群采取3个阶段、历时9年的接班培养。先是让他在企业干三年,干出成绩了,才让其上位;上位后再带他三年,全面培养他作为企业管理者的各方面素质,具备条件了再让其真正担负起领导企业之责;走上企业"一把手"位置后,还要再看三年,看是否真的能干得好。三是创始人退而不休,继续为家族与社会贡献活力。茅理翔先生2005年正式从企业退出后,转向家族传承领域的研究,先是演讲、出书(他自称"二次创业"),后创立家业长青民企接班人学院并任院长(他自称是"三次创业")。

表2-5 方太集团的愿景、使命、核心价值观

愿景	成为一家伟大的企业
使命	让家的感觉更好
核心价值观	人品、企品、产品三品合一

延伸阅读

为了让大家全面了解方太集团及茅氏家族的传承理念与传承实践,这里特挑选了茅理翔先生撰写的《方太传承实践体悟:边创业、边传承,边转型》(节选)一文,以供读者参考。

方太传承实践体悟：边创业、边传承，边转型[1]

茅理翔（方太集团创始人、名誉董事长，
家业长青民企接班人学院院长）

（一）带三年阶段（1996—1998年）：完成产业转型与产品转型

1996年1月18日，方太成立了。我是董事长，忠群是总经理，他是工科硕士，我首先将产品研发权彻底交给他。他带领技术人员连续8个月奋战，终于开发出第一台由中国人自主设计的适合中国人烹饪习惯的油烟机——大圆弧A型机，一炮打响，连续刮起四股方太旋风。方太由此一跃成为第三名，成为行业的一匹黑马。

借此，忠群带领方太完成了两个转型：一是靠技术创新完成了从传统产业向用高科技改造传统产业的产业转型；二是靠产品创新完成了从仿造向创造的产品转型，即从电子点火枪向厨电吸油烟机的产品转型。

之后，我们又以"独特、高档、领先"的核心理念开发了嵌入式燃气灶、嵌入式消毒碗柜、嵌入式烤箱、嵌入式微波炉、嵌入式蒸箱、燃气热水器，以及世界首创的水槽洗碗机等系列产品。可以说，方太一批又一批的新品不断投向市

---

[1] 本文选自《中国家族企业传承报告（2015）》，中国民营经济研究会家族企业委员会著，中信出版集团2015年，第114—118页。

场,引领了整个行业的发展潮流,得到了广大消费者的青睐与信赖。

这一阶段的成功大大增加了忠群的信心,我也看到了他执着追求的创新精神和顽强拼搏的奋斗精神,我更加开明开放、大胆放权。

(二) 帮三年阶段(1999—2001年):完成营销转型与品牌转型

在第二个三年,我下放了营销权,而忠群更加成熟、更加充满信心。这期间,方太完成了两个转型:

一是靠营销创新完成了从推销向营销的转型。

由忠群主导的营销体制改革是方太营销转型的关键,也遇到了一些阻力。忠群提出要将销售员制改为分公司制,一部分销售员开始反对,这个时候我提出"一厂两制",大大调动了营销人员的积极性,方太的销售业绩大幅上升。同时,在忠群的主导下,我们又成立了物流服务部,从组织、制度、人员培训等方面对售后服务进行了全面系统的建设,大大提升了方太的顾客满意度。

方太的营销创新促使方太逐渐建立了稳定的骨干营销团队和健全的组织体系。如今,我们在全国建了70多个分公司,设了6000多家销售点、服务点,方太总部员工只有4000人,外面的销售员、服务员队伍已经达到8500人,形成了一个强大的现代营销网络。现在,我们又率先开始推进服务营销、互联网营销。我们将追求顾客满意度提升为追求顾客感动度，建了行业最大的用户呼叫中心，将被动服务改为主动服务，把售后服务与售前服务结合起来，同时我们也着力推进网络营销，成立了电子商务部，通过网络又迅速拓宽了方太的营销渠道。

二是靠品牌创新完成了从定牌向创牌的转型。

从1999年开始，很多实力强大的跨国品牌已经开始全力进军中国市场，但我们确立了"只打价值战、不打价格战"的理念，明确提出要创自主品牌，而且要创行业第一品牌，要与同行业跨国品牌去竞争。忠群引进了大批营销人才，大胆引进外脑，确定了方太"专业化、高端化、精品化"三大品牌定位。20年来，我们始终坚持专业、专心，始终坚持走专家路线、走高端化路线，始终以精品工艺、精品科技、精品设计、精品服务要求自己。现在来看，各行各业的品牌琳琅满目，而方太是什么？大家一目了然。方太就是中国高端厨电领导者，是厨房电器消费者的首选品牌。如今，我们的品牌满意度、品牌信誉度、品牌价值连续多年居行业第一位，我们在中国已经超越了洋品牌，为民族品牌争了光。

这一阶段对忠群来说是接班创业历程中的一场严考验，他挑起了更大的担子，在引进人才、建立制度、规范运作、完善组织等方面做了大量工作，也大大提高了自身的领导才能，增强了驾驭市场和驾驭团队的能力。我也恪守大胆交、坚决交、彻底交的承诺，始终支持忠群的营销改革，与他一起推进了方太的营销转型与品牌转型。

(三) 看三年阶段 (2002—2004 年): 完成管理转型和文化转型

在取得前两个阶段的成功之后, 我彻底放心了, 也彻底交权了, 既全面交了经营权, 连决策权也交了, 真正做到了大胆交、坚决交、彻底交。从严格意义上说, 此时我已经完成了交接班。在忠群的全面带领下, 方太在这一阶段也完成了两个转型:

一是靠管理创新完成从传统家族制向现代家族制的转型。

忠群搞管理变革的决心很大, 进行了一系列有利于企业发展的探索和尝试。

第一, 引进人才。在这一阶段, 方太引进了包括宝洁、三星、可口可乐、联想、沃尔玛、华为等 500 强的优秀人才, 数量越来越多, 层次越来越高, 逐渐建立了属于他自己的、高层次的非家族职业经理人团队。

第二, 淡化家族。为了给引进的高级人才提供一个发挥的平台, 我们明确提出淡化家族制。我名为董事长, 具体什么事都管不了, 我太太原先担任副董事长、副总经理, 质量、生产、财务、采购一把抓, 在员工中威信极高, 但为了引进高级人才, 她也从核心经营层中淡化了, 改任监事长。而总裁以下所有中高层管理人员没有一位家族成员, 这为方太"家族控股, 职业管理"的特色家族企业管理模式奠定了基础。

第三，引入制度。我们引进了国际上最先进的管理制度，包括卓越绩效考核模式、人力资源绩效体系、全面预算管理等，构建了方太特色的管理体系。我们推行质量奖管理模式之后，内部管理大幅提升，获得了浙江省政府质量奖，还在2011年取得了全国质量奖，并于2014年再次获评全国质量奖。

这期间，方太完成了从家长制管理向制度化管理的变革，完成了从家族人管理向经理人管理的变革，完成了从个人管理向团队管理的转变，创造了方太特色的现代家族制管理模式，完成了从传统家族制向现代家族制的转型。

二是靠文化创新完成了从小家文化向大家文化的转型。2002年，方太重新确立使命为"让家的感觉更好"，首先让"顾客、员工、合作伙伴、社会"家的感觉更好，最后才是让"股东"家的感觉更好。这是一种具有强烈社会责任感的"大家文化"的理念。为实现这个使命，方太又提出了核心价值观，即人品、企品、产品三品合一。要求所有方太人人人捍卫三品合一，我们自身也要世世代代捍卫三品合一。

在这三个三年阶段，我们父子俩成功完成了传承的重任，成功完成了方太的六大创新和六大转型，确立了方太的愿景、使命与核心价值观，组建了一支现代管理团队，构建了一套特色管理体系，创造了一个行业第一品牌，真正做到了被顾客、员工、社会、同行认可。而忠群在逐步全面管理企业的过程中充分展现了一个领导者的凝聚力、掌控力、决策力，而且诞生了更高层次的企业家责任感和企业家精神。

3. 明确家族财富的管理目标

3.1 家族愿景与财富目标的协同

在明确了家族愿景、使命、核心价值观这些宏观层面的家族目标之后，还需要进一步明确中观层面的家族目标。这类目标主要针对家族物质财富的管理。

现代家族传承需求的出现，源于物质财富需要传承这样一个客观事实。纯粹为了家族精神传承而构建家族治理体系，对家族展开治理，由于缺乏物质支撑纽带，在现代社会中理论上可以想象，但实际上不会存在。正是出于对物质财富的传承需求，才需要构建家族愿景，为家族长期保有财富指明意义和方向，以凝聚家族成员。反过来，为了实现家族愿景，也需要针对家族物质财富确立基本管理目标，以在客观上能够支撑家族愿景。因此，家族愿景与财富目标两者之间需要彼此协同、互相支撑。

家族的愿景为家族的财富管理目标指明了长远方向，而家族财富的具体管理目标则决定了管理对象的范围和程度、需求实现的方式和程度、工具使用的种类以及实施组织的类型和规模，并由此影响着家族长期愿景的实现程度和实现效果。比如，给予家族成员必要的物质保障,从而保全家族成员生活安全,是所有家族的一个基本愿景,但保障谁、保障什么、保障多少、保障方式、保障条件等一系列相关问题的明确,均取决于家族具体的财富管理目标。有的家族只愿意保障直系血亲,有的家族则倾向于保障广泛的家族成员(如旁系亲属和姻亲甚至其他亲朋好友);有的家族愿意给家族成员更多的保障,有的人则认为保障太多不利于后代健康成长,而只给予必要的扶助;有的人愿意将保障利益一次性直接分配给受益对象,有的人则愿意将保障利益的给付与一定的行为引导机制相关联,如上大学时给予奖学金、结婚时给予庆祝金、生育时给予养育金、创业时给予创业金等。

许多家族都以某种形式确立了家族的愿景使命,但在对家族财富的具体管理上则并没有明确的、能够与家族愿景使命相互支撑的目标,不少家族对家族财富的管理还停留在点状问题的解决上。有的人将家族财富管理等同于投资理财,关注的是财富的投资收益率问题;有的人将家族财富管理等同于节税、避税,关注的是税收筹划问题;有的人将家族财富管理等同于海外资产转移,关注的是如何将境内资产转移到海外的问题;有的人将家族财富管理等同于在家族成员间的财富分配,关注的是如何分配财富问题。凡此种种,不一而足。这些理解不能说完全不对,都属于家族财富管理需要关注的范围,但是,都缺乏一种与家族愿景使命相呼应的系统管理目标指引,而是头痛医头、脚痛医脚,其结果可能离家族愿景不是更加近了,反而是更加远了。

因此,在构建了家族愿景、使命、核心价值观之后,还需要进一步从中观上明确能够与之呼应的财富管理目标体系,以具体指引家族物质财富的管理活动。

3.2 家族财富管理的目标层次

传承家族的物质财富管理需要立足于创造、保护、传承和再创造的整个财富生命周期，从这个角度来讲，传承家族的财富管理应该有四个目标层次：安全财富，增值财富，和谐财富，久远财富。这四大目标既相互联结又层层递进，共同构成了传承家族开展具体财富管理活动的灵魂和统帅。安全是基础，在安全的基础上追求增值，在安全和增值的基础上实现和谐，以此才能促成久远，最终改变"富不过三代"的财富宿命。

安全财富

安全是家族财富管理的首要目标。传承家族的各项财富管理安排应该尽可能保全家族财产安全和家族成员生活安全。相对于普通家庭来说，财富家族风险更是无处不在。安全财富目标意味着需要家族采取措施，构建起保全家族财富的三大安全垫：法律安全、财务安全以及生活安全。法律安全的核心是确保财富权属和财富交易的法律保障基础；财务安全倡导合适的负债率、充足的现金流和适当的风险对冲；生活安全旨在建立防范意外风险、确保家族成员正常生活的家族保障安排。

增值财富

增值财富是家族财富管理的第二大目标。传承家族的财富增值管理不是简单的投资理财,而是旨在建立家族财富长期增长的结构和逻辑,并根据不同的家族需求实施不同的资产配置策略。因此,对于传承的家族而言,增值财富目标意味着需要从多个维度采取和改进家族财产管理安排:首先,需要建立合理的家族资产结构,平衡家族经营性资产(以家族企业为主)和家族理财性资产(以家族现金流为基础),构建起经营与投资"双轮驱动"的家族财产代际保值增值体系。其次,需要平衡家族在世财富(满足家族日常需求)和传世财富(传给家族后代)的结构和比例,并采取合适的措施,以建立起既能满足家族眼前需求又能满足家族长远需求的家族财产管理体系。最后,需要建立匹配的家族资产配置策略体系,平衡家族财富不同目标下的不同需求。对一个传承的家族来说,财富增值要摒弃急功近利的想法,应当有整体的统筹和长远的规划,因为家族财富的保有和传承应当是一个动态增值而非静态守财的过程。只有当家族财富始终处于增值和再创造的过程中,它才可能逃脱"创造—停滞—消逝"的命运,从而实现效益最大化和代际延递。

和谐财富

和谐财富是家族财富管理的第三大目标。传承的家族,其财富管理安排需要能够持续促进对家族长远发展影响深远的家族关系建设,而家族关系建设的核心就是"和谐"。传承家族的和谐关系由三大基础构成:家族层面的和谐、企业层面的和谐、社会层面的和谐。为了防止创富时的英雄神话到传承的时候演变成一场悲剧来收场,传承的家族在其财产分配管理安排上,必须采取恰当的措施，妥善处理好家族的内外部关系。家族的内部关系包括同代成员之间、不同代成员之间的关系，是影响家族财富的"内力"；财富家族所处的外部关系包括家族与社会和家族与企业之间的关系，是影响家族财富的"外力"。通过财富管理安排，促进和谐的家族内部与外部关系，是家族久远传承的一个关键因素。

久远财富

久远财富是家族财富管理的第四大目标。久远财富是以代为计量单位的。对普通投资者而言，可能财富保有的概念短期是2年，中期是5年，长期也不过10年。而对一个渴望长期保有财富的家族则不然，一代为短期，二代为中期，三代为长期。久远财富目标旨在追求家业长青和家族繁荣，实现家族事业的久远相传、家族企业的永续经营，并让家族财富促进后代成员发展，实现自我的最高成就。要实现久远财富，意味着一个家族需要采取合适的法律形式构建起家族共同财富的所有权结构，在此基础上，统筹各种促进安全财富、增值财富与和谐财富目标实现的家族财产管理措施，并形成一个严密的家族财产管理系统。

第三章 Chapter Three
确定家族治理政策

构建与实施家族治理体系的第三大要务是确定家族治理政策。

一个家族的治理规划项目启动之后,一旦完成了家族范围与家族目标的确定工作,便进入第三步工作:确定家族治理政策。家族治理政策的任务是明确一个家族对其金融资本、人力资本、文化资本和社会资本开展治理所要遵循的基本原则与指导方针。传承的家族在确定其治理政策的时候,必须始终牢记两个立足点,这也是衡量一个家族的治理政策好坏的两个基本标准:

一是家族治理政策应该全面涵盖家族金融资本、人力资本、文化资本和社会资本等家族财富的所有方面,并有利于促进所有类型家族资本的增长。我们已经反复提到,为了传承而开展的家族治理,治理的对象必须是包含家族金融资本、人力资本、文化资本与社会资本在内的整体家族财富,而不仅仅是象征家族物质财富的金融资本,仅针对家族金融资本开展家族治理,无法实现家族财富跨代久远传承的目标。

二是各项家族治理政策应该相互衔接,共同服务于家族的整体目标,包括家族的愿景、使命、核心价值观以及各层次财富管理目标(安全、和谐、增值、久远)。因此,家族治理政策不能违背蕴含于家族整体目标中的核心价值观,这是制定家族治理政策时需要牢记的基本原则。当家族在某项具体治理政策上出现重大分歧而难以取舍时,就要回到是否符合家族核心价值观、是否更有利于实现家族整体目标这个基本原则上来考虑问题,它能有效帮助家族最后做出更符合家族整体利益和长远利益的明智选择。

从实际情况看,一套全面涵盖家族所有资本、影响家族整体目标实现的治理政策,主要集中在以下五个方面:

- 家族财产分配政策;
- 家族财产管理政策;
- 家族与企业关系政策;
- 家族人力资本培育政策;
- 家族社会责任政策。

1. 家族财产分配政策

家族财产分配政策是最重要的家族治理政策,它在客观上决定着家族的走向。如何分配家族财产,涉及家族财产的最终去向,关系到家族成员的切身利益,对于拥有企业的家族来说,还关系到企业的未来走向。分配政策不确定,家族和家族企业的发展方向就不确定,所有利益相关者(家族成员、家族企业管理者和员工等)的预期就不确定。纵观现实生活中不时上演的家族纷争,多数是因为没有预先制定清晰的家族财产分配政策,从而引发预期混乱。

传承家族与非传承家族的财产分配政策是完全不同的。[1] 以传承为目标的家族财产分配政策,更富有远见,更着眼于未来,更关注家族财产的长期保有及相关利益分配对家族人力资本的支撑和塑造作用。

1.1 明确家族财产的分配理念

传承的家族必须建立起某种形式的家族共同财富,将其作为一个统一的整体长久保留在家族之中,并成功加以管理。如果家族不事先构建为家族整体利益而存在的任何形式的共同财富,而是将家族财富全部分配给家族后代个人拥有并由其任意处置,那么,传承事实上将不复存在。

家族财富是"统"还是"分",取决于家族的财富理念。美国家族财富管理专家马克·海恩斯·丹尼尔和汤姆·麦卡洛在其专著《家族理财之道——财富增长与跨代传承的七大要务》一书中指出,同一个家族中,家族成员对于财富拥有和传承的态度并不相同。如图 3-1 所示,通常存在两种截然相反的理念[2]:

---

[1] 关于传承家族与非传承家族的不同,详细讨论参见第一章关于传承与继承比较部分的论述。
[2] 马克·海恩斯·丹尼尔,汤姆·麦卡洛:《家族理财之道——财富增长与跨代传承的七大要务》,童伟华译,机械工业出版社 2016 年,第 73 页。

```
                    ┌─────────────────┐
                    │ 家族关于财富的理念 │
                    └─────────────────┘
                      ↙             ↘
    ┌──────────────────┐      ┌──────────────────┐
    │ 所有者（可任意支配── │      │ 保管者（为后代保管 │
    │  消费、投资、捐赠） │      │    家族的财富）   │
    └──────────────────┘      └──────────────────┘
                      ↘             ↙
                ┌──────────────────────┐
                │ 混合理念（部分供个人   │
                │ 使用，部分置于信托中   │
                │    留给未来）        │
                └──────────────────────┘
```

图 3-1　家族的财富理念

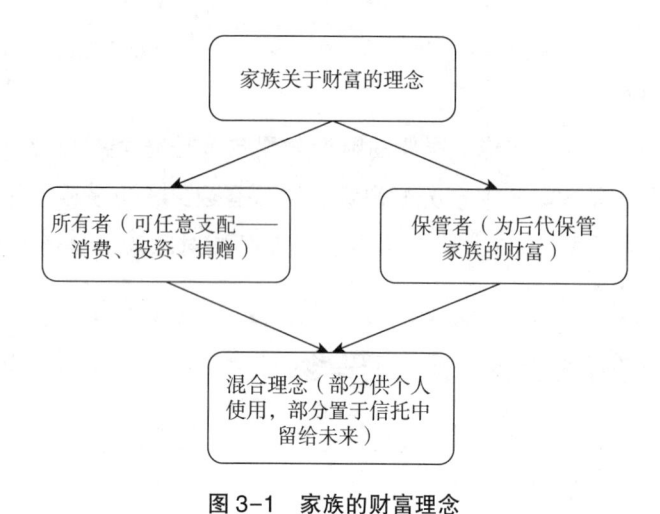

所有者理念

一种是所有者理念。一些家族成员倾向于将家族财富完全分配给个人所有，由个人以所有者身份自行使用和处分。他们认为家族不需要拥有共同的财富或者共同的企业，自己通过继承获得的财富，无须为后代考虑，没有为后代管理好财富的责任，也不在意财富在自己这一代终结，因此可以任意用于消费、投资、捐赠，也可以尽情挥霍。秉持这种理念的家族，其实是采用本书引言部分所提出的"继承方式"而不是"传承方式"进行财富的代际传递，第一代创造的财富在家族后代手里能否继续保有完全靠运气。显然，传承家族不会采取所有者理念，其之所以构建和实施家族治理，恰恰是要摒弃这种财富理念。

保管者理念

另一种是保管者理念。一些家族成员倾向于家族应该有共同的财富或者共同的企业，认为从前辈继承来的财富无论是谁在管理，都属于家族共同财富，管理者不是所有者而是保管者，有责任为家族管理好这些财富。因此，他们对遗产、责任、风险、投资、消费、下一代教育都持与所有者不同的态度。显然，传承的家族在财富理念上势必采取保管者理念，对家族财富持"统"的态度，将创富一代创造的个人财富以某种法律方式（主要是家族信托）转变成家族的共同财富，并通过恰当的治理使后代家族成员为家族共同利益担当起管理的责任。

混合理念

从实际情况看，致力于传承的家族通常会采取"统分结合"的财富理念，充分平衡家族成员的个人需求和家族的整体利益。一方面，考虑到家族成员个体的生活保障和事业发展需要，对部分或少部分家族财产采取所有者理念，直接分配给个人所有；另一方面，对部分或者大部分家族财产采取保管者理念，作为家族共同财富长期保有和管理。具体到哪些财产应该成为家族共同财富，哪些财产应该直接分配给家族成员个人所有，则根据家族的具体情况而定。

以李嘉诚家族为例。2018年伊始，耄耋之年的李嘉诚正式退休，其"继任和分家"相结合的传承方案也尘埃落定。他将经营性资产和主业作为家族共同财富（以家族信托持有）交由办事稳重的长子李泽钜管理,对富于创新精神的次子李泽楷,则将其退出家族产业管理,仅作为家族信托的一名受益人,同时对他的生意给予资金支持。至于支持资金的数量,李嘉诚对外表示"会比你们晓得的要多得多,是李泽楷所拥有的资产的数倍"。

1.2 确定分配用途及相关政策

家族财产分配理念明确之后,接下来需要确定向家族成员分配财产的政策指南。需要注意的是,面向家族成员的财产分配,从来源上有"财产利益分配"和"财产直接分配"两种:前者是家族成员从家族中的共同财富部分所取得的利益分配,如前例中李泽楷从家族信托中享有的信托利益;后者是家族成员从家族中的非共同财富部分所取得的财产分配,如前例中李嘉诚给予李泽楷的支持资金。两者虽然来源不同,但都应遵循统一的家族分配政策。

家族向家族成员分配财产,既是一门艺术,也是一门科学,既要体现家族情感,更要展现家族理性。分配得好,人财两旺;分配得不好,人财俱损。致力于传承的家族,需要事先制定明确的家族成员财产分配政策,该政策应该遵循以财产分配促进家族人力资本发展的总体方针。

从促进家族人力资本发展的角度,我们建议采用"里程碑分配法"。即根据家族成员人生不同阶段生活需要与事业发展的"里程碑",区分不同的分配用途并确定每一种用途下的分配政策。虽然每个家族都可以自己定义与家族相适应的分配"里程碑"，但我们在这里还是试图建立一种具有普遍指导意义的"分配里程碑模型"，即面向家族成员的财产分配用途区分为三类：保全家人生活的保障型分配、激励家人成长的成长型分配、促进财富创造的拥有型分配，并对每一种用途的分配政策提出了参考建议。

保全家人生活的保障型分配

保障型分配是为了满足家族成员在吃、穿、住、行、医、养、娱等基本生活方面的需求而进行的分配。保障家族成员的基本生活甚至资助家族成员过上舒适生活，使家族成员免于"物质匮乏"，是保全家族人力资本的前提。因此，用家族财富保障家族成员的基本生活，是财富家族的一项基本财产分配政策。

问题是如何确定保障标准？什么样的保障水平才是适合的？对此，每个家族都有自己的答案，这也与每个家族奉行的消费文化息息相关。有的家族推崇尊贵，因而标准很高；有的家族奉行体面，故而中等标准即可；而有的家族则保持低调，采用与普通家庭需求一致的基本标准。

成功多代传承的家族为满足其成员生活需求而进行财富分配时，通常会在家族核心价值观的指引下，制定一些最低要求和条件，家族成员尤其是年轻的家族成员只有在满足这些要求和条件时，才能够获得分配。以下几条是传承家族在保障型分配方面通常奉行的政策指南，值得参考和借鉴：

- **自己创造财富**。保障型分配的目的在于保障家族成员免受"物质匮乏"而影响其基本生活，但要获得更好的生活，特别是对于年轻的家族成员而言，必须通过自己的努力，自己创造财富去实现。钱给得太多，容易助长懒惰和依赖心理，损害自我满足感和自尊意识，妨碍家族成员的正常成长。

- **年长者较高**。对于年长的家族成员，因为其逐渐迈入迟暮之年，个人收入逐渐减少，支出反而逐渐增多，所以可以设置较高保障标准，不仅能够在经济上保障老年人老有所依，更能够在精神上慰藉老年人，让其老有所终。同时，由于年长者已不处于人生的成长、奋斗阶段，即便向其进行更多的分配，也不必担忧富足生活导致的不思进取等问题。
- **年轻者较少**。家族中的年轻后代仍处于成长阶段，如果保障型分配过多，容易打消其进取心、滋长其惰性，反而有碍于其自身成长。因此对年轻的家族成员应该采取较低的分配标准，只需保障他们能维持基本生活水平即可，以鼓励其自己创造财富。在许多情况下，"少即是多"，钱给少了，反而是对人的成就。

激励家人成长的成长型分配

成长型分配是为了激励家族成员尤其是年轻家族成员不断追求个人成长而进行的分配。保障型分配旨在保障家族成员衣食无忧，但传承家族的追求却不应止步于此。罗曼·罗兰（Romain Rolland）曾说："世界上只有一种英雄主义，那就是了解生命而且热爱生命的人。"无论从家族成员个人人生的充实与否，还是从整个家族的长远发展的角度出发,家族财产分配政策的重心都应该指向激励家族成员的成长。

具体做法就是以每个家族成员,尤其是年轻家族成员人生成长的关键时间点作为"里程碑",比如入学、就业、结婚、生育、创业时,给予他们必要的财务资助。这些关键时间点的设定,体现了家族特定价值观下的行为引导,即只有积极负起成长责任的家族成员,才能够获得相应的分配,以此引导家族成员正常成长,培育合格的家族人力资本。

当然,每个家族对成长的理解和价值引导不同,对不同年龄阶段的家族成员所需的行为引导的认识也不同,因此,作为成长型分配政策指南的"里程碑"也各有不同,但通常可以从以下几个方面进行设定:

- **鼓励教育**。人力资本是家族财富传承的承载者,只有人力资本的质量不断得到提升,家族财富的传承才有真正保障。而提高人力资本质量的一个主要途径就是教育。现代社会发展日新月异,新的知识与技能层出不穷,"智慧"将日益主导未来的社会发展。家族财富分配政策应当鼓励家族后代的教育提升,对家族成员的学校教育和持续的再教育提供足够的资金保障,对愿意学习并能够学习的人提供必要的资金支持。
- **鼓励就业**。鼓励家族成员从事正当职业是培育家族人力资本一个不可或缺的方法。工作,不仅有助于家族成员常保进取心、培养积极的生活态度,还能潜移默化地培养人的专业技能、心智性情。工作对于个人而言,并非仅是一种谋生的手段，通过工作实现自食其力不仅能丰富人的精神世界，还是一个人的理想、自我价值和社会价值的体现。而在现实中，富裕家族的后代往往工作动力不足，因此，有必要通过恰当的家族财产分配政策，引导、激励家族成员正常就业并积极谋取职业发展成就。

- **鼓励成家**。家庭是家族人力资本的孵化器。只有组建家庭，才能以婚姻和血缘为纽带建立起各种亲属关系，并在此基础上不断壮大家族人力资本，不仅对整个家族的繁衍、传承有举足轻重的意义，而且对整个社会的延续和发展的作用也不容小觑。另外，家庭也是个人安身立命、承担责任的第一场所，组建家庭对一个人的身心健康、责任担当、个人成长也有着非常重要的作用。而当今社会，"不婚族""单身族"不在少数，因此，十分有必要将成家作为成长性分配政策中的一个"里程碑"事件。

- **鼓励生育**。生育子女对于家族成员个人和整个家族的意义是显而易见的。对家族成员个人而言，生儿育女是其个人成长的主要阶段；对于家族而言，后代是家族核心人力资本的唯一来源。在当今社会中，"传宗接代""养儿防老"等传统的生育观逐渐被年轻人摒弃，而"晚婚晚育""丁克家庭"的现象则屡见不鲜。因此，在人力资本单薄的家族中，尤其需要通过家族财产分配政策，提供包括生育奖励金、子女抚育金等鼓励生育的财务资助方式，以引导年轻后代的生育观、减轻年轻后代养育子女的经济负担，并最终充实家族人力资本。

- **鼓励创业**。创业甚至创梦不仅是社会经济发展的发动机，也是家族事业持续发展的永动机。因此，在制定家族财富分配政策时，应当留有足够的财产，资助和鼓励有创业意愿并有创业能力的家族成员去开拓、发展自己的事业。对于家族成员个人而言，创业能够极大地丰富其社会经验、企业管理经验和能力，即便创业失败也是对其个人能力、心智的最佳锻炼和宝贵的人生经验，也能够为其接管家族财富、家族企业打下基础。对于整个家族而言，随着经济的发展和时代的变迁，任何一家企业都会面临业务转型，而子孙后代及早开辟新的创业领域，很多情况下，不仅能够助力家族企业的转型和发展，在极端情况下甚至能够帮助企业走出存亡困境。

促进财富创造的拥有型分配

拥有型分配不同于保障型分配和成长型分配，其目的不是保障家族成员的正常生活，也不是鼓励家族成员的自我成长，而仅仅是简单地将一大笔财富一次性给予具体的家族成员。

在恰当的时间和条件下，使核心家族成员拥有一笔大额财富，由其自由地用于自我发展，开创自己的事业，创造属于自己的财富，也是许多财富家族尤其是巨富家族保持家业长青的一个通常做法。只是大额的拥有型分配可能影响受益人本人心智的健康成长，甚至诱导受益人产生惰性的负面心理，容易引发财富的负能量，因此尤其需要制定明确的分配政策，规定分配的条件和方式。

拥有型分配政策的立足点要能够促进家族财富的创造，关键考虑因素是获得大额分配的家族成员应该具有保有这些财富和利用这些财富继续创造财富的能力。否则，大额的拥有型分配可能不仅对于这些财富是个灾难，甚至对于拥有这些财富的家族成员也是一个灾难。

以下是制定拥有型分配政策时，通常需要考虑的一些准则：

- **财务能力**。家族应当要求并帮助受益人完成继承家族财富所需要的财务训练，获得必要的企业经营管理、金融财务、投资理财等方面的大量知识与技能。家族成员没有经过必要的财务训练，就获得大量财富分配，是许多家族事业衰败的内在原因。将家族财富的获得与财务能力相关联，是健全的财富分配政策所必需的。
- **权责匹配**。获得财富分配的人应达到一定的要求、具备一定的条件、承担一定的责任，否则将不会获得分配。这会激励家族财富的继承人成为更合格的财富管理者。不同的家族因不同的家族理念和价值观，对此的要求与条件并不相同。有的家族要求继承人必须在家族企业内部或者外部有一定时期的持续就业经历，不得无所事事，游手好闲；有的家族要求家族成员必须恪守一套家族行为准则，比如不得有赌博、吸毒、犯罪、损害家族利益等与"家族身份不相称"的行为；有的家族甚至要求继承人必须积极参与慈善、公益活动，承担家族的社会责任。凡此等等，不一而足。

- **晚比早好**。在人生的较晚阶段才给予大笔财富，是家族财富分配的明智之举。孔子云："三十而立，四十而不惑。"现代社会的人寿命更长，但成熟得也晚，尤其是富家子弟。在四十岁左右的"不惑之年"才给予大笔财富，不仅可让受益人有时间打造自己的生活，而且能让受益人锤炼自己的能力。太早给钱可能阻碍或损害受益人的个人发展及人生体验。

2. 家族财产管理政策

一个家族确定了家族财产分配政策之后，紧接着就需要制定家族财产管理政策。这是一个硬币的两面。

如前所述，家族财产分配政策界定了家族财产的不同用途，每一用途板块的家族财产对应着相应的家族目标，这是硬币的一面。而不同用途板块的家族财产要实现对应的目标，都必须以家族能够提供相应规模的财产并且能够长期保有这些财产为前提，财产没了，对应的用途也就落空了，这是硬币的另一面。

解决硬币另一面的问题，就需要提升到家族治理层面上来确定家族财产管理政策，其核心是要明确家族财产在投资、经营、财务方面的各项管理准则，以确保能够源源不断地创造出财富并持续地保有这些财富，从而支撑不同层面家族目标的实现。

从治理层面看，需要重点加以明确的家族财产管理政策主要涉及四个方面：

- 家族财富创造引擎政策，涉及家族资产结构布局问题；
- 家族财富风险控制政策，涉及家族财富核心风险管理问题；
- 家族投资管理政策，涉及家族理财板块资产的管理问题；
- 家族与企业关系政策，涉及家族经营板块资产的管理问题。

由于家族与企业关系政策问题具有特别重要性，我们将在下一节予以专门讨论，本节仅就前三个领域展开讨论。

2.1 家族财富创造引擎政策

所谓"财富创造引擎"，指的是通过什么样的家族资产结构来持续创造财富。

从一个家族创造财富的资产结构来说，主要有两个引擎：经营性资产和理财性资产。经营性资产就是家族企业，是通过家族企业的生产经营活动而积累形成的资产，它通常是一个家族创造财富的主要引擎。与之相对应，理财性资产即非经营性资产，是家族及家族成员个人通过投资理财而非家族企业经营所积累形成的资产，它是创造家族财富的另一个重要引擎。

传承家族在制定自己的家族财产管理政策时，首先需要对未来的家族财富创造引擎做出明确的政策指引。是奉行以企业经营为主的"单引擎"政策，还是采取企业经营与投资理财并行或者可以互相转换的"双引擎"政策？不同的政策取向，会对家族资产结构与管理结构产生重大影响。

家族企业的重要地位

从世界范围的成功家族情况来看，我们很容易发现，多数家族的财富不是通过打工、专业技能或者投资创造的，也不是中彩票拥有的，而是通过成功经营以家族企业为核心的经营性资产创造的。大家熟知的家族，如摩根家族、罗斯柴尔德家族、沃森家族、沃尔顿家族、默多克家族、李健熙家族等，背后都有广为人知的家族企业。我国的财富家族绝大多数也是通过成功经营企业而发家致富的。

理想的财富不是金钱，而是企业。经营企业是一个家族最常见也是最佳的创造和保有财富的方法。单纯的金钱如果管理不当，非常容易消逝，一笔不谨慎的投资，就有可能消灭你所有的财富。而家族企业则不同，它不仅仅是简单地创造财富，而且对于家族传承具有多方面的价值，主要表现为：

- 企业财产的持久性比单纯的现金要好，现金更加容易消逝。
- 企业收益通常是持续增长的，增加的收益可以用来维持家族开支，同时用来积累家族财富。
- 企业是动态的、有活力的，不是停滞不前的，因此企业需要获得持续的关注，动态地保持与家族、员工、社会等方方面面的关系。
- 企业更加能够使家族成员为了一个共同的目标一起奋斗。
- 企业有助于家族成员了解金钱的价值和赚钱的艰辛。

- 随着时光的流逝，企业能逐渐让家族成员学会在利用技巧和自己掌握的知识之间找到平衡。

从中不难看出，企业不仅能够创造家族的金融资本，而且可以培育传承所需要的家族人力资本、文化资本和社会资本。因此，传承的家族财产管理政策，应当明确将经营企业作为家族长久创造财富的基础引擎，鼓励家族后代成员积极参与家族企业的经营管理，并激励他们主动进行创业，不断开创家族事业新天地。

不过，也要看到，企业经营具有极高的风险。法律、政策、技术、市场、管理等任何一个要素发生了变化，都有可能使企业陷入万劫不复的深渊。许多名震一时的企业，还没有等到开始传承，就轰然倒塌。这样惨烈的例子比比皆是。因此，在我们的建议框架内，传承视角下的家族财产管理政策，不仅应该重视家族企业创造财富的"第一引擎"作用，也应该包含建立家族理财资产板块、启动财富创造"第二引擎"的内容。

家族理财性资产的重要性

从现实情况看，我国财富家族普遍存在经营性资产与理财性资产的结构失衡，主观上重经营性资产、轻理财性资产，数量上经营性资产多、理财性资产少，绝大部分企业家都是一元资产结构，所有资源几乎都压在企业身上，由此埋下了巨大的风险隐患。经营一旦失败，家族资产也就随之彻底覆灭，家族事业甚至家族成员的生活随即陷入困顿。

家族理财性资产并不能被简单认为是家族经营资产之外剩余的部分，而是应当将其视为相对独立的资产板块与经营性资产分别对待。它不仅可以成为家族财富创造的另一个引擎，而且对家族具有多方面的服务支持功能。家族理财资产的重要功能主要体现为以下三个方面：

- **家族分配政策目标的财务支撑**。前面我们已经探讨过，传承家族在财产分配方面的基本政策目标就是要促进家族人力资本成长，具体方式是为家族成员提供可以保全生活的保障型分配、可以激励成长的成长型分配以及可以促进财富创造的拥有型分配。所有这些分配都需要基本的财务支撑，企业资产则远水解不了近渴，通常不能为这些分配直接提供资助，只有通过建立家族理财性资产板块，才能有效解决这些分配的资金来源问题。
- **及时把握稀缺投资机会**。按照经济周期理论，与历时3—5年的长周期相比，短周期长度约为40个月。[①] 每一次的经济周期性波动都会孕育相应的投资机会，在信贷政策等宏观环境的共同作用下，深刻影响着房地产、制造业、资本市场的周期性波动。合理而适当的家族理财资金储备一方面可以作为对冲机制，抵御主营产业的周期性风险，另一方面可以及时把握周期性投资机会，进行前瞻性的投资布局，为家族财富创造提供新的引擎。

---

① 短经济周期理论由美国经济学家约瑟夫·基钦（Joseph Kitchin）提出，又被称为基钦周期。基钦认为历时较短的周期性经济波动与存货周期有关，平均长度为40个月。

- **家族企业发展的金融支持。**虽然家族理财资金不直接服务于家族企业,但是可以作为经营性资产的重要补充,起到未雨绸缪的规划作用,构成家族企业经营性资产的"护城河"。一旦家族企业面临流动性紧缺而外部资金一时难以筹措时,家族理财资金板块可以及时为家族企业提供资金支持,解决企业发展中的财政危机,助力企业平稳发展。

在这方面,比尔·盖茨是一个成功典范(见案例3-1)。作为微软公司的创始人,盖茨1995年第一次成为全球首富,并在此后的岁月里十多次成为年度世界首富,创造了奇迹。这主要归功于他对家族理财性资产板块富有远见的建设政策。如果盖茨仅仅拥有微软公司大股东的身份,是不可能如此长久地保持世界首富地位的。

案例3-1 比尔·盖茨的瀑布投资

1986年微软上市时,盖茨持有3.1亿美元的微软股票,占其总财富的99%。到了2016年,盖茨的个人财富高达900亿美元,30年间身价翻了近290倍,而其持有的微软股票当时只占其总资产的八分之一。显然,企业已经不是他的主要创富引擎,但他的家族财富仍然强劲增长。

那么,盖茨又是如何做到这一点的?答案就是在企业之外,他构建了家族理财板块并实现了成功的投资管理。

微软上市之初,盖茨就开始按照每年2000—8000股的速度减持股票。2000年,在微软市值处于历史高位时,他又开

> 始宣布大规模减持股票,用于社会公益,并成立了比尔与梅琳达·盖茨基金会。
>
> 对于减持的现金财富,盖茨在微软上市之初,就成立了自己的家族办公室——瀑布投资(Cascade Investment)进行专门的投资管理。其中,70%的个人财富主要投资于美国短期国债和公司债,少部分投资于新兴市场债券市场;剩余30%的个人财富,约50%用作PE投资,约33%投资于与微软和科技股无相关性的股票(能源、食品等),约17%投资于实物资产(石油、房地产等)。
>
> 如今,盖茨的理财资产涵盖了四季酒店的控股权,Facebook、特斯拉、阿里巴巴等公司的股权投资,加拿大国家铁路、沃尔玛、联邦快递等公司的大量股票,美国加利福尼亚州、伊利诺伊州等地超过10万英亩的农田等。正是这些投资,使盖茨家族资产实现了跨越周期的多元化布局,并成功长期保持了世界巨富甚至首富的地位。

目前,国内绝大多数家族都是企业家族,在财富创造方面是否需要以及如何构建"双引擎"驱动的经营性资产与理财性资产的二元资产结构,是每个家族在制定面向传承的家族财产管理政策时都需要重点回答的问题。

家族理财资金的来源

通常,家族企业刚起步发展的时候,现金流并不充沛,这时很难构建家族理财性资产。但是当企业经营到一定规模的时候,每一个家族都应该认真考虑建立并不断充实家族的理财资金池。家族理财资金主要来源于薪酬、分红与资产变现三个方面。

- **合理薪酬**。家族成员尤其是第一代家族成员在家族企业中通常有两种身份：第一个身份是企业的股东即所有者，第二个身份是企业的经营者（董事长、总经理或高级管理人员）。这两种身份都有各自的收益。所有者获取的收益是资本收益，经营者获取的收益是劳动收益。很多企业家认为自己是企业的老板，企业的钱等于自己的钱，要不要工资、奖金无所谓，给自己薪酬还要缴纳个人所得税，也不合算。这是一种非常短视的思维。其实，为家族成员提供合理的薪酬并不在于单纯体现家族成员的劳动报酬，而是要让家族成员感受到与企业同呼吸、共命运的同步感，同时为家族理财资金池贡献"第一桶金"。

- **及时分红**。许多企业家认为企业既然为自己所拥有，当企业实现利润时，基本上没有分红的概念。企业一旦有了自由现金流，急于不断地扩张甚至盲目扩张，往往导致企业的盈利为其盲目扩张买单。这不仅加大了企业的经营风险，也为家族成员的生活安全带来隐患，更不利于家族理财资金池的构建。因此，家族企业需要根据自己的家族目标，制定稳定的分红政策，并在具备条件时及时分红。参与家族企业分红重在为经营性资产与非经营性资产建立结构性关联和转换路径，也就是将经营性资产的一部分收益转化为非经营性资产进行储备。

- **适时变现**。适时变现家族非经营性的股权资产和实物资产，是家族理财资金池的重要来源。当前，许多家族均拥有大量的非经营性的参股股权，由于家族成员一般不参与参股企业的经营管理，参股企业的股权价值难以控制，变数极大，应该认真梳理并适时变现。另一类家族通常拥有的非经营性资产是实物资产，主要是各种类型的不动产，不仅挤占了家族的现金流，而且在房地产下行趋势和开征房产税预期下，也应慎重考虑，争取逐步退出，变成家族现金流。处置家族固化资产重在优化家族资产负债表结构，突出家族理财现金流的"输血"和应急功能。

2.2 家族财富风险控制政策

家族财富在创造和传承过程中，面临各种各样的风险。有些风险是小风险，只对家族财产的局部产生影响，如普通的合同纠纷；有些风险则是大风险，会对家族财产的全局产生影响，如非法经营。面向传承的家族财产管理政策，必须关注那些有可能使家族财富蒙受巨大损失甚至使家族财富大厦彻底坍塌的重大风险，并在家族治理层面制定出防范这些重大风险的政策方针。

立足于当今的社会现实以及未来的社会变化，我们从家族财产重大风险控制角度，提出了一个由合法财富、清新财富、净财富、流动财富、透明财富五大理念构成的家族财富安全理念模型（见图3-2）。在我们看来，这五大理念是家族财富大厦的安全基石，没有了这些基石，家族财富大厦很容易被连根拔起。因此，这五大理念可以作为治理层面制定家族财富风险控制政策的指导性方针。当然,每个家族都可以根据自己的理解,建立防控家族财富重大风险的政策指引。

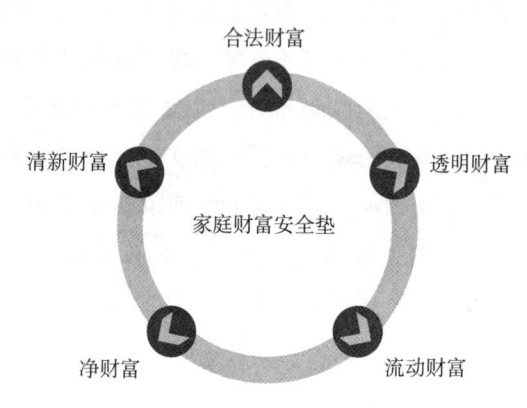

图 3-2　家族财富安全理念模型

合法财富理念

由于法律意识淡薄,中国的财富家族隐藏着巨大的法律风险。

法律风险的结果要么表现为承担民事责任(主要是各种形式的财产责任),要么表现为承担行政责任(主要是各种形式的行政处罚),要么表现为承担刑事责任(主要是各种刑罚措施)。法律风险或大或小,但都会不同程度地损害家族财富。因承担法律责任遭受财产损失,会损害家族的金融资本;因承担法律责任致使家族成员遭受行政处罚和刑事处罚,会损害家族的人力资本,并进一步破坏家族核心价值观、家族声誉和家族社会影响力,从而损害家族的文化资本和社会资本。

法律风险有大有小，小的损失财产，大的既损财又毁人。财富家族尤其应该防范可能使财富大厦彻底坍塌的非法经营风险，严格禁止家族涉足法律禁止的商业领域（如黄赌毒等），并确保不以非法方式经营家族事业（如涉黑方式、非法集资方式、传销方式等）。非法经营不仅使财富本身不受保护，往往也会触犯刑律，使有关家族成员受到刑事处罚，最终只能落得人财两空的下场。

规避家族财富管理中尤其是家族企业经营中的重大法律风险，需要在思想上、认识上跳出社会潜规则的老套思路，认清法治中国的未来发展方向，以家族财富管理需要百年以上的长周期规划视野，不为一时利益所动，不抱侥幸心理，一句话，就是要有坚守住法律的底线思维。因此，家族财富风险防控的第一道防线，就是在家族治理政策中明确确立合法财富理念，建立依法合规创造和管理家族财富的大政方针，这是确保家族事业长远健康发展的基础。

当然，在日益复杂和快速变化的当今社会，现代法律一方面越来越复杂和精细，另一方面越来越频繁地修订和变化，使得法律日益专业化和职业化。任何一个家族仅靠自身力量已经无法深刻、全面地认知和运用法律，这意味着财富家族必须拥有一支精通法律的律师顾问团队，以全面管理家族事业发展中的法律风险。

清新财富理念

政商关系自古就是一个复杂而敏感的话题，法治框架下的政商合作为社会创造了巨大的财富，而游走于法律制度之外的官商勾结，无论对经济的发展还是社会管理制度的完善均极具破坏力。财富一旦依附于权力，政商关系就变得扭曲，也意味着财富背负了"原罪"。这相当于一颗引爆器控制在他人手里的炸弹，随时可能爆炸。

法制日报社、中国公司法务研究院联合法治周末报社、《法人杂志》及《中国青年报》舆情监测室共同发布的《2015年度中国企业家犯罪报告》指出，2014年度的企业家犯罪案例中，一个突出的特点就是政商勾结、群体腐败现象严重。企业家因卷入官员腐败案，纷纷受牵连而接受调查的案例比比皆是。政商勾结这种潜规则意义上的"盈利"模式，在带来巨额利润、取得高回报的同时，也带来前所未有的风险。看似牢不可破的利益共同体，当面临国家日益严厉的反贪腐政策时，显得异常脆弱、不堪一击。高净值人群（尤其是企业家）不能抱着"存在即合理"的侥幸心理，而将身家性命置于险境。因为一旦利用政商关系的寻租模式坍塌，其造成的雪崩式后果将会是整个家族难以承受的。

家族财富的创造与管理离不开良好的政商关系，这是一个客观事实。不仅如此，良好的政商关系本身就是一个传承的家族需要打造的社会资本之一。什么是良好？就是政商关系要建立在符合法律和道德要求的"清新"的基础之上，而不是建立在利益交换的基础之上，只有这样，通过政商互动所加持的财富才是受到法律保护、道德承认的清新财富。问题是，对于一个传承的家族而言，真正的难题不是要求某一代而是要确保世世代代都能够构建并维护清新的政商关系。要解决这个问题，只能通过在家族治理层面，将清新财富理念确立为家族防控财富风险的一个永久性方针政策。

净财富理念

所谓净财富理念，就是一个致力于世代传承的家族，应该真正关注的是减去负债后的家族净资产，而不是将重心放在通过高负债率吹起的家族总资产这种多少带有泡沫成分的财富上。

高杠杆是本土财富家族的普遍现象，这固然与过去几十年整个国家所处的基本发展阶段有关，然而其潜在的风险也是巨大的。杠杆风险是资本性风险，反映杠杆风险的指标，就是资产负债率。过高的债务杠杆增加了企业陷入财务亏空的概率，甚至可能导致企业破产。财务亏空和破产本身除了会给企业带来巨大的直接和间接损失外，在民营企业融资难的大背景下，家族企业融资通常都要附加夫妻个人连带责任担保，此时还会使家族成员生活陷入困境。在现实生活中，因为高杠杆而引发企业破产和家族生活陷入困境的悲剧实在是太多。

在当前经济结构转型的大背景下，如何将杠杆率控制在合适的比例之内，需要财富家族认真对待。中国的经济从长远趋势来讲可以说总体向好，在转型的过程中除了挑战外，还有巨大的发展机遇。但是，在中短期内，转型的阵痛是巨大的，民营企业融资难、融资贵、融资政策不稳定的问题难以及时解决，这意味着民营企业在转型发展阶段，一定要将杠杆率限定在可掌控的范围内，至于控制在多少比例之内才算合适，要视具体情况而定。

对于传承的家族来说，控制负债率的净财富理念对于防控家族财产总体风险尤其具有价值。家族财富要在多代之间传承下去，将面临更大、更多的不确定性风险。在未来漫长的传承岁月里，家族所面临的营商环境和融资环境充满了变数，家族成员管理家族财富的整体能力更加是一个未知数。而要防范来自不同方面的众多不确定性风险，一个可行的方法就是提升到家族治理层面，确立起重视净财富的家族理念，对包括直接债务、间接债务（如担保、股权融资中的对赌等）在内的家族总体负债水平做出明确的政策控制（如不得超过50%）。这样，虽然有可能错失一些机会，却可以有效避免因后代盲目负债而使家族整体财产陷入覆灭的危险境地。

事实上，低杠杆率不仅会有效降低财务风险，还会给财富家族带来更多的长期性投资机会，当经济周期、产业周期和市场周期过后，资产泡沫破裂的同时也意味着真正的投资机会的来临，而这种机会只有低杠杆率、高现金流的家族才能抓住。这方面的典范是李嘉诚。他的经验是："旱时，要备船以待涝；涝时，要备车以待旱。一家公司即使有盈利，也可以破产，一家公司的现金流是正数的话，便不容易倒闭。在开拓业务方面，保持现金储备多于负债，要求收入与支出平衡，甚至要有盈利，我想求的是在稳健与进取中取得平衡。"李嘉诚对旗下企业的负债率有非常严苛的控制，以保证现金流的充裕，比如，李嘉诚旗下的长江实业2013年资产负债率仅为4%，2014年中期则压缩至1.3%。正因为如此，李嘉诚不仅得以安全渡过1997年、2008年的金融危机，还从中斩获抄底机会，成功投入那些资产价格被压制的项目或者开启另一个全新的投资领域。这些都值得财富家族认真学习。

流动财富理念

与净财富理念相关的另一个控制家族财富风险政策的理念，就是流动财富理念。净财富理念强调的是控制家族的总体负债率，"流动财富"理念强调的则是在总体负债率水平得以控制的前提下，还要保持家族资产结构具有充足的流动性。

任何一项财产，真正的生命力在于其具有流动性，而不在于其账面价值有多高。家族财产也是如此。以企业为核心的家族经营性资产保持高流动性，不仅能够有效应对企业时有发生的财务危机，而且可以更好地把握住新的投资机会。以投资为核心的家族理财性资产保持较高的流动性，可以更加全面地发挥家族财富对家族成员的生活保障与成长促进、对家族企业的金融支持功能，并更加有利于及时把握稀缺投资机会，创造出更多的家族财富。因此，在家族治理层面将"流动财富"纳入家族防控财富总体风险的长远政策范畴之内，对于传承的家族具有重大意义。至于流动资产比例的标准，每个家族可以根据自身的理解加以制定。

前面已经说过，在华人世界中，李嘉诚是一个"低负债、高流动性"的典范。而日本管理大师稻盛和夫先生更是创立了"以现金为基础"的经营哲学并付诸自身的管理实践。以现金流经营原则为核心，这是其创办的京瓷集团历经近60年经久不衰的经营之本。稻盛和夫的现金流管理哲学受到了松下幸之助的"水库式经营"理念的启发。松下幸之助认为，经营企业要像修筑水库使河流保持一定的水流量一样，推进事业时要留有余裕。以此为启示，稻盛和夫经营京瓷集团一贯坚持未雨绸缪，自京瓷创业后的第 15 年，其自有资本占总资产的比例已提高到近 70%。[1]

虽然按照资本回报率（ROE）的标准，京瓷集团的现金流经营并不能为股东创造可观的短期利润回报，但是对于企业长期成长，尤其是在应对经济不景气及经营危机时，这种稳健经营策略却是最有效的。根据稻盛和夫 2016 年时的披露，"京瓷集团随时可以使用的现金约有 7000 亿日元，因为有如此充裕的储备，不管遭遇怎样的萧条都不会很快动摇京瓷经营的根基"。[2]

透明财富理念

美国开国元勋富兰克林曾说："在这个世界上，除了死亡和税收，没有什么是确定的。"税收是家族财富管理和传承领域重要的一环，是家族必须承受的成本和支出。目前，我国已经开始房产税试点，全面推开只是时间问题。未来，遗产税与赠与税的开征也是一个大概率事件。这意味着，家族财富在管理和传承过程中，会因为税收问题而面临大规模缩水。税收违法甚至犯罪，随着税收相关法律法规政策的逐渐完善，也会给家族及家族企业带来巨大的损害。当前，我国高净值家族最应当关注的税收风险是遗产税风险和全球税收风险。

为应对和管理税务风险，财富家族普遍重视税务筹划，但税务筹划是把"双刃剑"。筹划得当，可以降低相关税负成本，更

---

[1] 稻盛和夫：《稻盛和夫的实学》，曹岫云译，东方出版社 2011 年，第 30—32 页。
[2] 稻盛和夫. 中国企业如何在萧条中破茧重生[EB/OL]. https://doc.sanwenba.com/p/57b09Nr.html.

大程度地保全家族财富；筹划不当，则会引发税务违法甚至犯罪，给家族财富带来更大的损失。因此，我们强烈建议财富家族将税务筹划纳入家族治理政策的考虑范围之内，以为家族提供管控税务风险的基本理念和基本政策指引。

从财富安全的角度而言，家族在税务风险管理方面应该确立透明财富理念。这不仅仅是因为纳税是任何一个国家公民的应尽职责，是任何一个传承家族起码应尽的社会责任，还因为只有依法完税的财富才是阳光下的透明财富，才是受到法律保护的安全财富。此外，家族财富一旦成为依法完税的透明财富，也可以享受到多种多样的政策便利。比如，可以取得某些稀缺性的资格，如买房、上车牌、上户口、孩子上学名额等；又如，完税凭证可以作为个人收入和财产的证明资料，方便办理出国签证、贷款等事宜。特别是家族财富完税达到一定规模以后，还能获取当地的企业扶持政策，并提升家族的社会声誉和影响力，增加家族的社会资本，从而助力家族和企业的进一步发展。可以说，透明财富是家族通往传承之路的一张"通行证"。

在透明财富理念下，家族进行税务筹划、管理税务风险的基本政策是正确纳税。所谓正确纳税，就是不该交的税不交或者少交，该交的税不漏交、不偷逃。不正确纳税会导致家族两方面的税务风险。一方面，不该交的税交了，会造成家族不应有的财产损失；另一方面，该交的税没有交或者少交，则会使家族面临处罚等多方面的风险。

2.3 家族投资管理政策

对于采取经营性资产与理财性资产"双引擎"驱动创造财富的家族来讲，还需要在家族治理层面确定专门针对理财性资产板块的家族投资管理政策，以指引家族进行恰当的资产配置，实现这块家族财产能够持续地保值增值。

家族资产配置明显不同于资产管理机构对其理财产品的资产配置和普通投资者对其理财资金的资产配置。就资产管理机构对其管理的理财产品的资产配置而言，其核心是取得与该产品投资目标相匹配的风险收益；就普通投资者对其理财资金的资产配置而言，其核心是取得与其风险偏好相匹配的投资回报。这两种资产配置考虑的仅仅是与收益率相关的财务目标。

家族资产配置则不同，其核心在于需要以家族目标统筹整个资产配置方案，以此决定具体资产配置的目标、策略以及相应的风险收益水平，而家族目标不仅仅包括与收益率相关的财务目标，还包括非财务目标（如保障家族成员生活安全、引导家族成员成长、通过慈善培育家族社会资本以及实现家族久远传承等），而且其财务目标通常需要服务于非财务目标。

因此，家族资产配置需要构建以家族目标为本位的家族投资政策作为指导思想。就一个传承的家族而言，在制定家族投资管理政策时，通常需要坚持以下六大资产配置理念：稳健增益、组合配置、长期配置、杠杆规避、人性遏制、动态再平衡。

稳健增益

家族目标的实现以长期保有资产为前提，不能单纯为了回报而使家族资产承担巨大风险，因此，在稳健的基础上追求合理的增值是家族资产配置必须坚守的理念。稳健是在保持资产不贬值的情况下，通过配置固定收益类产品，追求同类资产的市场平均回报；增益是在稳健的基础上通过配置风险收益水平较高的资产类别，提高资产组合的长期平均年化收益率。以稳健增益为总体目标指导家族资产配置，既能抵御通胀，又能实现一定收益，有利于家族长期保有资产。

稳健增益是一个既包含防御性配置又包含进取性配置的区间配置理念。

所谓防御性配置，主要是指家族中用于生活消费、日常开支部分的资产配置，其目标是，一方面要实现抵御通胀的功能，另一方面要覆盖家族日常生活开销，因此这部分资产的配置对象自然会选择低风险和具有流动性优势的资产类别，如现金管理资产和固定收益资产等。

相应地，所谓进取性配置，主要是指家族中非用于日常生活开支部分的资产配置，其目标是着眼于资产的长期增值，因此这部分资产的配置对象可以选择更具有进取性即风险收益水平更高的资产类别，如权益类资产和另类资产等。

组合配置

家族资产要实现长期稳健增益的总体目标，意味着必须防止投资集中度过高的风险，采取组合投资的配置策略，平滑不同类别资产（现金管理类、固定收益类、权益类、另类投资等）的风险—收益水平，以降低单一资产的非系统性风险。

单一资产的集中配置可能带来丰厚回报，但也可能面临全军覆没的风险，而且对投资的专业性要求极高，其风险对希望长期保有财富的家族来说是无法承受之痛，其专业性对普通家族而言也通常难以企及。组合配置也许会错失某些投资机会，但一定会避免最坏情况的发生，而这正是希望长期保有财富的家族最需要的一种均衡状态。

精心构建的投资组合不仅能避免发生最坏情况，还能创造惊人的长期回报。前面提到的微软创始人盖茨的家族理财资产投资组合就是一个明显的例子。而另一个对家族具有借鉴意义的例子是耶鲁捐赠基金（The Yale Endowment）。该基金被称为全球运作最成功的学校捐赠基金之一，其市值在30多年里增长了12倍之多，从1985年的近20亿美元增长到2016年的254.08亿美元。其根本原因是1985年斯文森出任耶鲁首席投资官以来，重构了捐赠基金的投资组合，使其配置具有了跨周期、跨资产类别和跨区域的特征，通过收紧传统股票和债券投资比例、加大另类资产投资比例的策略，降低了投资组合中各种资产的风险关联度，使基金的整体收益率得到大幅提升，并以此成就了著名的"耶鲁配置模式"。[1]

当然，家族资产配置中的投资组合构建远比机构投资要复杂

---

[1] 桂洁英. 耶鲁基金PE投资20年平均36%收益[EB/OL]. http://research.pedaily.cn/201505/20150526383249.shtml.

得多,需要结合家族财富总量、家族财富所承载的财务与非财务目标、家族的投资能力以及家族理财性资产与家族经营性资产的内在关联等多重因素进行综合配置。组合配置的目标不是简单追求最佳的业绩回报,而是要调整为最适合家族目标的组合状态。

长期配置

家族理财性资产板块中的家族共同财富部分,通常需要存续好几代,因此应秉持长期投资理念而非短期投机心态,以代际为周期,进行能跨越和平滑宏观周期、市场周期、行业周期波动的长周期配置,以发掘和把握市场波动周期中价值低估的机遇,实现财富在代际的跨越式增长。

长期配置虽然放弃了从市场环境短期变动中获利的可能,但能够捕促逆周期中价值被低估而顺周期中价值可修复的长期资产,并有效降低交易成本和管理费用,从而提高投资组合的长期回报,非常适合用于传承的家族财富的管理。适合长期配置的投资对象可以是房地产、股权投资(包括股票资产)、收藏品等。

价值投资是长期配置理念的必然要求。价值投资一词由金融分析师本杰明·格雷厄姆创造,在沃伦·巴菲特身上发扬光大。巴菲特曾经说过:"投资的一切秘诀在于,在适当的时机挑选好的股票之后,只要它们的情况良好就一直持有。"

巴菲特的伯克希尔公司从1989年开始入股吉列,他当时拿出6亿美元买下近9900万股吉列股票,并帮助吉列成功地抵挡了投机者的恶意收购。在随后的16年中,巴菲特紧握吉列股票,即使20世纪90年代末期吉列股价大跌引发其他大股东抛售股票时也不为所动。巴菲特长期持有吉列股票最终得到了回报。吉列股份因被宝洁购并，于2005年1月28日从每股5.75美元猛涨至51.60美元，以1989年的6亿美元投资成本计算，这笔投资在16年中已增值45亿美元，年均投资收益率高达14%。

杠杆规避

杠杆是一个物理学的概念。在物理学中，杠杆能起到四两拨千斤的作用。最著名的是古希腊物理学家阿基米德的一句名言："给我一个支点，我可以撬起地球。"杠杆被引入经济领域后，成为一把"双刃剑"。

经济学认为，适度的金融杠杆是资源高效配置的一种方式，有利于节约使用经济资源，发挥经济资源的最大效用，有利于激活市场活力。适度的杠杆融资是企业经营的必要手段，但是杠杆理财则是违背投资逻辑的。2015年我国股市经历的非正常波动很大一部分原因是不成熟的投资者运用杠杆投机炒作，也在一定程度上影响了资本市场的稳定秩序。杠杆在投资市场中是贪婪的放大器。在人类历史上的泡沫破裂中，我们都能看到杠杆的身影。

理财杠杆的动因在于贪性与赌性，这本身就是投资者应当努力克制的，尤其是家族资产配置更是应当谨慎规避。如前所述，家族资产配置应秉持长期配置理念，追求稳健增益。杠杆的代价是受制于成本与时间的双重制约，放大的收益是可能的，放大的风险是必然的，既无法实现资产的稳健增长目标，更保证不了资产的长期持有。因而，规避杠杆是家族资产配置的底线思维，也是克制人性贪婪投机的防线。

人性遏制

与杠杆规避相同，人性遏制是回归常识的人性管理策略。贪婪与恐惧是人类的天性，在投资市场中更是成倍放大。一方面，迫切的逐利欲望会导致投资者做出冒险的投资决定。在贪婪的驱使下，人们会忽视制订好的计划，摒弃自己的投资原则，变得目光短浅、轻率鲁莽。另一方面，与贪婪相对的感情因素是恐惧。过度的恐惧会让投资者对资产配置做出重大调整，在错误的时间点低价抛弃高质量的资产。恐惧也会导致投资者保持过长时间的观望。研究表明，多达50%的资产长期回报都是在短短的20—30个交易日内产生的。如果投资者在等待绝对的最佳投资时机而部分或者全部错过了这段相对短暂的时期，就可能错失了这项资产一半以上的潜在回报。

投资大师沃伦·巴菲特曾说过"在别人贪婪时恐惧，在别人恐惧时贪婪"的投资名言。显然，资产管理同时也是人性管理。面对资本市场的非理性因素以及金融市场的群体决策行为，逆向思考才能避免"羊群效应"，这也考验着家族资产配置操盘者的实践智慧，可以说每一次的投资决策都可能是一次内心的自我挑战。大部分投资者都无法战胜自身人性上的弱点。因此，借助科学的制度设计和专业的投资管理体系是克服投资过程中人性贪婪与恐惧的有效手段。这意味着要实现家族资产配置的长期成功，需要家族构建适合自身的专业投资管理体系，以制度设计避免个体投资决策所面临的人性陷阱。

动态再平衡

考虑家族资产配置的代际周期以及不同种类资产的价格变化，对投资组合进行动态再平衡便是题中应有之义。美国学者戴维·达斯特在《资产配置的艺术——所有市场的原则和投资策略》一书中指出："资产配置再平衡也被称作投资组合再平衡，指的是卖出一部分资产，用所得的收益购买其他资产的过程，通常会按照特定的资本配置方针和目标资产配置比重对整体的投资组合搭配进行调整。"①

家族资产配置的动态再平衡是一个更为复杂的过程，不仅需要考虑投资组合内部的再平衡，而且需要兼顾家族理财性资产与家族经营性资产的比例和种类再平衡，以及由家族及其成员的或有变化而导致的再平衡。在此基础上，统筹规划好再平衡的内容、频率和评价方法，以避免资产配置一经设定就随机游走的被动管理。

资产配置再平衡的内容主要涉及资产种类和比例，应结合各类资产拟定实现的功能，如用于生活消费、储备应急，或是发现了稀缺投资机会，条件一旦成熟，就需要处置相应的资产。资产配置再平衡的频率调整除考虑资产自身价格趋势变化外，还应与宏观经济和微观企业经营变化相适应，即相时而动而非刻板地按照时间维度调整。资产配置再平衡的评价方法要以资产配置调整

---

① 戴维·达斯特：《资产配置的艺术——所有市场的原则和投资策略》，段娟，史文韬译，中国人民大学出版社2014年，第86页。

后的实际效果为基准,比较与预期效果的偏差值,从而体现资产配置再平衡的价值。

3. 家族与企业关系政策

家族企业是企业家族最重要的家族财产,同时也是它们培育家族人力资本最重要的载体。家族与企业关系政策既涉及家族最重要财产部分的管理问题,又涉及决定家族成败最关键因素的人力资本培育问题,因此,如何制定家族的企业政策,使家族、家族成员与家族企业之间能够良性互动,是家族治理政策的核心内容之一。

家族与企业关系政策涉及的内容非常广泛,但一般都需要考虑以下几个重要方面:

- 家族与企业关系的优先政策;
- 家族企业所有权政策;
- 家族成员参与企业政策;
- 家族企业分红政策。

3.1 家族优先还是企业优先?

虽然在组织形态上家族企业与普通的公司企业并无多大区别,其治理结构也要遵守法律对公司治理的基本要求,但是它嵌入了"家族"的元素，使得家族企业与非家族企业有了明显不同的特征，即家族在企业中发挥着举足轻重的作用，是一个不容忽视的存在。这个特征，既赋予家族企业独特的优势，同时也使家族企业必然会受到家族的制约。家族关于家族与企业关系的政策选择，在很大程度上直接影响到家族企业的运行与发展。

在制定家族与企业关系政策时，家族在一开始就会遇到一个绕不开的同时也是根本性的问题，正如《家族企业治理——矛盾中的繁荣》一书中总结的："在家族企业的世界里，存在一个共同的问题：家族第一还是企业第一？"[1] 家族与企业在性质上十分不同，二者的互动成功不是易事，即使是成功的家族，也必须应对二者之间事实上存在的内在紧张关系。因此，在制定家族企业政策时，首先必须回答这个问题，对这个问题的回答，将指导与管理家族的长期期望，并会落实到具体的政策之中。[2]

家族优先理念及其局限性

家族优先论者重视家族的情感与团结、家族成员的利益与需要，因此，在制定家族与企业关系政策时，优先考虑家族与家族成员的需要；在家族目标与企业目标出现冲突的情况下，优先考虑家族与家族成员的需要。

例如，在所有权层面，家族优先政策会强调家族对企业的控股与控制，哪怕开放所有权对企业发展更有利（如上市）时也如

---

[1] 艾米·舒曼等：《家族企业治理——矛盾中的繁荣》，杨晶译，东方出版社2013年，第6页。
[2] Kent Rhodes and David Lansky, *Managing Conflict in the Family Business: Understanding Challenges at the Intersection of Family and Business*. Palgrave Macmillan, 2013: 69.

此；在企业要不要分红的问题上，持家族优先理念的家族会坚持分红，优先满足家族的需要，哪怕企业发展面临资金需求时也是如此；在企业就业政策上，选择家族优先的家族会要求企业优先为家族成员提供就业机会，甚至规定家族成员都有权要求在家族企业内就业；在企业管理决策方面，家族优先政策倾向于主要由家族成员担任企业的管理层，哪怕外部专业经理人更加优秀也是这样；在家族对企业的支持上，当企业陷入困境或者面临新的机会而需要家族支持时，家族优先政策通常持否认态度或谨慎态度。

家族优先的选择在家族企业正常运行并为家族提供财富支持的前提下，确实有利于照顾、满足家族成员的需要，从而有助于家族的团结，有利于家族成员的幸福。但是，它的不利后果是，家族至上的体系从长期来讲，将不利于家族企业的发展。一方面，在家族企业需要财务支持的时候，有可能得不到家族强有力的支持，从而有可能失去发展的机会；另一方面，家族过多依赖家族企业，使得家族企业不能按效率、能力优先原则运行，从而影响企业的效率，可能导致企业失去竞争力，甚至经营难以为继，家族最终也可能会因此失去企业。

企业优先理念及其局限性

与家族优先理念不同，企业优先理念则强调家族企业在家族中的重要性，重视家族企业创造家族财富的功能。因此，注重企业自身的发展及家族为企业提供力所能及的支持等，成为家族与企业关系政策的首选。在家族目标与企业目标发生冲突时，优先满足企业的需求，以确保企业的竞争力与长远发展。

例如，在所有权政策方面，企业优先理念不一味强调家族的绝对控股，只要有利于企业的发展，也可以稀释家族股权甚至公开上市；在就业政策上，家族成员不享有优惠待遇，家族企业优先考虑的是就业者的能力、经验、资格，而不是家族成员身份，家族成员只有在符合家族企业雇佣标准的情况下，才能在家族企业中任职，其待遇、升职等方面，与非家族成员同等；在企业分红问题上，如果留存利润对企业发展更为有利，则不会绝对要求分红；在企业管理决策方面，也不会只任用家族成员为管理层，不会排斥任用外部职业经理人。此外，当企业发展需要家族支持时，家族应持积极态度，只要有可能，家族就会尽力支持企业的发展。

企业优先理念无疑有利于企业的运行与发展，有利于促进企业效率与盈利水平的提高。但是，其不利之处在于，企业优先理念下的家族企业将难以成为承担践行家族价值观的载体，家族成员与家族企业情感上的联系可能会日益疏远，家族股东也可能只按市场规则处理股权，从而使家族股权的合作与团结出现问题。这些因素的叠加，使得家族有可能会逐渐失去对家族企业的控制，家族企业也可能会失去独有的特征与优势，无法得到家族的全力支持，从长期来看，家族与企业也无法形成良性互动。

表3-1列示了在家族优先与企业优先两种理念下，对于家族与企业关系不同层面的政策选择可能会产生的影响。

表 3-1　家族优先与企业优先的政策选择比较

比较对象	家族优先	企业优先
企业所有权	封闭（家族控股）	开放（外部股东甚至上市）
企业管理权	封闭（家族管理）	开放（可任用职业经理人）
企业就业政策	优待家族成员	一视同仁
企业分红政策	强调分红	不强调分红
家族对企业的支持	消极、谨慎	积极、尽力

家族与企业的平衡理念

家族与企业既然是一对悖论，就决定了这一问题没有简单的答案。但悖论并非都是坏事，正如《家族企业治理——矛盾中的繁荣》一书中所总结的："矛盾的双方不仅能够共存，而且还能够相互促进。"[1] 其中的关键是如何协调矛盾的对抗性一面，使矛盾双方能够有机融合，相互扬长避短。从这个视角出发，一个基本的结论是，对于一个矛盾的结合体，选择矛盾两极中的一极，从长期来看是不可行的，只有兼顾家族与企业的需求，在两极之中某一个点上实现平衡，同时保持适当的灵活性，在动态中进行调整，实现长时间内的动态平衡，才是解决家族与企业之间内在矛盾的关键。

因此，实践中绝对强调家族优先或绝对强调企业优先的家族只是少数，多数家族都会采取某种程度的折中做法，尽量平衡家族与企业之间的关系。平衡家族与企业关系，重点是平衡作为家

---

[1] 艾米·舒曼等：《家族企业治理——矛盾中的繁荣》，第6页。

族一员与作为企业一员的角色冲突。在家族企业中，家族成员与企业员工两种角色通常由一人扮演，而这两种角色却有很大不同，经常发生冲突，需要家族制定明确的政策加以平衡，这种平衡主要存在于以下几个方面：

- 成员身份资格的平衡。家族成员的身份是无条件的，是基于亲属关系而自然获得的；而成为企业的一员，则是选择性的，选择的标准将决定谁可以成为企业的一员。
- 成员关系基础的平衡。家族成员间关系的基础是感情，在处理家族事务、处理家族成员关系时，情感因素是基本出发点，是家族必须考虑的重点；而家族企业内部的关系则以规则与理性为基础，情感因素是次要的、附带性的。
- 成员关系模式的平衡。在家族内部，成员关系以合作模式为基础，成员间的合作对于家族的维系、和谐、凝聚与发展具有重要意义；而企业内部的关系虽然有合作，但竞争是基本模式，岗位竞争、资源竞争、业绩竞争、待遇竞争等，企业内的竞争无处不在，它是企业提高绩效的重要途径。
- 成员利益分配理念的平衡。在家族内部，利益分配方式虽然多种多样，但是家族成员身份以情感作为基础，在分配中发挥重要作用；而在企业中，则主要是以资源投入与绩效为基础的利益分配。

家族与企业的这些不同，需要在家族企业政策中进行平衡。具体平衡取决于多方面的因素，包括家族的核心价值观、家族所处的阶段、家族的规模、家族财富的规模与结构、家族所处的经济与社会环境、家族企业所处的行业与市场情况等。平衡不是简单的相互妥协，而是准确地认识矛盾的性质与表现、矛盾所处的情境、可能的解决方案及其后果评估等，最大可能地兼顾家族与企业的利益；在家族与企业的利益难以兼顾的情况下，采取最小损害的方式并考虑家族与企业的长期利益来进行平衡。

3.2 家族企业所有权政策

家族企业所有权政策是家族与企业关系政策需要着重考虑的第二个方面的问题。家族企业的股权是家族控制与影响家族企业的前提，也是家族能够获得家族企业利益的前提。在家族企业的代际传承中，家族如何分配、持有、行使家族企业的股权，是家族企业所有权政策需要解决的核心问题。这些问题不加以明确，就会造成家族企业的治理僵局和家族成员的矛盾，从而影响家族目标的实现。

家族企业所有权政策的目标

家族企业所有权是一个非常敏感的问题，不同家族对家族企业所有权规划的理念与政策不尽相同。但不论采取何种政策，家族企业所有权政策通常都需要实现三个方面的目标：

- **家族对企业所有权的控制**。家族企业的控制权政策是家族企业股权政策的延续，核心是确保家族对企业的控制权，这是家族企业的基本目标，也是其他家族与企业关系政策得以实现的前提。随着家族的代际传承，家族企业的股权越来越分散，导致家族成员很难统一协调行动，甚至造成家族部分成员对外转让股权的行为，从而不断削弱家族对企业的控制。因此，家族企业所有权政策的第一个目标就是能够确保家族对企业的控制权。为此，通常需要采取信托的方式集中持股，并通过家族股东或家族受益人订立集体协议的方式，明确在家族企业重大事务决策上家族成员能够采取一致行动。

- **家族共享企业所有权利益**。除了家族企业创业者的股权是通过创业者的努力获得的之外，其后辈都是通过继承或其他分配方式获得的（以购买方式取得的除外），与持股者自身的努力无关。因此，如果家族企业股权分配政策不公平，很容易引起家族内部的矛盾，进而对家族与企业产生负面的影响。因此，家族企业所有权政策的第二个目标就是确保家族企业的利益应由家族共同享有，而不是由少数人通过持有股权享有。
- **促进家族企业平稳发展**。股权是家族对企业施加影响的根本渠道，家族企业能够帮助实现家族的目标、体现家族的核心价值观与意愿，在很大程度上与家族企业股权政策，特别是股东及其权利的行使政策息息相关。对于家族与家族企业来说，家族股东在行使股东权利时能否积极、负责、合作，能否以家族目标为指导兼顾家族、企业与股东的利益，都是对企业发展具有重大与长期影响的问题。家族企业股权政策要考虑如何有利于家族企业发展。

从上述目标出发，家族企业所有权政策要重点考虑以下四个方面的内容：（1）围绕家族财富管理目标创造家族企业所有权结构与持股方式；（2）为家族股权持有人制定一个界定股东权利与责任及股东权利行使基本要求的框架；（3）创设一个解决所有权纠纷与冲突的框架[1]；（4）家族企业变为非家族企业的政策考虑。

家族企业所有权结构

家族企业所有权结构由家族企业股权的分配方式与持有方式决定。不同家族的企业股权分配与持有方式不尽相同，家族与企业在不同发展阶段，家族企业的持股方式也不尽相同。总体来看，股权分配与持有方式受创业股东意愿的影响很大，但在发展过程中，家族也可能会根据家族与企业的实际情况，需要重新确立家族股权所有权结构。一般来说，在企业经过了创业阶段，特别是在创始股东交班后，家族需要相对清晰、稳定的企业股权分配与持有政策，以确保家族对企业的控制，同时实现家族内部的和谐与团结。

家族企业股权分配与持有方式，从实践来看，大体有以下几种方式[2]：

---

[1] Randel S. Carlock, John L. Ward. *When Family Businesses are Best: The Parallel Planning Process for Family Harmony and Business Success.* Palgrave Macmillan, 2010: 219–220.
[2] Randel S. Carlock, John L. Ward. *Family Business: Parallel Planning to Unify the Family and Business.* Palgrave, 2001: 138–139.

- 向所有继承人分配,所有继承人都成为股东;
- 仅在企业工作的家族成员可以继承与持有股权;
- 仅在企业中担任高级职位的家族成员可以继承与持有股权;
- 股权分为有表决权股权和无表决权股权,向不同家族成员分配;
- 仅向特定群体的继承人分配股权;
- 长子继承股权;
- 每一代家族重新分配股权,以实现家族不同分支间的股权平衡。

很显然,每一种分配方式都有优缺点,如向所有继承人分配股权,其结果是,随着家族成员的不断增加,企业股权日益分散,股东的差异性越来越大,家族企业股东间的凝聚力与团结会日益成为难以解决的问题,家族最终有可能失去对股权的控制;而仅向部分家族成员分配股权,则有可能产生公平性、合理性质疑,从而影响家族的凝聚与团结。

为了解决股权在家族成员间分配与持有可能引起的问题,以及出于税收与管理方面的考虑,越来越多的人把目光转向了股权信托这样一种家族股权持有方式。在世界范围内,信托所有权作为应对家族所面临问题与挑战的解决方案,受到了广泛的重视,它可以实现三个方面好处:(1)有利于家族对企业的控制;(2)有利于实现股权所有权、控制权与受益权的分离;(3)有利于企业股权安排的税收规划。①

如果不采取信托持股方式，则在持股资格上，家族企业的股权分配政策一般应该明确只有家族成员才可以取得股权，并且对家族股东的年龄等可以设置一定的门槛。在类型上，家族企业的股权分配可以有分散与集中、直接持股与间接持股等多种模式，需要结合家族的规模及家族企业的发展状况具体选择。一般而言，对于长远发展的家族企业而言，随着家族规模的扩大，可以考虑集中的间接持股模式，由直接经营管理公司的家族成员作为受托人直接持有股权，其他家族成员作为受益人间接持有股权，并获得相应的收益。在家族企业的股权分配政策中，应该避免绝对的平均主义引发的控制权争夺或僵局，不同的家族分支都可以持有股权，但可以考虑经营管理家族企业的家族成员持有控制性的股权比例。

家族企业股权的行使

从法律上讲，每个股东都有权依照法律与公司章程的规定，按自己的意愿行使股东权利。但是，对于家族企业的股东（指家族内部的股东）来说，则不能完全按通常意义上企业股东的身份行事，因为家族企业的股东身兼多重身份，他们既是企业的股东，同时也是家族的成员。因此，家族企业的股东在行使股东权利时，必须同时考虑并兼顾这两种角色，在行使股东权时，应考虑以下几个原则。

---

① Morten Bennedsen, Joseph P. H. Fan. *The Family Business Map*. Palgrave Macmillan, 2014: 125.

- **保管者身份（stewardship）原则**。家族企业股东虽然是股权持有人，享有法定的股东权利，承担法定的股东义务。但是，要明确的是，通过继受获得股权的家族成员，他的股权源于家族，是因家族成员身份获得的，因此，应回馈家族，以家族的价值与目标指导其行使股权的行为。在家族传承的长河中，每一个股东既是企业的股东，也是家族财富的保管者，应为家族财富的传承做出自己的贡献①，而不能完全按自己的意愿处分。
- **负责任的股东原则**。要求家族股东成为负责任的股东，尽责地行使股东权利。尽责包括两个方面：一是按照家族的目标，对家族尽责；二是按企业的要求，对企业尽责。因此，家族股东要努力学习，使自己能够胜任股东的职责要求，同时家族也要不断教育、培养家族成员成为合格的股东。
- **合作原则**。在存在多个股东的情况下，家族要实现对企业的控制权，往往需要通过企业的家族股东共同合作、团结一致的方式来实现。家族企业的股东虽然是独立的个体，但在家族意义上，他们是一个团队，为家族的利益与目标共同持有家族企业的股权。股东合作既是家族团结的重要力量来源，也是团结的重要表现。

---

① Craig E. Aronoff, John L. Ward. *Family Business Ownership: How to Be an Effective Shareholder*. Palgrave Macmillan, 2011: 2.

家族企业股东的退出

要维持家族对企业的控制权,同时维持家族企业的稳定性,就需要保持家族企业股权的相对稳定,将家族企业的股权在必要的限度内尽可能留在家族的内部,为此,家族一般都会限制家族企业股东的股权转让,如未经家族同意,家族企业股东不得将所持股权转让给家族成员之外的其他人。

但是,企业中的家族股东在特定情形下可能会有急迫的流动性需求,需要出售、转让持有的股份以满足其财务需要。另外,随着时间的推移,一些家族股东也可能不再愿意保留家族企业的股权,特别是在家族企业发展面临困境、未来前途不明的时候。在这些情形下,如果仍然严格禁止家族企业股东转让股权,则有可能会引发所有权冲突与纠纷。因此,既作为解决家族整体利益与家族成员个体利益冲突的一种平衡方法,也作为解决家族企业所有权纠纷与冲突的一种救济办法,允许企业中的家族股东在特定情形下退出,也是家族企业所有权政策需要考虑的问题。

在通常情况下,家族企业股权的退出有两种形式:一是向他人转让股权,二是由家族企业赎回。

如果采取股权转让方式退出,除了需要符合公司法上的要求外,需要通过家族治理政策建议明确的问题主要包括:

- **受让人范围**。谁可以受让家族企业的股权?是所有家族成员都可以受让股权,还是只能由现任家族股东受让股权?能不能向家族成员之外的其他人转让股权?受让人有什么样的资格要求,如年龄、性别、是否在企业工作等?

- **受让人确定**。在受让人范围确定之后，在每一次股权转让中，如何确定具体的受让人？是否所有符合要求的受让人都有同等的受让机会？是否需要在不同家族分支之间进行股权比例平衡？这些问题需要在家族企业政策中做出具体的规定。
- **转让价格**。转让价格是由家族统一规定定价方式，还是由转让人与受让人之间协商确定？

如果采取由家族企业赎回股权的方式退出，除了需要符合公司法上的要求外，需要通过家族治理政策建议明确的问题主要包括：

- **赎回的条件**。是不附加任何条件、在任何时候都可以赎回，还是只能在符合特定条件、在规定的时间内赎回？
- **赎回的价格**。是按事先确定的价格赎回，或按一定的公式计算赎回价格，还是每一次按个案确定价格？
- **赎回的股权数量或比例**。赎回是否有股权数量或比例上限的要求，数量与比例是多少？超出部分的流转如何处理？股东在要求赎回时，是可以要求部分赎回，还是必须全部赎回？
- **赎回资金的来源**。企业赎回股权的资金一般由企业按利润的一定比例留存，留存的比例是多少？留存赎回资金的上限是多少？这些资金如何使用？

允许企业中个别或少数家族股东退出，通常是在确保家族对企业的控制权前提下进行的，因此，退出政策的制定需要精心评估对家族控股权的影响，从而明确每一种退出方式中需要解决的具体问题的对策。

家族企业变为非家族企业

如前所述，家族个别或少数股东退出家族企业股权，其政策制定的重心是考虑如何不影响家族对企业的控制权。实际上，还有一种退出方式，即家族全部股东或大部分股东都退出家族企业股权，其结果就是家族放弃对企业的控制权，实质是将家族企业变成非家族企业。

家族企业虽然是家族的主要创富源泉，但这并不意味着家族在任何时候都必须牢牢控制家族企业，必要时，家族也可以放弃家族企业，包括全部退出家族企业，也包括放弃家族企业控制权，只保留非控股的股份。退出的方式有企业的整体出售，或者通过上市稀释家族的股权，并通过市场交易，最终放弃对家族企业的控制权。出售家族企业之后，家族既可以成为以管理企业变现为主的投资家族，也可以再次投资新的企业，成立新的家族企业等。

在家族企业所有权政策中，也需要制定放弃家族企业方面的相关政策，如放弃的具体情形与条件，以便在情形到来或条件具备时家族做出必要的决策。

3.3 家族成员参与企业政策

家族成员是家族企业人力资本的重要来源。家族成员参与家族企业的经营与决策对于家族与企业来说都非常重要。从家族角度讲，家族成员参与家族企业事务，既有利于家族对企业的控制与引导，有利于企业践行家族的核心价值观、实现家族的目标，又有利于家族成员的就业，它在家族与企业之间建立了一种紧密的联系。从企业角度来讲，家族成员与企业具有更直接、紧密的利害关系，对企业有更高的忠诚度，更关注企业的整体利益与长远利益，关心企业的成长与发展，从而能够为企业提供忠诚、可靠、尽职的员工。

但是，家族成员参与家族企业也可能会存在负面的影响。如家族成员的素质和能力与企业需要不匹配问题，家族成员基于家族身份对企业的不当干预问题，家族成员因意见不统一而使企业运行陷入两难境地问题，家族成员员工与非家族成员员工之间不平等待遇问题等。

因此，家族成员参与企业必须根据家族与企业的情况，制定合理的参与政策，充分发挥家族成员参与企业经营的优势，避免可能出现的消极影响。在实践中，家族成员参与家族企业的政策主要涉及两方面的内容：一是作为企业普通员工到企业就业，即家族企业对家族成员的雇佣政策（家族企业雇佣政策）；二是作为企业高管负责企业的领导与决策，即家族企业高管人员政策。

家族企业雇佣政策

家族企业雇佣政策主要涉及的是家族成员是否可以或是否被鼓励到家族企业就业，符合什么样条件的家族成员可以在家族企业中就业，以及家族成员在企业任职的职位待遇与晋升等。家族应尽早制定家族企业雇佣政策，一是便利年轻人尽早开展职业规划，二是避免家族内部关于就业问题的冲突与纠纷。在制定家族企业雇佣政策时，既需要考虑家族成员的利益需要，也需要考虑企业发展的人力资源要求。如何平衡家族优先和企业优先两种价值取向，是一个必须考虑的问题。

基于家族与企业情况的不同，不同家族企业雇佣政策的具体内容各异，在制定家族企业雇佣政策时须考虑的重点问题也各不相同。大体而言，家族在制定家族企业雇佣政策时，须重点考虑以下问题。

- 是否允许家族成员在企业工作？
- 家族成员须满足什么条件才能到企业工作？
- 家族成员在企业中的待遇如何安排？
- 是否允许家族成员到企业兼职？
- 家族成员是否可以从企业辞职？辞职产生什么样的后果？
- 家族成员的配偶是否可以到家族企业工作？
- 年轻家族成员是否可以到企业实习？
- 家族企业是否可以辞退不称职的家族成员？
- 在家族企业任职的家族成员是否要遵守特别的行为规范？
- 家族成员到企业任职的程序如何？由谁做出相关决定？
- 正在运行的家族企业雇佣政策效果如何？是否需要调整？

对于这些问题，都没有现成的答案，需要家族根据家族核心价值观、目标与家族和企业的具体情况做出回答。对这些问题的不同回答，会导致不同的家族企业雇佣政策。

对于是否允许家族成员到家族企业工作，大多数家族一般都会给予肯定的回答，所不同的是，允许哪些成员在家族企业就业，以及需要什么资格与条件才能到企业工作。一些家族实行的是"蓝天政策"，允许所有有意愿的家族成员到企业工作，这是一种家族优先价值观的体现。但是，对于不同企业来说，这种政策的效果是不同的。对于小规模的家族来说，允许所有成员到企业任职是可行的，在整体上也会发挥积极作用，但对于大家族来说，这样的政策有可能会导致企业管理上的混乱和效率的低下。

对于必须拥有什么资格与条件才能到家族企业工作，既与家族的规模和需要相关，也与家族企业的性质与要求相关。一般来说，越是专业化程度高的企业，对员工的专业化要求越高，相应地，对拟在家族企业任职的家族成员也提出了专业化资质的要求，否则，该家族成员可能无法胜任在家族企业的工作。一般来说，专业化与组织化程度越高的企业，人力资源规划与优化越复杂，对人力资本的要求就越高。[1] 当然，专业化程度高、企业组织化程度高的企业可以区分岗位，对家族成员提出不同的条件要求。对于重要的岗位，明确家族成员可以在家族企业中任职，但应该达到与其他非家族雇员一样的标准，家族成员的晋升与非家族成员同样对待；对于非重要岗位，可以为家族成员的任职提供一定的便利，以满足家族成员历练与发展的需要。此外，在无法吸纳所有家族成员到企业工作的情形下，家族成员之间内部的竞争与遴选也应遵循某些要求，否则有可能在家族内部产生不公平

---

[1] Denise Kenyon-Rouvinez, John L. Ward, *Family Business: Key Issues*, Palgrave Macmillan, 2005: 23.

感，从而影响家族内部的团结。

家族员工到企业任职的遴选与决策程序非常重要。程序的透明、公开、稳定，有利于正确实施家族企业的雇佣政策，避免或减少因此问题产生的家族纠纷，也可以减轻企业在此方面的负担。在此方面，成立家族就业委员会是一个比较好的选择，家族就业委员会与家族企业的人力资源部门保持充分的沟通与交流，及时掌握家族企业的用人需要与岗位需求，由家族就业委员会负责家族成员到企业就业的条件、职位、申请程序等，有序解决家族成员到企业任职问题。从总体来看，家族与家族企业的规模越大，要求家族成员进入企业工作的程序就越正式化、越标准化，随意性、灵活性就越小。

此外，在家族企业雇佣政策中，明确家族成员的行为标准也应得到充分重视。家族成员的道德问题很多时候对家族企业的形象损害远远大于其能力的缺失，因此，家族企业雇佣政策中应该明确，家族雇员不应该发表违法违规言论，不应该侵害公司和其他员工利益，家族成员的行为举止应体现家族的核心价值观，遵守家族成员的基本行为规范，在社会上树立良好的家族形象。

家族企业高管人员政策

家族企业高管人员，特别是接班人的品质、能力和家族意识是家族企业能够持续发展的重要前提，有效的家族企业高管人员与接班人（以下简称高管人员）培养及选拔程序能够避免不适合的家族接班人造成企业的衰败。在制定家族企业高管人员政策时，需要特别考虑以下三个问题：

- 高管人员是从家族内部培养与选拔,还是允许选聘职业经理人担任?
- 家族成员担任企业高管的标准与选拔程序是什么?
- 如何在家族内部培养家族企业的高管人员特别是企业接班人?

企业高管对企业的运营与发展所具有的意义无须赘言。由家族成员出任高管,特别是企业领导人,对家族与企业都具有特殊的重要意义,这既是家族对企业实施控制的重要方式,是家族企业的重要标志,也是家族企业贯彻家族核心价值观、实现家族目标的重要保障。但是,这不是一个简单的选择问题,而是要综合考虑企业对高管素质、能力与经验要求和家族的期望、家族成员的基本条件等因素,才能做出正确的选择。因此,是否应由家族成员出任企业高管、担任企业领导人,是一个需要根据具体情况具体分析的问题。

从总体来看,在家族成员符合企业发展要求的情况下,应该优先考虑家族成员作为企业高管和接班人,以强化家族愿景及家族控制权。在家族成员各方面条件达不到企业运营与发展的要求,或者在企业特殊发展阶段需要特别的管理资源时,选聘符合家族愿景及利益的职业经理人担任家族高管和领导人,可能是更优的选择。在选择外部人员担任企业高管与领导人的情况下,家族可以通过企业董事会、监事会等发挥监督职业经理人的作用。这种安排是一种具有高度灵活性的安排,既可以解决企业运营与发展的需求问题,还可以继续培养家族高管人才与具有接班人潜能的人才,在条件具备时,由家族成员出任企业的高管与领导人。

在家族人力资源充足,有很多人才可以胜任企业高管与领导人的情况下,需要设定家族成员担任企业高管与接班人的严格标准,家族企业的高管或接班人应从符合这些标准的家族成员中遴选。这些标准包括道德品行、学历、创业经历、在公司低级职位的历练、对家族企业发展规划的设想等,其中,对家族与企业高度忠诚、对家族的核心价值观与愿景充分理解、具有强烈家族意识与家族使命感的,尤其适合担任家族企业的高管与未来的领导人。对家族企业高管和接班人的选聘程序应该公开透明,经过家族理事会或家族成员大会的充分讨论,征求家族企业重要利益相关者的意见等。家族内部可以确定一个家族高管人才与领导人的遴选与考察机制,包括在必要时设立相应的专门委员会,负责对家族内企业高管人才与接班人的考察与遴选,必要时可以提出培养高管人才与接班人的方案与建议。

家族成员的高管人才不是天生的,须经过必要的培养与历练。家族应考虑制订系统的家族高管人才特别是接班人培养计划,包括专业教育计划、实习计划、工作岗位锻炼计划等。高管人才培养是一个系统性的规划,每一个阶段有各自的重点任务与目标,只有完成上一个任务与目标的家族成员,才有资格进入下一轮培养计划,因此,如何选择具有潜质的家族成员进入培训体系,是首先必须考虑的问题。候选人应具备一些基本条件,如必须具有必要的学习能力、学习兴趣、学习主动性,必须具有较强的家族意识,认同家族与家族核心价值观,愿意从事家族企业相关的工作等。有些家族对家族企业接班人的身份还有特定的要求,如必须是男性家族成员甚至必须是长子等。但总体趋势是,在家族内部选择家族企业高管与接班人，更注重的是个人的素质、能力、道德水平、家族意识等，在这种情况下，家族的每个后辈成员都有机会竞争家族企业的高管职位与接班人资格。

3.4　家族企业的股利分配政策

从企业利润中按股权比例获得相应的红利，是股权持有者应有的权利。但是家族企业是否分红以及如何分红，不是简单的股东权利问题，而是涉及家族一系列关系与需求的平衡，家族须事先制定家族企业股利分配政策，使家族企业的分红有序进行，有效预防家族内部因企业分红问题产生分歧与冲突。

家族企业股利分配中的平衡

家族股东对企业分红的需求与企业发展的资金需求之间有时会存在冲突，此外，在参与家族企业经营管理的家族股东与不参与家族企业经营管理的股东之间，对于是否分配股利也可能会存在不同需求。家族在制定企业股利分配政策时，首先必须考虑这两种关系之间的平衡，才能选择与之相适应的股利分配方案。

与非家族企业相比，家族企业的一个突出优势是拥有耐心资本，家族股东通常能够着眼于家族企业的长远发展，而不是特别重视投资的短期回报，有时甚至为了企业的长期利益而放弃短期利益。在家族企业的创业和发展阶段，家族股东通常不太注重企业的分红，而是将企业的利润留存在企业，作为企业发展的资金。

但是，随着家族与家族企业的发展及家族企业股东的变化，股东对家族企业、股东身份、利润与分红的理解与创业和发展时期不完全一样，同时很多股东对企业分红抱有期望，将其作为维持与改善生活的重要资金来源，因而希望企业有更多的分红。特别是对于不参与企业经营的股东，以及财富来源渠道较少的股东来说，更是如此。但是，如果企业将利润过多分红，又有可能会影响企业经营与发展对资金的需求。

因此，如何平衡股东的需要与家族企业经营和发展的需要，是一个必须认真考虑的问题。对这个问题的回答，也体现了家族优先与企业优先的选择与平衡。总体的原则是，既要考虑家族股东对分红的期望，也要考虑企业经营与发展的需要，根据这二者的实际情况，选择一个合适的分红比例，或确定必要的分红条件。在家族不同类型的股东之间，也要进行必要的平衡与沟通。

通常来讲，不参与企业管理与经营的股东更倾向于多分红，而参与企业经营的股东则相对支持更多的利润留存公司，支持公司的经营与发展。这两种立场都是可以理解的，关键是要加强这两类股东之间的沟通与交流，在此基础上确立家族企业的分红政策，兼顾不同类型股东的期望与需求。

灵活的家族企业股利分配政策

有些家族出于家族优先的考虑，规定了严格的家族企业股利分配政策，要求家族企业必须按一定的数额或比例分红，以满足家族股东的生活需要。但是，由于企业经营有一定的波动性，企业在不同时期、不同情形下有不同的资金需求，严格的家族企业股利分配政策不利于家族企业的发展。更可取的是，在遵循平衡原则的前提下，采取灵活的企业分红政策。

- **与企业业绩挂钩**。家族企业分红要反映企业真实的支付能力，要与企业的利润直接挂钩，具体的利润分配是可变的。要让家族企业股东们理解，企业的分红源于企业的成功经营，企业的经营是分红的基础，因此具有重要的优先意义，股东首先应支持家族企业的发展，而不是将自身的利益放在首位。这样的分红政策也有助于培养负责任的家族企业股东。[1]

- **与企业需求挂钩**。企业分红时要重点考虑家族企业对资金的需求，需对企业的经营与发展做出专业的判断，比如考察公司是否需要进行重大项目与技术改造等。如果资金需求对企业的经营与发展具有重要意义，并具有长远价值，则将利润留存于企业之中应当优先于企业股东的分红需求。在此情况下，应向家族股东做出必要的解释与说明，争取家族企业股东的理解，并通过这一过程，增强家族企业股东对家族与家族企业的认同感。

- **与家族需求挂钩**。即便企业有重大发展机会需要资金支持，但如果企业经营业绩好，可分配利润基数大，而家族确实也有现实的资金需求，则可以进行灵活平衡，根据实际情况确定分红与留存比例。

---

[1] John L. Ward. *Perpetuating the Family Business: 50 Lessons Learned from Long-Lasting, Successful Families in Business*. Palgrave Macmillan, 2004: 109.

- **与家族支持挂钩**。企业的股利分配政策应包含对家族成员的支持政策，如部分家族成员确有资金需求而企业不具备股利分配的条件时，应该由家族基金提供特别支持，帮助家族股东渡过难关。

当然，如果家族企业在一定年度之内经营状况良好，净利润累计达到一定数额，那么若无特别的理由，应该分配股利，使家族从企业经营中获得必要的物质财富，这也有助于增强家族对企业的情感联系，有助于家族成员对家族企业的支持。

4. 家族人力资本培育政策

家族人力资本是将经济学中人力资本的概念应用于家族情形，在家族情形中，人力资本是最宝贵的资源，它既是家族构建的主体，也是家族发展与传承的生力军与动力源泉。一个家族最重要的资产就是每一个成员。成功传承的家族都十分重视并致力于家族人力资本的培养，并在自身的家族治理体系中明确规定家族人力资本培育政策。

4.1 家族人力资本政策的考量因素

家族的核心人力资本由每个家族成员一生中所获得的知识和技能构成，但从家族整体意义上说，人力资本的规模、质量与结构都具有非常重要的意义。这三者构成了制定家族人力资本政策时的基本考量因素。

人力资本规模

家族本身需要一定成员的支撑,家族与财富的结合需要各种有能力的家族成员为之奋斗,没有一定规模的家族人力资本是很难支撑家族发展的。从原则上讲,家族的人力资本当然是越多越好。

那么,家族人力资本由哪些人构成呢?可以从狭义与广义两个角度来分析。狭义上的家族人力资本就是指家族内部的成员,即以血缘和婚姻关系为纽带,以代际为网络确定的、彼此之间具有亲属关系的家族成员。广义上的家族人力资本不仅包括家族内部的成员,而且包括家族外部为家族创造价值的相关人员。对于立足于长期保有财富、立志于家族传承的家族来说,其人力资本的视野,绝不能仅限于内部的家族成员,而是应该放眼于家族之外,将所有为家族创造价值的人员都包括在内。

当然,在所有的家族人力资本中,家族成员处于核心地位。这是因为家族成员构成了一个更为紧密的命运共同体,他们血脉相连、荣辱与共,具有共同的家族意识,为共同的家族愿景奋斗。但家族人力资本在数量上毕竟是有限的,在能力结构方面并不能保证满足家族事业发展的需要,必须从家族之外寻找合适的人才,弥补家族人力资本的不足,共同为家族创造价值,为家族发展与传承服务。从实际情况看,目前我国财富家族最需关注的家族外部的人力资本包括三个方面:家族企业管理层和核心员工,为家族提供财富管理服务的专业人员(如家族顾问、受托人、投资顾问、家族律师、税务师、会计师等），以及与家族及家族成员具有紧密联系的其他人员。

一个家族的人力资本政策，在数量上将狭义上与广义上的家族人力资本全部纳入考量范围是有必要的，它可以为家族提供更有保障的人力资本规模。但是，在管理和培育上还需要考虑一个边界的问题。超过一定规模，会对管理和培育带来更多挑战。一方面，家族凝聚力往往会成为一个比较大的问题，家族成员越多，形成共同的家族意识和达成关于家族事业的共识的难度就越大；另一方面，家族规模越大，需要支持和培育家族的财富也越多，同时需要更加复杂的内部治理结构才能够维持这样的一个大家族，一旦家族缺少有能力的成员管理家族，家族就有分崩离析的风险。当然，如果家族人员过少，那么从统计学意义上来看，能够涌现出有能力、能够管理家族的家族骨干成员的可能性也会小，这对家族的维护与发展显然也是不利的。

因此，一个家族的人力资本政策在数量与规模考量方面，应该在满足家族发展需要与管理培育挑战之间寻求一个平衡。

人力资本质量

人力资本的质量，对于家族来说尤其重要。只有数量，没有质量，家族成员只能算是负面资产，在家族资产负债表上只能列入负债，而不是资产。只有数量与高质量相结合，人力资本才能真正成为家族的资产。

一个家族的人力资本政策的重心是关注人力资本质量的提升。衡量家族人力资本质量的维度很多，其中尤其需要关注以下几个方面：

- **教育水平**。虽然教育水平与知识、能力并不必然相等，但从大概率上讲，二者之间还是正相关的。教育是后天的结果，是家族与成员共同努力的结果，所以，在这方面，家族可以通过各种政策安排，提高家族人力资本的质量。
- **健康因素**。不言而喻，健康，包括身体健康和心理健康两个方面，不仅对个人幸福生活很重要，对于家族也很重要，只有健康的家族成员，才能为家族事业奋斗。
- **品格因素**。品格与人格特征对于个体是否具有奉献精神、奋斗精神、合作意识、能否经受住挫折等，都有巨大的影响。比如，家族成员缺乏责任担当，不愿意积极地参与到家族事务中来，或者个性太强，与其他家族成员互不妥协，相互之间难以合作等，则不利于家族的发展与团结。家族人力资本的品格与人格特征，是先天秉性与后天培养相结合的产物，家族需要注重这方面品质的培养。

人力资本结构

一个家族的人力资本政策还应关注人力资本的结构因素。家族人力资本的结构性特征包括很多维度，对家族发展具有重要意义的结构性因素，主要有年龄结构、性别结构、专业与能力结构等。在每个维度的结构上，有利于家族发展的结构性要求不尽相同，但总体来看，都要达到一种合理的均衡。

比如年龄结构，只有年龄分布合理，代际结构合理，家族传承才会稳定有序。如果上一辈家族骨干成员年事已高，而下一代年轻成员尚未长大成人，那么这个家族的接班人就会有问题。又如性别结构，中国古代传统是男性越多越好，"不孝有三，无后为大"，将男性视为人力资本的核心，但对当代社会来说，性别相对均衡，更容易促进家族内部的和谐与凝聚力，更能够发挥不同性别的优点为家族服务。再如，在专业与能力结构上，家族事业发展所需的各种人才应有尽有，就会更加有利于全面管理家族各种事务。

4.2　人力资本培育政策的三个维度

通常，面向传承的正式家族治理体系在各个层面（规范层面、组织层面与实施层面）均会体现一个家族特有的人力资本培育政策，但系统地构建家族人力资本培育政策主要立足于家族财产分配政策、家族与企业关系政策和家族教育政策三个维度。

- **家族财产分配政策**。传承家族的财产分配政策表面上是针对"财"的分配，实质上是需要通过财产分配来引导、培育家族成员的成长，其核心是按照"里程碑分配法"，在影响家族成员人生成长的每一个关键时间点，给予必要的财务支持。具体做法是通过制定保障型分配政策保全家族成员安全成长，通过制定成长型分配政策激励家族成员健康成长，通过制定拥有型分配政策提升家族成员的财富创造能力。关于如何制定全面促进人力资本成长的家族财产分配政策，本章第一部分已经做了详细探讨，这里不再重复。

- **家族与企业关系政策**。对于企业家族来说，家族企业是培育家族人力资本的天然舞台。因此，任何一个传承的家族在其关于家族与企业关系的政策中，都会包含家族人力资本培育政策。其核心就是通过制定恰当的"家族企业就业政策"给家族成员提供职业锻炼和专业成长的舞台，通过制定务实的"家族企业高管人员和接班人培养政策"，培育家族成员成为合格的企业管理人和接班人。关于如何制定全面促进人力资本成长的家族与企业关系政策，本章第三部分也已经做过详细探讨，这里不再赘述。

- **家族教育政策**。除了在家族财产分配政策、家族与企业关系政策中规定相应的人力资本培育政策外，一个家族如果想要真正实现财富的有效传承，还必须在家族内部构建并实施完整的家族教育系统，以凝聚并教育家族成员，培育充沛而合格的家族人力资本，激发每一代家族成员对家族财富的创造激情与创造能力。只有这样，家族才能真正跨越"富不过三代"的陷阱。因此，家族治理政策的一个重要方面就是制定家族教育政策。

家族人力资本培育政策的这三个维度相互协同，共同发挥作用，可以为家族源源不断地培育合格的人力资本，从而最大限度地保障家族传承事业的成功。鉴于前两个维度的人力资本培育政策已经分别在本章第一部分和第三部分进行了详细探讨，这里我们仅就第三个维度即"家族教育政策"展开讨论。

什么是家族教育？

家族教育是财富家族为了培育家族人力资本，以实现家族财富有效传承的目标，而在家族内部构建并实施的教育系统。中国历史上不乏文化传家的名门望族和实业传家的商贾巨富家族，他们在家族教育与家族传承的实践中留下了丰富的资源。今天重提家族教育，是因为在中国私人财富急剧积累及创富一代面临财富传承窗口期的特殊历史背景下，我们不得不重新从代际的角度思考教育与传承的关系问题。

传承家族开展的家族教育，与我们通常所说的家庭教育和学校教育有着重大区别，主要表现为：

- **教育目的不同**。家庭教育的目标是培养身心健康，具备良好的道德品质和行为规范，以及良好生活与学习习惯的家庭成员；学校教育则偏重文化知识和专业技能的传授，以及参与社会与人相处的技能的学习实践；而家族教育的目标则是培育支撑家族传承所需要的家族人力资本和文化资本，其内容比家庭教育和学校教育更广泛、更复杂。

- **教育对象不同**。家庭教育主要针对未成年的家庭成员而展开，学校教育主要针对不同年龄结构的学生而展开，而且，无论是家庭教育还是学校教育，虽然是每个人在不同生命阶段都绕不过的内容，但均具有明显的阶段性。而家族教育的对象和参与者则是财富家族的全体成员，不论男女老少，只要属于家族的一员，都是家族教育的对象，而且家族教育一旦开始，并无人生阶段的限制，需要终生进行。

- **教育实现方式不同。**家庭教育主要依靠家庭成员的互动和言传身教等非正式方式来实现，学校教育则是由政府及社会教育体系内的专门机构和专业人员组织实施，家族教育的实现方式虽类似于家庭教育，是在家族内部完成的，但参与人员更多、涉及内容更复杂，需要在家族内部构建更正式、更系统的组织来推动实施。

当然，家庭教育和学校教育也是家族教育的基础和重要组成部分，同时，家族教育也对肩负财富传承使命的家族后代的家庭教育和学校教育提出了更高的要求，需要从人格培养和知识技能储备方面为他们未来承担的家族角色做好准备。

家族教育的重要性

在传承目标下的家族教育之所以不可或缺，是由财富家族的特殊性决定的。

一是家族人力资本决定家族传承的成败。在本书中我们反复强调，完整的家族财富除了由金融资本构成的物质财富外，还包括以人为载体的精神财富，即人力资本、文化资本和社会资本。从本书引言部分关于家族传承哲学的讨论中，我们已经知道，对于传承的家族来说，最重要的资产是其每一位成员，无论是财富创造还是财富保有，家族人力资本以及依附于其上的家族文化资本和社会资本才是成功传承的密码，没有人力资本支撑的数字意义上的物质财富难以真正传承，而人力资本以及依附于人力资本之上的文化资本和社会资本的培育和传承,则离不开正式和非正式的家族教育。

二是家族人力资本具有空前的复杂性。根据克林·E.盖尔西克在《家族企业的繁衍——家庭企业的生命周期》中论述的家族企业的三极模型理论,即从家族企业动态发展的角度,在三环模型基础上加入时间因素,又可以发展出家族、所有权与企业的三极发展模型(见图3-3),家族成员在家族、企业及所有权的不同发展阶段所扮演的角色也会随之呈现出动态的多样性。

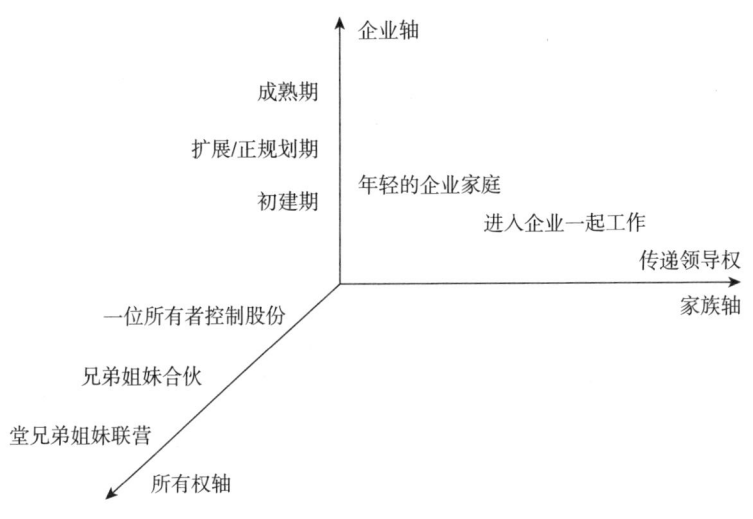

图3-3 家族企业的三极发展模式

(资料来源 克林·E.盖尔西克等:《家族企业的繁衍——家庭企业的生命周期》,贺敏译,经济日报出版社1998年。)

从图 3-3 中我们可以充分感受到家族人力资本与人际关系的复杂性，不同身份、不同角色交互重叠，随着时间的推移会变得越来越复杂。因此，财富家族的成员在沟通、协作及面临重大决策时将面临比普通家庭更大的挑战，而要应对这些挑战，也需要完善的家族教育作为润滑剂和黏合剂。

三是财富对人力资本具有负面作用。财富是一把"双刃剑"。企业家创造了大量的财富，但如果不对财富进行有效的管理，财富会对家族成员造成无情的伤害。财富家族因财富分配而引发的内部纷争、财富由荣誉变成丑闻的事件屡见不鲜；家族后代生活在父辈创造财富的荣耀和光环下，倍感压力与焦虑，生活在财富的阴影之下；家族成员在优越的生活条件下丧失了参与家族事务的意愿和进取心。几年前见诸报端的海南三亚举办的奢靡派对"海天盛筵"，以及层出不穷的醉酒飙车事件，使中国的富二代被贴上了"败家""炫富""声色犬马""无所事事"等极富争议的标签，整个财富家族二代这一群体背负污名，虽然以偏概全有失公允，但是却在一定程度上体现了财富对家族后代的侵蚀。显而易见，要使家族成员避免陷入"财富的阴暗地带"，从小开始的家族教育是必不可少的一环。

百年家族之所以能枝繁叶茂，核心因素是由家族人力资本驱动的家族精神与文化的传承。如果一个家族创造并实践的具有代表性的治理体系是建立在一系列共同的文化和价值观基础之上，这些共同的文化和价值观体现了该家族的"不同之处"，那么它就可以成功地保有财富超过 100 年。而家族文化的延续并不会是一个自然过程，需要家族教育发挥承上启下的纽带作用。

成功的家族都非常重视家族教育。对于没有建立正式的家族治理体系的家族而言，家族教育是弥补其家族治理缺陷的主要手段，而对于那些建立了正式治理体系的家族而言，家族教育则是其治理体系发挥作用的重要实施方式。中国的李嘉诚家族、李锦记家族，西方的洛克菲勒家族、穆里耶兹家族，在他们的成功经验中，对家族成员教育的重视都是被反复提及的。我国台湾地区"经营之神"王永庆的女儿王雪红谈及父亲给她造成的最大的影响时，并没有谈到物质财富，而是说："他留给我们很多风范，像勤劳朴实、脚踏实地做人、追根究底、止于至善，这些都是子子孙孙应当好好揣摩、好好实现的，我相信这些都是我们最大的财富与资产。"[1]

家族教育的内容

家族教育承载着凝聚教育家族成员、促进家族传承的使命，因此其内容广泛而复杂，这也促成了更多的传承家族将家族教育纳入正式的治理体系。从最一般意义上说，家族教育通常需要覆盖家族精神教育、情感关系教育、财商教育、家族技能教育四个方面的内容。

- **家族精神教育**

家族是由血缘和姻亲关系组成的一个社会群体，家族精神其实就是家族成员身上共有的、具有家族独特性的核心价值体系。我们也可以把它理解为"家风"或者家族成员的"精神风貌"。

---

[1] 王雪红.最像父亲王永庆　续演王永庆传奇[EB/OL]. http://www.chinanews.com/cj/cjrw/news/2008/10-30/1431244.shtml.

家族精神是家族财富久远传承的核心密码,每一位家族成员都是家族精神的载体。家族精神教育可以帮助家族成员塑造传递家族价值观和家族的使命感,凝聚和激励家族成员,为家族后代子孙提供精神引领,更好地维护家族的完整性和延续性。

家族精神教育的核心内容是家族价值观教育。家族价值观是一个家族对客观世界的认知、为人处世的方式等具有共性的态度和情感,也是家族具有共性的判断是非的标准和遵循的行为法则。具体来讲,家族价值观教育可以通过以下几个方面的内容来实现。

- ✓ **家族历史与传统**。梳理家族事业开创者的成长和创业经历、家族中有纪念意义的事件,以家谱、回忆录、家族相册或者纪录片等形式加以记录和传播,使家族后代能够了解家族发展的历史,并从中找到自己与家族血脉的联系,增强家族归属感。

- ✓ **家规家训**。"国有国法、家有家规",家规家训是家族成员行为处事的规矩、原则和底线。历史上的晋商乔氏家族有"五不准"家规:不准吸鸦片、纳妾、赌博、嫖娼和酗酒。李锦记家族第三代带头人李文达,在家族内部设立了明确的家族规范:不要晚结婚、不准离婚、不准有婚外情,犯规者要退出董事局。

- ✓ **家族事业的社会价值**。家族事业得以存在和发展的根本原因在于它的社会价值,创业者通过敏锐的商业嗅觉和经营能力,发现或者创造了具有社会价值的产品、服务,成就了家族企业的成功。发掘和提炼家族事业的社会价值,可以激励家族成员对家族事业的自豪感和荣誉感,引导家族成员自我实现需求与企业社会价值的融合,使他们愿意以积极的心态参与到家族事业中去。
- **财富的责任与慈善**。通过开展财富的责任和慈善教育,使家族成员有机会组织参与慈善活动,引导他们形成健康的财富观,摆脱物质财富的困扰和束缚,获得驾驭、管理财富的精神力量和智慧。

梳理、构建和传承家族价值观的过程也就是赋予家族以"神韵"和"灵魂"的过程。

● **情感关系教育**

家族是由血亲和姻亲构成的一个庞大、复杂的关系系统,维系这个系统的良性运转是每个家族必须面对的重要课题。我们看到的财富家族产生的纷争,表面上是争夺财富,背后实际上是家族成员关系的恶化所导致的矛盾的不断升级。情感关系教育可以帮助家族成员建立和谐的关系,正确处理矛盾冲突。

人的情感与内在动机、精神状态和个体的生命状态密切相关,情感是心理活动的组织者,也是人际沟通交流的重要手段。情感教育的基础是在家族成员间建立积极的情感连接,关注和尊重每一位家族成员正常的情感需求、情绪表达、兴趣爱好和个性特征。从小培养家族成员积极正向的心理取向,建立良好的依恋感、安全感、愉悦感,在家族内建立基于爱和尊重的家庭关系和家庭氛围。

人与人之间的关系是以情感为基础的,关系也是个体情感体验的重要内容。关系教育和情感教育是密不可分的,和谐的关系对财富家族来说非常重要。财富家族因家族成员间的纷争导致家族产业瓦解、亲人反目的例子非常多,虽然和谐的关系并不能解决他们面临的所有问题,但是没有和谐关系的支撑,家族财富久远传承的目标是无法实现的。和谐的关系可以增加信任与尊重;有利于信息的有效传达,避免沟通障碍;有助于家族共同愿景与使命的达成。和谐的关系对每一位家族成员来说也是获取幸福人生的重要因素。

情感关系教育主要是在家庭成员间的互动中完成的,持续有效的家族教育活动能够促进家族成员良性关系的达成,例如在家族教育活动中安排促进家族成员沟通互动、培养共同兴趣的内容,安排一些培养情感能力、情绪管理、处理关系技巧的课程等。

- **财商教育**

财商的概念是美国作家罗伯特·清崎在他的《穷爸爸,富爸爸》一书中提出的。财商是指理财的智慧,包括财富观念及正确使用和获取金钱的理财能力。很多人都有回避"谈钱"的心态,即使在家庭内部也很少直接谈钱。对于那些生活在财富家族的孩子而言,这种心态会使他们一方面享受着优越的物质生活,另一方面对于钱从哪儿来、为什么自己家比别人更富有、如何有计划地使用金钱这些问题感到困惑。财商教育主要是面向家族中的未成年人,通过财商教育有目的地引导他们树立正确的财富观,并根据不同年龄阶段循序渐进地教给他们必要的理财知识,培养其理财能力。

财商教育的内容包括财富观教育和理财知识技能教育两部

分。财富观教育首先要解答钱从哪里来的问题。通过财富观教育帮助家族中的晚辈树立劳动创造财富的观念非常重要。财富不是凭空而来的，大部分人通过劳动获得收入，企业家通过创造性地发挥自己的才智，承担风险、经营企业获得更高的回报。同时要理解金钱的有限性，财富不是取之不尽、用之不竭的，需要合理地规划使用。此外，财富除了可以满足物质需要，还能够用来扶危济困，回馈社会，通过慈善安排使家族与企业承担起财富的社会责任。

财商教育在世界范围内都广受重视。2008 年，英国政府正式将财商教育纳入学校教育体系。美国家庭把财商教育称为"从三岁开始的幸福人生计划"，2013 年美国国家财经教育委员会针对青少年财商教育发布了《财经素养国家标准》。在我国，2018 年中国财经素养教育协同创新中心也首次发布了从幼儿园到大学阶段的《中国财经素养教育标准框架》。美国发布的国家标准包括赚取收入、购买产品和服务、储蓄、信用价值、金融投资、保障与保险六个方面的内容，分别针对 4 年级、8 年级和 12 年级的学生给出了具体的财商知识教育的指标要求，包括"必备知识"和"应用技能"两类，根据不同年龄阶段的特点，比较全面地覆盖了现代社会所必备的财经知识和技能。

这些从国家和社会层面在公民素养教育基础上提出的标准和框架，都可以作为开展家族财商教育的内容参考。国家和社会层面已经开始普遍关注财商教育，对于财富家族成员来说，他们作为财富的拥有者，未来将面临参与家族事业和管理家族财富的任务，所以必要的财商教育应该是家族教育中需要特别关注的内容。

- 家族技能教育

家族技能教育是根据家族事业特点和家族成员在家族事业中扮演的不同角色量身打造的教育内容，可以根据家族需求和教育目标进行统筹设计安排。

对于一般家族成员的技能教育可以包括财富的认知、金融理财知识、家族慈善、家族办公室的职能与合作模式等内容；对于担任家族企业股东的家族成员的技能教育应该包括家族企业的发展历史、董事会及董事的职责、家族企业治理、财务管理知识；对于在家族企业任职的家族成员可以开展个人职业规划、市场与企业经营、企业管理技能、企业文化与员工关系等方面的培训教育；对家族企业管理者的技能教育可以包括公司治理与家族治理、企业文化与战略、家族与家族企业领导力及接班实践等内容。

除了针对不同身份家族成员设计的课程内容外，对于财富家族成员来说，还需要掌握一门重要的技能课，那就是家族财富管理课程，特别是对于那些参与或即将参与家族财富管理事务的家族成员来说，需要从目标层面、需求层面和工具层面，系统学习家族财富管理的理念、知识和方法，了解服务机构的服务内容、产品和模式，只有这样才能够更好地开展本家族的财富规划。

家族教育政策框架

家族需要结合自身具体情况，制定家族教育政策框架。家族教育政策框架应该明确家族教育的目标、家族教育的内容、家族教育的基本方式、家族教育的组织以及对家族教育的财务支持政策等。

家族教育政策框架尤其需要明确家族教育的组织机构。家族教育组织机构的职责是在家族目标和家族治理体系筹下，有计划地持续推动家族教育活动。在家族治理体系下，要有专门的机构或个人来负责家族教育的组织实施。如果没有组织的推动，家族教育是很难落实的，好的规划往往也会沦为空谈。家族教育组织的形式可以根据家族的特点和需要灵活安排。可以设立专门的家族教育委员会，或者由家族委员会承担教育组织的职责，也可以安排非正式的组织，例如可以由家族领袖或德高望重、值得信任的家族成员担任家族教育的组织者和领导者；可以在家族内部设立教育组织，也可以委托外部家族办公室、家族财富规划人员担任家族教育的组织者。

家族教育活动的组织方式灵活多样，如可以采用培训班、工作坊、实践课、夏令营、游学、家族论坛、网络课程等方式，既能匹配教育内容，又能使参与者受益并乐在其中。这些应该作为家族教育活动组织方式的优选。

家族教育政策应当鼓励并激励开发家族内部的教育资源和师资资源。家族外部的教育资源和师资力量是必要的，但根据家族教育活动的安排，相应的师资可以由家族领导者、长辈、家族企业管理层以及家族办公室的专业人员担任。比如，家族历史和家族故事，需要邀请家族的长辈或创始人来讲述；关于家族企业的业务发展，任职于家族企业的各领域专业人士是最好的讲师。

5. 家族社会责任政策

5.1 社会资本与社会责任

家族社会资本就是家族的社会声誉和社会影响力,是协调家族与外部社会关系的资源。一个家族,社会声誉越好,社会影响力越大,它的社会资本就越发达,对家族事业发展的推动力也就越大,就越有利于家族传承;反之,缺失家族社会资本,对家族事业的发展就会产生负面的影响,从而影响到家族传承的顺利进行。

家族社会资本是家族与外部联系、相互作用的产物。从表现上看,家族社会资本是外部对家族的一种反映,是家族与外部关系的一种表现,但它的根基在家族内部,是家族金融资本、人力资本与文化资本共同作用于家族外部的结果。家族社会资本是家族协调、润滑、黏合与外部社会关系的重要基础,是家族立足与家族事业发展的重要外部支撑,良好、发达的社会资本能助推家族事业的发展,因而也是家族资产的重要组成部分。

家族社会资本可以通过很多渠道形成,表现形式很多,不同的社会资本在家族社会资本中发挥作用的方式与程度也不尽相同。综合来看,家族社会资本最重要的来源,也是最重要的表现形式,包括家族信用、家族社会责任和家族社会关系。

- **家族信用**。家族信用是基本的社会资本,包括家族的商业信用与社会信用。商业信用是关于财的信用,是在财富创造与管理过程中，家族对商业伙伴遵守商业伦理、市场规则等方面的表现。社会信用是关于人的信用，是家族及其成员在遵纪守法，遵守社会价值观，对社会、员工和他人诚实守信等方面的表现。信用在当代社会，不论在商业领域还是在社会生活中，都是一项重要的资本。良好的家族信用有助于大大降低家族与外界的合作成本，能有力地推动家族事业的发展。

- **家族社会责任**。家族社会责任是家族的高级资本，家族的社会声誉和社会影响力与家族承担和履行社会责任是相辅相成的，承担和履行社会责任是提高家族声誉的不二路径。财富不仅仅是成就和荣耀，更是一种责任，取之于社会，用之于社会，已成为现代社会财富家族的基本共识。社会责任范围广泛，包括对国家的责任（如依法纳税），对环境的责任（绿色经营与投资），对员工的责任，以及广泛的慈善行为等。家族主动、积极地履行社会责任，有助于建设良好的社会资本。
- **家族社会关系**。家族社会关系是家族社会资本的有益补充。它是指家族成员依托自身的资源与外界交往而形成的社会关系网络，大家通常称之为"人脉资源"。应当注意的是，家族社会关系是一把"双刃剑"，正常的、健康的人脉资源有助于家族事业的发展，而扭曲的、不正常的社会关系，从长期角度看，有可能会损害家族事业的发展，甚至有可能成为家族崩塌的重要的外部因素。此外，家族社会关系往往具有极强的个体性特征，通常依附于特定的家族成员个人，且具有专属性、时效性特征，难以转化为家族持续的社会关系，因此，它只是家族社会资本的有效补充。

在家族社会资本构成中，家族社会责任居于中心地位。对于传承的家族，尤其需要在家族治理层面确定其社会责任政策。家族社会责任通常体现在三个领域：家族企业的社会责任、家族投资的社会责任、家族慈善的社会责任。

5.2　家族企业社会责任政策

所谓企业社会责任（Corporate Social Responsibility，CSR）是指企业在追求自身利润最大化的同时，还要对社会承担的责任。此处的"社会"，应当至少包括企业员工、产品/服务消费者、弱势群体、社会环境等。

企业社会责任是时代演进的产物。最早人们对于企业的认知，主要局限于企业是股东的企业，以资本为中心，因此强调企业对股东的责任，核心就是追求利润最大化以回报股东。其后，人们对于企业的认知又增添了员工的元素，企业不仅是资方的企业，也是劳方的企业，因此开始强调企业对于员工的责任。现在，人们对于企业的认知还增添了社会的元素，企业不仅是资方的企业、劳方的企业，还是社会的企业，需要承担更加广泛的社会责任。

在此背景下，联合国原秘书长安南在1999年瑞士达沃斯世界经济论坛年会上正式提出关于企业社会责任的全球契约计划，并于 2000 年在联合国正式启动。全球契约计划又被称为"全球契约十项原则",其具体内容来源于《联合国全球契约》的十项原则(源自《世界人权宣言》《国际劳工组织关于工作基本原则和权利宣言》《环境与发展宣言》《联合国反腐败公约》)。具体内容如下[1]:

原则 1:企业界应支持并尊重国际公认的人权;
原则 2:确保不与践踏人权者同流合污;
原则 3:企业应支持结社自由及切实承认集体谈判权;
原则 4:消除一切形式的强迫和强制劳动;
原则 5:切实废除童工;
原则 6:消除就业和职业方面的歧视;
原则 7:企业应支持预先采取方法以应付环境挑战;
原则 8:采取主动行动促进在环境方面更负责任的做法;
原则 9:鼓励开发和推广有利于环境的技术;
原则 10:企业应反对一切形式的腐败,包括敲诈和贿赂。

在经济全球化日益深入的新形势下,国际社会高度关注企业社会责任,履行社会责任已成为国际社会对企业评价的重要内容。在我国,国家和社会层面也高度重视企业主动承担社会责任,促进经济、社会、环境的和谐发展,并制定了诸多相关法律法规及行业内规定。实践中,中国企业也开始关注其社会责任的承担。纵观国内外关于企业社会责任的规定及倡议,归纳总结,

---

[1] The Ten Principles of the UN Global Compact. https://www.unglobalcompact.org/what-is-gc/mission/principles.

企业社会责任至少应当包括以下六个方面的内容：

- **法律社会责任**。企业应当在法律法规允许的范围内追求自身利润、谋求企业发展，强调企业发展的合法合规性，杜绝违法经营、不正当竞争及商业贿赂等。
- **员工社会责任**。企业在追求自身利润最大化的同时，应强调员工的人文关怀与基本保障，主要包括：重视工作环境安全，保障员工职业健康；遵循按劳分配、同工同酬原则的同时，也要构建合理的员工福利保险及个性化激励机制；尊重员工人格，杜绝各种歧视；等等。
- **消费者社会责任**。企业应当根据国家和相关行业对产品质量的要求，建立严格的产品质量控制及检验机制，提供健康安全的产品和服务，严禁将缺乏质量保障、危害消费者安全的产品流向社会。
- **环境社会责任**。企业在生产经营过程中应严格遵守"三同时"制度，认真落实节能减排责任，积极开发和使用节能产品，实现清洁产生，发展循环经济，真正实现低投入、低消耗、低排放和高效率。
- **慈善社会责任**。企业应在力所能及的范围内，积极投身慈善公益事业、帮助弱势群体。
- **其他社会责任**。诸如促进就业、传递正能量、关注社区等。

家族企业是企业大家族中的一员，其在经营管理中应当贯彻企业社会责任的理念并付诸实践。在当代社会，家族企业社会责任的承担，既是伦理上的要求，也是法律上的要求，更是家族构建传承所需的社会资本的需要。

5.3 家族投资社会责任政策

家族社会责任政策不仅体现在家族企业领域，也体现在家族投资领域。对于投资家族或者采取企业与投资"双引擎"财富创造政策的家族而言，在其投资领域也需要制定相应的社会责任政策。该政策的最新指南就是家族投资应当符合 ESG 的投资理念。

ESG 在字面上是环境（Environment）、社会（Social）和公司治理（Governance）三个英文单词的首字母缩写，它代表一种新的商业发展理念、新的企业价值标准和新的投资理念，即一个好的公司和具有投资价值的公司，应该是具有合理的治理结构并能产生积极环境和社会绩效的公司。ESG 作为一种评价标准有助于识别出公司潜在的非财务风险，在 ESG 策略下，财务绩效不再是评估企业价值的唯一法则，ESG 因素成为筛选具有长期投资价值标的的重要参考。

ESG 源于负责任投资。为了应对来自气候变化、病毒威胁、资源短缺、贫富差距、种族歧视、人权保护等各方面因素对人类可持续发展带来的日益严峻的威胁，2004 年，时任联合国秘书长安南给全球 50 多家主要金融机构的首席执行官写了一封信，邀请他们参加一项联合倡议，共同寻找将 ESG 因素纳入资本市场投资的方法。该倡议最终形成了六项有关 ESG 投资的原则，并被命名为负责任投资原则倡议（Principle for Responsible Investment，PRI），即：（1）将 ESG 议题纳入投资分析与决策过程；（2）成为积极的所有者，将 ESG 议题整合至所有权政策与实践；（3）要求投资机构适当披露 ESG 资讯；（4）促进投资行业接受并实施 PRI 原则；（5）建立合作机制，提升 PRI 原则实施的效能；（6）回报 PRI 原则实施的活动与过程。

截至 2021 年 9 月底，PRI 签署成员已经超过了 4200 家，覆盖的投资规模超过 120 万亿美元。如今，越来越多的公司做出了更加广泛的 ESG 承诺（见表 3-2），使 ESG 成为一种新的社会责任自律机制。

ESG 投资理念下的一项共识是投资不要助纣为虐，以此希望探索出一条可持续发展的道路，将注重业绩的传统投资与注重 ESG 相关理念的投资结合起来，寻求商业价值与社会责任之间的平衡。这意味着投资也需要承担社会责任，污染、伤害健康、歧视妇女、虐待儿童、碳排放等违背社会责任的领域，应当成为包括家族投资在内的所有投资者的负面投资清单。

表 3-2　MSCI·ESG·评价指标体系

三大支柱 （一级指标）	十大主题 （二级指标）	37 个 ESG 关键议题（三级代表性指标）	
环境	气候变化	碳排放量	融资环境性影响
		产品碳足迹	气候变化脆弱性
	自然资源	水资源压力	原材料分类
		生物多样性和土地使用	
	污染和浪费	有毒物质排放和废弃物	电子废弃物
		包装材料和废弃物	
	环境机会	清洁科技的机会	可再生能源的机会
		绿色建筑的机会	

续表

三大支柱 (一级指标)	十大主题 (二级指标)	37个ESG关键议题（三级代表性指标）	
社会	人力资本	员工管理	人力资本发展
		员工健康与安全	供应链劳动标准
	产品责任	产品安全与质量	隐私和数据安全
		化学品安全	负责任的投资
		金融产品安全	健康和人口结构风险
	利益相关者的反对	有争议的采购	
	社会机会	沟通渠道	医疗保健渠道
		融资渠道	营养和健康机会
治理	公司治理	董事会	所有权
		薪酬	财务会计
	企业行为	商业道德	腐败和不稳定性
		反竞争行为	金融体系不稳定性
		税收透明	

5.4 家族慈善社会责任政策

"取之于社会，回馈于社会"是现代社会财富家族的一个基本财富理念，成功的财富家族总是会采取各种方式回馈社会，达成家族与社会的和谐。洛克菲勒在给儿子的家书中写道："巨大的财富承担着巨大的公共责任，因为财富拥有者肩负着造福人类的使命，比拥有巨大财富更崇高的是，按照祖国的需要为祖国服务。"[1] 在财富家族回馈社会的形式中，人们最为熟悉也最常采用的便是家族慈善。

创造和拥有财富，不仅仅意味着成就和荣耀，还意味着沉甸甸的责任。以家族财富资助社会公益慈善事业的发展，是财富人士主动承担社会责任的一种普遍表现。其实，从事家族慈善事业，不只是意味着财富的责任，更是成功的财富传承不可或缺的一个组成部分。

- 家族慈善活动将为家族赢得良好的社会声誉，而这本身就是家族社会资本的体现，培育的是传承家族财富不可或缺的社会资本。
- 家族慈善的具体领域通常与家族特定的价值观相关联，是家族文化的一种展示。家族慈善活动还培育了可以凝聚家族成员的家族文化资本，而这同样是成功传承财富不可或缺的条件。
- 让家族成员参与家族慈善活动的实施，还可以进行家族教育，助力家族成员成为有担当、负责任的合格家族继承人，从而又培育了有利于财富传承的家族人力资本。
- 对于那些裸捐的家族来说，比如美国的比尔·盖茨家族、巴菲特家族，中国的曹德旺家族，家族慈善更是直接成为家族传承的一种方式。

因此，慈善与传承通常被视为一个硬币的两面，慈善不是家

---

[1] 洛克菲勒：《洛克菲勒留给儿子的38封信》，张占磊译，中华工商联合出版社2016年，第134页。

族的负债而是家族的资产。这意味着，每个致力于传承的家族，都需要认真考虑自己的家族慈善政策框架。在这个框架内，如何确定家族慈善的目的、慈善财产的类型与规模、慈善的组织形式以及家族成员参与慈善的方式等，是制定家族慈善政策需要考虑的几个核心要素。对此，不同的家族所做出的选择也完全不同。鲁冠球家族以万向三农集团全部股权为慈善财产设立了价值超百亿元的"鲁冠球三农扶志基金慈善信托"；陈发树家族设立了以资金为主要慈善财产的"福建省发树慈善基金会"，致力于捐助帮扶能够推动社会文化、教育、医疗发展的慈善公益事业；美的集团何享健家族则采取了"慈善信托+基金会"的双轨模式践行家族慈善责任；华茂集团徐万茂家族更是独树一帜设立了面向全球的"华茂美堉奖"（见案例3-2）。

案例3-2 为什么要设立"华茂美堉奖"

——徐万茂在"华茂美堉奖"颁奖典礼上的致辞（节选）

（2021年10月29日）

尊敬的乔治·潘帕德里欧先生，尊敬的龙永图先生，尊敬的杜傲杰大使先生，尊敬的市领导，尊敬的各位来宾、各位新老朋友，还有新闻界的朋友们，女士们、先生们：

大家晚上好！

首先，请允许我作为华茂集团董事局主席，代表"华茂美堉奖"的主办方，欢迎、感谢你们从世界各地莅临宁波美丽的东钱湖畔，参加、见证我们今天在这里隆重举行首届"华茂美堉奖"颁奖典礼！

各位来宾朋友们：这一刻，我百感交集、欣慰不已、期待已久！

我们宁波是中国的历史文化名城，更是一座有故事的城市。从七千年前的河姆渡遗址到"海上丝绸之路的活化石"，从"天一阁"的藏书传奇到三江口"宁波帮"的商帮风云，从王守仁创立了"阳明心学"到王宗羲开创浙东学派……一幅幅风云际会的历史长卷，印记着我们这座城市深厚的文化底蕴。

这丰富的文化底蕴，滋润、温润、培育了我和我们一代又一代的宁波人。作为宁波人，面对生我、养我的这块土地，我们应该为这座城市做点什么，贡献点什么，留下点什么？而在中国千千万万的企业中，要想努力争取成为真正对社会、对国家、对民族有价值的企业，我们更应该为社会、为时代、为国家、为民族做出我们应有的贡献。

这是新时代的需要，也是新时代的呼唤！带着承诺，我们出发了！

我们深知教育的根本属性是崇高的公益事业。所以，50年前，我们曾立下誓言：如果将来事业有成，我们一定要回报教育，回报社会！

带着思考，我们出发了！

1998年，我们投资5亿元，创办了秉持"承认差异、提供选择、开发潜能、多元发展"办学理念的华茂外国语学校，由此开始从教育行业向教育事业的拓展。50年来，我们华茂在几次转型的关键时刻，都毫不犹豫地选择了教育行业、教育实业、教育事业。如今，我们已经构建起"教育研究园、教育博览园、教育产业园"三园联动的"大教育"格局，实现了三园联动的"产学研"一体化战略部署。

带着梦想，我们出发了！

2002年，我们公开拍得现在大家所在的这个地块。为了不辜负这片有着"西子风韵、太湖气魄"美誉的寸土寸金之地，我们开启了东钱湖教育论坛项目。2010年，我们论坛举行了奠基仪式；2016年，"宁波市重点工程国际教育论坛"以会议中心和华茂希尔顿酒店为核心的一期工程落成；2017年，以华茂艺术教育博物馆为主体的二期工程动工；2018年，22栋国内外的世界级艺术大师的工作室相继开工；2019年，"东钱湖教育论坛"正式启动……

十八年磨一剑，我们梦想把这里打造成"面向未来、面向世界的教育家的精神家园"。

带着承诺、带着思考、带着梦想……我们风雨兼程！我们情有独钟！这一路走来，虽然也艰辛、也坎坷、也曲折，但是，源于对教育重要性的深刻理解和认识，源于对教育、对社会、对国家应该具有的一份责任，源于禀承对财富的独特使用理念，我们不忘初心，我们不忘承诺，我们一如既往，我们心诚志坚，我们无怨无悔！

各位来宾朋友们：我们华茂人从创业算起，现在半个世纪过去了；从涉足教育行业算起，40年过去了；从开始投身教育事业算起，20年过去了。今天，我们华茂人终于迎来了历史性的一天！

今天，大家知道的是，我们首届"华茂美堉奖"要揭晓了。但是，你们大家不知道的是，今天也是我们将用近二十年时间精心打造的东钱湖教育论坛园区全部建成的日子，更是我们华茂股份集团教育兴家、教育持家，迎来成立50周年的喜庆日子。

我们感慨！我们感谢！我们感恩！是政府和社会各界的关爱，是许多志同道合的新老朋友们的帮扶，是伟大的新时代，成就了我们华茂人的今天！所以，我们选择在今天这个特殊的日子，举行首届"华茂美堉奖"的颁奖典礼！

9天前，10月20日，"华茂美堉奖"也是在这里举行新闻发布会。当时，中外许多媒体纷纷报道，称赞"华茂美堉奖"是全球首个美育大奖。

作为"华茂美堉奖"的发起人，我为什么要设这个奖？坦率地说，从事教育产业，挚爱教育事业，让我对教育、对美育，对加上"土"字偏旁的"美堉"，有着自己独特的理解、独特的感受、独特的情结。我对"美堉奖"有着很深的情结、浓郁的情感，对大地万物更有着美好的祈愿。

"十年树木，百年树人"，教育是世界上最伟大的事业，我认为也是最细腻、最艰难、最复杂的事业。我是小学毕业。

我们这代人，深知没有文化的苦，没有内涵的苦。我们那个时代，重要的任务之一是扫"文盲"。

但是，当今时代，教育的重要任务之一是什么？

现在时代变了，环境变了，许多挑战也变了。面对复杂多变的世界，面对复杂多变的社会环境，要想保持定力、保持纯净、保持美好，我认为精神层面的美育教育至关重要。只有心灵美，才能向往美、追求美、创造美！所以，我深感早已完成了扫"文盲"任务的这个时代，教育的重要任务之一，刻不容缓的应该是扫"美盲"！

为了社会风气的好转，为了让我们的世界更加美好，作为承诺要回报教育、回报社会，从事教育的企业家，我们有义务、有责任为如何培育美、倡导美、弘扬美，尽一份心，出一份力！

去年，中央印发了《关于全面加强和改进新时代学校美育工作的意见》，指出：美是纯洁道德、丰富精神的重要源泉。美育是审美教育、情操教育、心灵教育，也是丰富想象力和培养创新意识的教育，能提升审美素养，陶冶情操，温润心灵，激发创新创造活力。中央文件把美育教育提高到如此高度来认识，美育教育现在受到全社会如此高度的关注、重视，这真是我们的社会之幸、时代之幸、人类之幸啊！

我想，也是这个时代背景，让我们"华茂美堉奖"能够得到大家、得到社会的如此关注、如此认同、如此肯定。这让我这个"华茂美堉奖"的发起人感到无比欣慰，更是无比荣幸。谢谢大家！谢谢新时代！

接下来，首届"华茂美堉奖"将会授予中外哪两位教育、美育大家即将揭晓，对此，我们华茂人深感荣幸，我也充满着深切的期待！我们期待今天这美好的时刻是我们华茂开启一个新的、更美好的轮回的开始。

古人说："善始者未必善终，善终者必善成。"50年来，我们华茂集团已成功地完成了第一个善始善终善成的轮回。我们现在又怀着一个新的、更加美好的心愿：通过设立"华茂美堉奖"这个新轮回的开始，我们华茂人在今后的50年、100年，能够顺利地完成第二个、第三个乃至更多的善始善终善成的轮回。

第四章 Chapter Four
设计家族治理组织结构

一个家族的家族治理项目启动后,一旦完成了明确家族范围与家族目标、确定家族治理各项政策这两项工作后,就到了选择家族治理组织形式的环节,这是构建家族治理体系的第四大要务,也是第四个工作环节。

　　反映家族愿景、使命、核心价值观与财富目标的家族目标,需要通过制定各种家族治理政策去落实,而家族治理政策的执行,则需要建立具体的家族治理组织去承担。没有组织保障,目标与政策至多只是一个美好愿望,不可能转化为家族治理的实践。

　　家族治理组织体系是家族成员或家族代表参与决定家族事务及家族企业相关事务、家族成员之间交流互动的组织平台。家族治理组织体系可以规范有序地处理家族财富和家族企业传承过程中家族与家族成员之间、家族成员相互之间,以及家族成员与家族财富之间的各种关系和各种问题。

　　在实践中,家族治理组织结构往往包括家族议事决策机构——家族大会、家族事务常设处理机构——家族理事会,以及专门办理家族各项具体事务的专门委员会(如家族教育委员会、家族慈善委员会、家族投资委员会等)。此外,设立家族事务管家——家族办公室的做法也日益普遍。具体的组织体系的设置，需要结合家族的实际情况与需求，进行个性化的设计。

1. 家族治理的组织结构

国内外研究一再表明，家族并非同质化的单一实体。相反，家族成员成年并组成家庭后，家族具有天然的分离倾向。我国很多民营企业发展起来后，往往因分家而分立，无法形成大规模的企业集团。其中的重要原因就是，欠缺家族权威来协调不同家庭分支的矛盾，更缺乏特定的组织与机构应对部分家族成员的机会主义。组织体系的缺乏是家族松散、分离的重要催化剂。正如公司的高度组织化使其能够整合内外部资源、自主地运转，家族治理要想真正整合家族，使其成为具有归属感与向心力的家族团体，离不开家族治理构建的组织体系。

不过，家族治理的组织化程度，与家族本身的复杂性，尤其是家族企业的发展阶段有密切关系。相关研究表明，家族委员会或家族大会等正式治理组织的形成，与家族企业的跨代生存有着显著的相关性。"对于规模较大且资历老的家族企业来说，治理结构可能会变得相当复杂，比如横跨企业中多个复杂系统，服务于众多的目标人群、利益相关者和支持者。为了家族企业的繁荣，家族企业必须建立一套清晰的基础结构来管理员工、企业和顾客。随着一个家族传承到下一代，它已经成为一个复杂的结构，会出现几个家族分支，不同的利益和利益相关者，以及面临协同和有效性的挑战。"①

1.1 公司治理组织结构的启示

一个家族如何来选择、确定适合自身特点的家族治理组织结构呢？

前已述及，虽然家族在很多方面不同于国家、公司这样高度组织化、结构化的组织，但是国家治理特别是公司治理的功能、经验与实践可以为家族治理提供很好的借鉴。家族治理的概念与实践也正是借鉴公司等正式组织的治理而产生。

中国传统家族在治理上存在着丰富的实践，但是并没有在理论上将之概括为家族治理，而且随着社会的发展，家族及其影响逐渐弱化，中国传统家族在治理上的特色与实践也逐渐被淡忘。作为舶来品，现代意义上的家族治理是对西方发达国家一些成功实现财富传承的家族进行研究，对其建构家族、处理家族事务方面的经验教训做出的抽象总结。由于家族治理与家族企业天然具有不可分割的关联，现代公司治理的理论与实践对于家族治理领域产生了极为重要的影响。

鉴于此，我们首先来看现代公司治理的组织结构。充分了解并理解公司治理的组织结构，可以充分借鉴其有用价值，有助于一个家族设计属于自己的家族治理组织结构。

---

① 涂玉龙：《家族企业的可持续性发展：家族和企业的发展与平衡》，中国经济出版社 2018 年，第 72 页。

公司治理的组织结构

公司治理是一个宽泛的概念，有广义与狭义之分。狭义的观点认为，公司治理仅涉及公司内部的权力和责任配置；广义的观点认为，除了公司内部机制外，外部市场的力量，即公司外部的产品和要素市场、经理人市场、资本市场、公司控制权市场等也是公司治理机制的组成部分。[1]

完善的公司治理体系，不仅有助于解决股东与职业经理人、职业经理人与员工之间因委托代理问题形成的不信任，从制度上保证所有者（股东）的控制与利益，还能协调企业内各利益集团的关系，促进企业内部成员的相互合作，提高不同部门的协作能力，改善企业经营绩效，提高抗风险能力。

由于公司在现代经济社会中具有举足轻重的地位，因此，现代各国均以法律形式对公司治理进行了明确而详细的规制，规制的重点无不在于公司治理的组织体系，可以说，现代公司法本质上就是一部"公司组织法"。

在公司内部组织架构上，不同的国家存在较大差异。从域外英国、美国、法国、德国等国家的情况来看，主要有两种不同的模式。一种为双层制，公司设立股东会，产生监事会，监事会进而产生董事会；另一种为单层制，公司设立股东会，股东会直接产生董事会，不设专门的监督机构。我国公司法对于公司组织机构的设计，不同于上述两种机制，而是形成了独具特色的三权分

---

[1] 王军：《中国公司法》，高等教育出版社2015年，第212页。

立形式，归纳起来即"三会一层"。其中，"三会"是指股东（大）会、董事会和监事会，"一层"是指高管层。股东（大）会由公司的全体股东组成，是公司的权力机构；董事会由公司股东选任的董事组成（上市公司董事会下还有战略委员会、审计委员会、任免委员会、薪酬委员会等专门委员会），是公司的执行机构，对股东（大）会负责；管理层由董事会聘任的高级管理人员组成，是公司的具体运营机构，对董事会负责；监事会由股东选任人员和职工选任人员担任，是公司的监督机构，负责监督董事和经理，对股东（大）会负责。

图 4-1 展现了现代公司治理组织结构的典型模式，不过，封闭公司与公众公司在治理结构上存在较大差异。

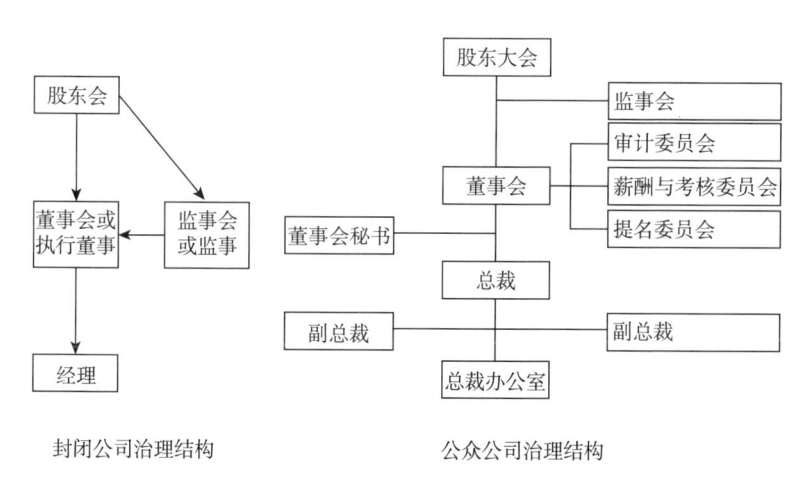

封闭公司治理结构　　　　公众公司治理结构

图 4-1　公司治理组织结构

公司治理组织的权责分配

我国《公司法》主要区分了有限公司（相当于域外的封闭公司）与股份公司（相当于域外的公众公司）两种组织形式，不过这两种形式的公司在治理组织结构上均遵循了权力机构、执行机构、运行机构与监督机构分置并相互制衡的构建理念，只是不同形式的公司在各机构的组成方面繁简要求有所不同，但在基本的权力和职责分配方面大致相同，具体如下：

- **股东（大）会**。股东（大）会是公司的最高权力机构，负责决定公司的经营方针和投资计划；选举和更换非由职工代表担任的董事、监事，决定有关董事、监事的报酬事项；审议批准董事会的报告，审议批准监事会或者监事的报告，审议批准公司的年度财务预算方案、决算方案，审议批准公司的利润分配方案和弥补亏损方案；对公司增加或者减少注册资本做出决议；对发行公司债券做出决议；对公司合并、分立、解散、清算或者变更公司形式做出决议；修改公司章程；行使公司章程规定的其他职权。

- **董事会**。董事会是公司的执行机构，对股东（大）会负责，负责召集股东会会议，并向股东（大）会报告工作，执行股东（大）会的决议；决定公司的经营计划和投资方案，制订公司的年度财务预算方案、决算方案，制订公司的利润分配方案和弥补亏损方案，制订公司增加或者减少注册资本以及发行公司债券的方案，制订公司合并、分立、解散或者变更公司形式的方案；决定公司内部管理机构的设置，决定聘任或者解聘公司经理及其报酬事项，并根据经理的提名决定聘任或者解聘公司副经理、财务负责人及其报酬事项；制定公司的基本管理制度；行使公司章程规定的其他职权。

- **监事会**。监事会是公司的监督机构，由股东代表监事和职工代表监事组成，股东代表监事由股东（大）会选举和罢免，职工代表监事由公司职工民主选举产生。监事会负责检查公司财务；对董事、高级管理人员执行公司职务的行为进行监督，对违反法律、行政法规、公司章程或者股东会决议的董事、高级管理人员提出罢免的建议；当董事、高级管理人员的行为损害公司的利益时，要求董事、高级管理人员予以纠正；提议召开临时股东会会议，在董事会不履行召集和主持股东会会议职责时召集和主持股东会会议；向股东会会议提出提案；董事、高级管理人员执行公司职务时违反法律、行政法规或者公司章程的规定，给公司造成损失的，依法对董事、高级管理人员提起诉讼；行使公司章程规定的其他职权。
- **高级管理层**。高级管理层是公司的运行机构，负责组织公司日常经营管理活动。根据《公司法》第二百一十六条，公司的经理、副经理、财务负责人，上市公司董事会秘书和公司章程规定的其他人员，属于高管序列。高管主要依据法律法规、公司章程规定以及股东（大）会、董事会的授权行使职权。

尽管法律上对公司治理结构有基本要求，但法律也给予公司足够的自治空间，因此每个公司的治理实践也是不断调整和完善的。实践中没有一成不变的治理模式。费希尔教授曾说："公司的历史表明，任何不能因势调整公司治理结构的公司，无不在竞争中败北。"[1]

1.2 家族治理的典型组织结构

对公司治理组织结构的借鉴

现代公司治理结构为家族治理组织体系的构建提供了重要的参考。目前家族治理实践中普遍采取的"家族大会—家族理事会—家族办公室"的组织结构，很大程度上就是对公司治理结构的借鉴。

家族大会相当于公司的股东（大）会，由全体家族成员构成，是家族事务的最高权力机构，负责家族重大事务的决策与（或）家族成员之间的沟通交流。家族理事会相当于公司的董事会，一般由家族大会选任成员担任，是家族事务的执行机构，负责家族重大政策的执行并对家族大会负责。家族理事会根据需要也可以像公司董事会那样下设专门委员会辅助处理专项事务，如家族教育委员会、家族慈善委员会等。家族办公室相当于公司中的管理层，是家族事务的运营机构，负责处理具体的家族事务，

---

[1] Frank H. Easterbrook, Daniel R. Fischel. The Corporate Contract. *Columbia Law Review* 1989(89): 1416.

所需人员一般由家族理事会选聘并对家族理事会负责。

图 4-2 就是一个正式完备的家族治理组织结构的典型。

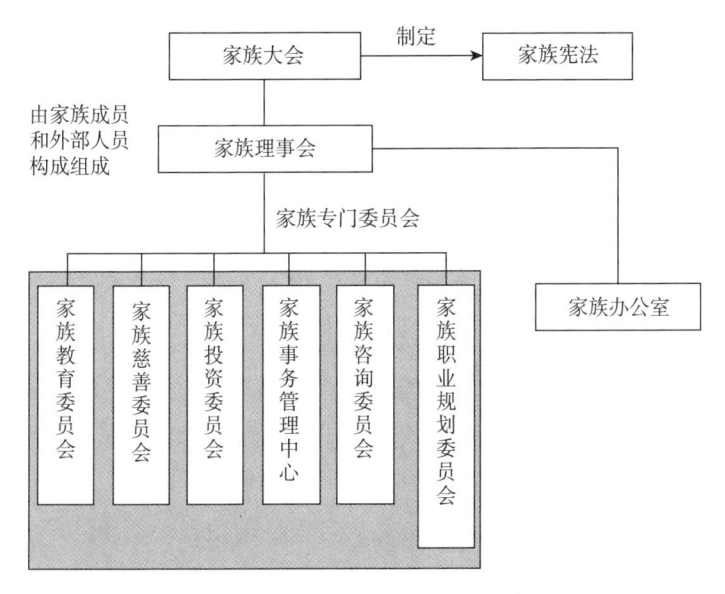

图 4-2 家族治理组织体系架构

不过，相比公司治理组织结构，实践中，家族治理组织结构还鲜见类似公司监事或监事会的正式监督机构。对于公司而言，履行监督职责的监事或监事会是必须构建的监督机构。这并不意味着家族治理不需要监督。"没有监督的权力必然导致腐败"，这是一条铁律。实践中，设立了具有决策功能的家族大会的家族，家族大会作为家族事务的最高权力机构，本身就含有监督的功能，之所以没有另行构建独立的家族治理监督机构，也许是当下家族认为没有这个必要，也许是与治理成本考虑有关。对于没有设立家族大会而仅仅设立理事会的家族，理事会的决策程序中也可能不同程度地包含互相制衡的监督内容。

对此，我们建议，一个家族在考虑家族治理组织结构时，应该事先充分关注到监督功能的配置，至于在什么时候、以什么方式配置监督功能，每个家族可以根据自身的具体情况做出不同的选择。

家族治理组织结构的个性化特征

如前文所述，在家族治理组织结构方面，虽然实践中已经发展出了某种具有普遍指导意义的典型结构模式，但同时也有另一个显著特点，就是它的个性化和灵活性。

在国家治理、公司治理和家族治理这三种现代典型治理模式中，国家治理是强法定性的治理，公司治理是法定性与自治性相结合的治理，而家族治理则是完全自治性的治理。家族治理的强自治性意味着，家族能够充分考量家族自身、所有权以及企业等不同环节的特殊情况与发展阶段，灵活构建符合自身需求的治理组织结构。

家族与企业都有自身的生命周期，处于动态发展之中，家族与企业所处的发展阶段不同，家族规模（以人数为主要考量因素，以财产为辅助考量因素）也不同。据此，我们提出了一个简要的家族类型模型，即根据不同发展阶段的家族规模大小，将家族区分为小型家族、中型家族与大型家族三类（见表4-1）。

表 4-1　家族类型模型

家族发展阶段及资本	小型家族	中型家族	大型家族
家族发展阶段	一代创业阶段	二代守业阶段	传承超过三代
家族人力资本	以核心家庭为主（几个人）	由若干核心家庭组成（十几人）	由若干家庭分支组成（几十人以上）
家族金融资本	家族非经营性资产少，家族企业处于单一所有者阶段	拥有较多非经营性资产，家族企业处于若干兄弟姐妹合伙经营阶段	拥有大量非经营性资产，家族企业规模庞大，处于多个堂（表）兄弟姐妹联合经营阶段
家族文化和社会资本	拥有较少的社会资源；家族核心价值观处于形成期；家族传承愿景不明确	在当地社会拥有一定的声誉与社会关系；家族核心价值观基本形成；有较强的传承愿景	属于社会望族，拥有丰富的社会资源；形成了明确的家族核心价值观；有明确的传承愿景

处于不同发展阶段的不同规模家族，其组织结构的方方面面包括组织形态、组织规范、组织职责等在规格上均会有明显的需求差异。表 4-2 是我们针对不同规模家族提出的一个简易家族治理组织规格模型。

表 4-2　家族治理组织规格模型

组织结构	小型家族	中型家族	大型家族
治理组织形态	家长威权、非正式家庭会议、虚拟家族办公室	家族大会、联合或虚拟家族办公室	家族大会、家族理事会、单一或联合家族办公室

续表

组织结构	小型家族	中型家族	大型家族
组织规范形式	家族传统、简单家训家规、非正式协商程序	家族使命宣言、局部性家族契约、较正式会议程序	"家族宪法"、局部性家族契约、正式会议程序
治理组织职责	简单、集中	比较全面、相对集中	非常全面、分工协作、互相制衡
家族成员参与性	全部家族成员参与	全部家族成员参与	家族代表参与为主
组织决策机制	家族民主集中制	协商为主、表决为辅	表决制

在考虑设置什么规格的家族治理组织结构时，不同类型的家族应该遵循量体裁衣的个性化原则。

对于小型家族，因为人数很少，通常为几个人，治理职责简单而集中，所以在治理组织形态上，一般不需要设立家族大会或家族理事会，依靠家长权威通过非正式家庭会议即可基本解决家族事务，同时，可以通过与外部专业资源合作方式设立虚拟家族办公室，辅助家长解决相关专业问题。在组织规范和决策机制上，通常也没有必要制定正式的治理文件、采用正式的治理程序，往往通过口口相传、以身作则的家族传统并辅之以简单的家训家规，依靠家族的权威实行家族民主集中制，即可基本达到小型家族的治理目的。

对于中型家族，人数也不多，通常为十几个人，治理职责虽然有所增加但还相对集中，因此，在治理组织形态上，可以设立由全体家族成员参与的家族大会，并根据需要设立联合家族办公室或虚拟家族办公室对家族大会提供专业支持，一般不需要设立家族理事会。在组织规范和决策机制上，通常也没有必要制定正式而全面的"家族宪法"，通过简明的家族使命宣言、局部性家族契约（如家族信托、家族企业契约等）等治理文件，采用比较正式的会议程序，实行协商为主、表决为辅的决策机制，即可基本满足中型家族的治理需求。

对于大型家族，人数众多，通常为几十人甚至上百人，产业规模也十分庞大，因而家族的治理职责变得异常繁多复杂，在治理组织形态上，通常需要采用"家族大会、家族理事会、家族办公室"三位一体、分工协作、相互制衡的典型治理结构。在组织规范和决策机制上，也有必要制定正式而全面的"家族宪法"辅之以局部性家族契约，采用严格而正式的会议程序，建立起以家族代表参与、民主表决为主的决策机制，方能满足大型家族的治理需求。

事实上，实践中并不存在一个普遍适用的家族治理模式。家族要不要设立由家族大会—家族理事会—家族办公室构成的典型的家族治理组织架构，还是仅仅设立某一类机构？应该赋予这些机构什么样的职责和什么样的履责程序？诸如此类的问题，均取决于一个家族在人员和财产方面的规模、状态以及代际发展阶段等个性化因素，具有很大的选择灵活性。一句话总结：适合的，就是最好的。

1.3　家族治理与企业治理的协同

平衡家族与家族企业

由于高净值人群的主体是企业主，家族企业是大部分家族的重要资产，因此在构建家族治理组织体系时，家族企业的因素不容忽视。

家族因素的介入，让家族企业的存续与发展深深烙上了家族的印记。家族关系是一把"双刃剑"，既可以发挥家族的力量，推动做大做强企业，也可能给企业造成负担，尤其是家族内部纷争，往往直接关系到家族企业的成败。尽管在表面上家族与企业是一个利益共同体，但实际上家族与企业之间也有各自不同的需求或目标，并经常处于冲突之中。家族优先还是企业优先？这是家族企业治理中的一个现实困境。这个问题的实质是如何处理家族与家族企业之间的利益冲突，特别是家族成员介入企业的程度以及如何处理家族与外部人员（如职业经理人）之间冲突的问题。答案不同，结果也可能完全不同。

因此，在设计家族治理组织体系时，必须考虑与家族企业治理的协同性。家族治理与企业治理的良好协同，有助于协调家族与企业之间的利益冲突，既嵌入家族对企业的适当干预，维持家族的控制权，又能发挥外部人员的价值，改善家族企业的治理模式。

对此，有两种设计思路：一种是在家族治理中嵌入企业元素，另一种是在企业治理中嵌入家族元素。

在家族治理中嵌入企业元素

对于平衡和处理家族与企业的关系，在实践中存在截然不同的两种做法。

一些家族意识到家族过分介入或干预企业的弊端，将家族与家族企业进行严格隔离，在家族层面不讨论家族企业事务，而是以促进家族成员之间交流、沟通、协同、合作作为家族大会的主要宗旨及活动内容。至于家族企业事务，则完全交给企业治理结构去解决。从实践上看，这种绝对性做法属于少数派。

更多的家族试图调和家族与家族企业之间时常发生的紧张关系，以达到家族利益和企业利益之间的某种平衡。通常的做法就是在家族治理组织结构的安排中嵌入企业元素，以维持家族的控制权，并缓冲、调和双方之间的冲突。主要措施体现在：

- √ 家族成员在家族大会或家族理事会上充分讨论、交流乃至决策家族企业的重大事项；
- √ 家族理事会下设立专门的家族企业委员会或类似机构，家族企业重大决策须听取前述机构的意见；
- √ 家族理事会的成员与家族企业董事会的人选大量重合，甚至要求一定比例的家族理事会成员必须为企业董事会成员；
- √ 邀请家族企业的职业经理人等外部人士列席家族大会、家族理事会，参与讨论、发表意见；
- √ 家族理事会负责家族企业接班人的选任及评估等。

在企业治理中嵌入家族元素

当然,平衡家族与企业的利益关系,除了在家族治理组织结构中嵌入企业元素外,另一种做法可以是在家族企业治理结构中嵌入家族元素。有国外学者在一项对中等规模家族企业的研究中发现,46%的企业遵循企业和家族同为第一的导向,在强调企业目标的同时强调家族技能、家族和谐和家族机会。在这些企业中,企业主和管理者会让更多的家族成员加入董事会,从而更容易将家族视角融入企业治理决策,在战略、人力资源和继承问题上,考虑了企业和家族的双重需求。在将家族成员纳入治理决策的企业中,家族的结果要好得多。[1]

实证研究表明,在家族企业治理机构中嵌入家族元素,为家族提供了一个共同的目的、结构和与社会互动的机制,家族参与家族企业治理结构有助于家族成员理解共同的使命,巩固家族企业文化,增强家族的认同和家族成员的团结。

上述两种方式将家族成员及利益相关者纳入家族治理或企业治理结构,通过一套清晰的基础结构来管理家族成员、企业员工及管理层,有助于整合并解决家族与企业长期发展过程中面临的重大问题。放眼全球,实现家族企业百年传承的家族,无一例外都是在家族治理与家族企业治理协同上下苦功夫的典范。

穆里耶兹家族就是一个很好的例子。

---

[1] 涂玉龙:《家族企业的可持续性发展:家族和企业的发展与平衡》,第66—67页。

穆里耶兹家族的协同实践

以穆里耶兹家族为例,其成功传承五代以上的重要经验就是,将家族企业的经营管理纳入家族治理的框架体系,持续构建完善的家族会议、家族委员会、家族理事会、家族办公室、家族银行等治理结构,巧妙设计家族与企业职业经理人的关系,适当干预企业的经营管理,有效地解决所有权、控制权、经营权及收益权的配置问题,并通过家族治理培养合格的接班人,防止家族企业被无能之辈接管(见案例4-1)。

> **案例4-1 穆里耶兹家族通过家族治理体系实现财富传承**
>
> 穆里耶兹家族目前已经传承至第五代,家族成员超过1000人,600人持有家族企业的股份,这当中又有250人直接参与家族企业的经营。其家族企业包括国际零售巨头法国欧尚集团(Auchan)、体育用品超市迪卡侬(Decathlon)、建材超市乐华梅兰(LeroyMerlin)、汽车修理店(Norauto)、服装超市凯家衣(Kiabi)、零售巨人菲尔达(Phildar)、平价连锁餐厅(Flunch)、比萨连锁店(Pizzapai)、家电零售商(Boulanger)、设备租赁公司(Kiloutou)、连锁超市(SimplyMarket)等。
>
> 穆里耶兹家族的成功并非偶然。穆里耶兹家族设有四大机构:穆里耶兹家族成员联合会(AFM),由获得批准的家族

成员组成；家族顾问委员会，由家族成员联合会的成员选举产生，宗旨是确保家族利益优先于个人利益，评价公司的战略决策是否可行，批准家族成员进入 AFM；家族最终控股公司（CIMOVAM）是家族持股平台，有效实现了家族股权紧锁与内部股权流动等功能；家族特别私有基金，主要为家族成员提供经济援助。

穆里耶兹家族成功的经验可概括为以下几点。

一是有效的家族治理机制。穆里耶兹家族的治理机制十分有效，不仅具有完善的权力机制、制约机制、激励机制和责任机制，而且具有灵活的调整机制和退出机制。为了有效调整家族成员在家族中的参与程度，家族成员联合会每年5月举办一次家族内部的股权交易会，实现家族成员股权有序的内部流转。

二是开放的所有权及经营权理念。穆里耶兹家族的所有权理念是每个家族继承人都可以成为家族企业所有者，但家族成员的股份分配不是平均的。在家族企业中广泛实施员工持股计划，实践企业家族化的理念。穆里耶兹家族在经营权上也非常开放，不仅选拔优秀的家族经理人参与家族企业经营，也引进和重用了大量的职业经理人主导或参与家族企业经营。这使穆里耶兹家族有效地解决了所有权、控制权、经营权及收益权的配置问题。

三是卓有成效的传承规划。穆里耶兹家族具有十分有效的接班人培养机制及清晰的接班人培养流程、考核机制、选拔机制、淘汰机制等，避免了将家族企业"权杖"传给无能的后代。

案例来源　参见古斯塔夫斯·迈尔斯：《美国豪门巨富史》，汇添富基金编译，上海财经大学出版社 2009 年。

1.4　李锦记家族治理实践

鉴于家族治理是家族实践活动的提炼与升华，本部分将以李锦记家族的鲜活案例，帮助大家进一步了解与认识家族治理组织体系。

众所周知，"李锦记"（指李锦记集团公司，集团总部位于中国香港，下同）是国际知名的中式酱料品牌，于 1888 年由李锦裳先生在中国广东珠海南水镇创立。在持续创业并成功传承近 120 年后，李锦记家族异乎寻常地提出"以家族为中心"的传承方案，构建家族与企业适当分开的双重治理结构，并依托家族委员会、家族价核心值观、"家族宪法"等软硬结合的治理体系，传承到了第四代（见图 4-3 和图 4-4）。[①]

[①] 李新春，何轩，陈文婷：《战略创业与家族企业创业精神的传承——基于百年老字号李锦记的案例研究》，载 2008 年 10 月《管理世界》。需要指出的是，该文发表之时距今已过去十多年，事实上，李锦记如今已经传承到了第五代。

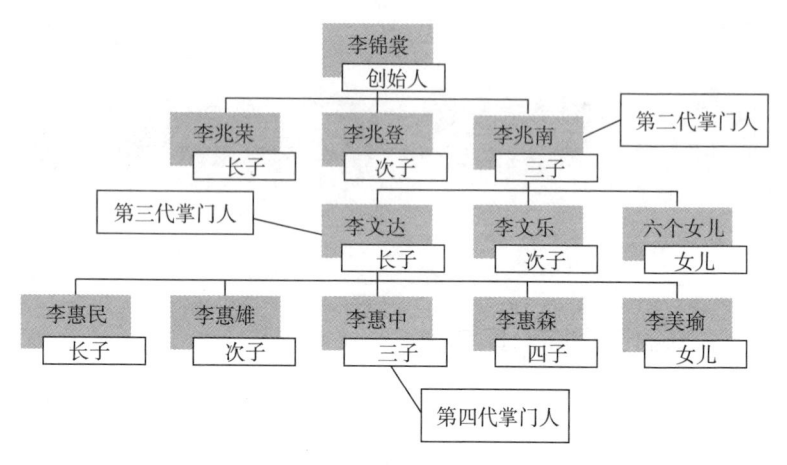

```
                    ┌─────────┐
                    │ 李锦裳  │
                    │ 创始人  │
                    └────┬────┘
         ┌───────────────┼───────────────┐
    ┌────┴───┐     ┌────┴───┐     ┌────┴───┐
    │ 李兆荣 │     │ 李兆登 │     │ 李兆南 │──── 第二代掌门人
    │  长子  │     │  次子  │     │  三子  │
    └────────┘     └────────┘     └────┬───┘
                        ┌───────────────┼───────────────┐
                   ┌────┴───┐     ┌────┴───┐     ┌────┴───┐
  第三代掌门人 ────│ 李文达 │     │ 李文乐 │     │六个女儿│
                   │  长子  │     │  次子  │     │  女儿  │
                   └────┬───┘     └────────┘     └────────┘
         ┌───────────┬───┴───────┬───────────┬───────────┐
    ┌────┴───┐  ┌────┴───┐  ┌────┴───┐  ┌────┴───┐  ┌────┴───┐
    │ 李惠民 │  │ 李惠雄 │  │ 李惠中 │  │ 李惠森 │  │ 李美瑜 │
    │  长子  │  │  次子  │  │  三子  │  │  四子  │  │  女儿  │
    └────────┘  └────────┘  └────┬───┘  └────────┘  └────────┘
                              第四代掌门人
```

图 4-3 李锦记家族图谱

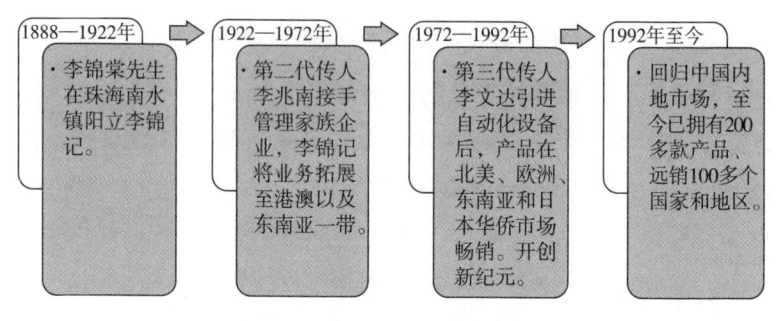

1888—1922年 ➡ **1922—1972年** ➡ **1972—1992年** ➡ **1992年至今**

- 李锦棠先生在珠海南水镇阳立李锦记。
- 第二代传人李兆南接手管理家族企业，李锦记将业务拓展至港澳以及东南亚一带。
- 第三代传人李文达引进自动化设备后，产品在北美、欧洲、东南亚和日本华侨市场畅销。开创新纪元。
- 回归中国内地市场，至今已拥有200多款产品，远销100多个国家和地区。

图 4-4 李锦记企业发展脉络

李锦记的传承事例被作为成功典范广泛传播，但实际上，传承过程也并不是一帆风顺的，其间，家族经历了大小家变多次，起因多是家族成员对于家族企业发展方向的不同理解。第三代掌门人李文达意识到"家族和谐了生意才会好"，想到自己共有四子一女，必须在家族内部建立一些规则，才能保证李锦记品牌与家族健康地延续下去（见案例4-2）。

案例4-2　李锦记家族治理组织体系（见图4-5）

2003年，李锦记家族在考察瑞士、英国、美国及日本等家族企业传承经验的基础上，决定构建家族治理组织体系，强化家族对成员的内部约束，减少家族对企业经营的无序干扰。更为重要的是，这套组织体系为家族构建了一个凝聚所有成员的平台，建立了防范家族分裂、促进家族团结协作的机制，为家族代际传承及持续创业奠定了坚实的基础。

(1) **家族委员会。**

首先是创建了沟通和协商平台——家族学习和发展委员会（以下简称家族委员会），作为家族治理的最高组织形式。所有李锦记和家族中重要的决策都在家族委员会上面议决定。家族委员会的核心成员有七人，即李文达和夫人加上五个子女，家族委员会的主席则由大家轮流担任。家族委员会每三个月开一次会，每次会议一般是4天，核心成员必须参加，迟到者要罚款2000港元，其他家族成员尽量参加。

每年的年会则是所有家族成员必须参加。会议一般选择在能够让人身心放松的场所，诸如游艇或者高尔夫球场。会议在轻松的气氛中进行，如果是在球场举行的话，流程一般是这样：上午7点到9点，大家打高尔夫，然后再开会；下午，先开会，4点到6点，大家再一起打高尔夫。气氛虽然轻松，不过对于家族和家族企业发展的决策却是严谨和认真的，每一个重大决策都是七人投票决定，过半数就通过。

为了避免自家人对家族事业的讨论过于主观，2005年以来，李锦记家族委员会还引入了家族外的专业人士参加，香港贸易发展局前总裁施祖祥加入李锦记家族委员会。

家族委员会采用了家族集体领导的模式，不再指定家族企业的接班人，重大的事务全部由家族委员会集体讨论决定，避免成为颁布家长意志的独裁机构。成员由李文达夫妇和五个子女构成，委员会主席一职轮流担任，主席要按照家族事业现行状况选择议题、安排日程。

家族委员会各机构的职能分工：

√学习和发展中心。学习和发展中心是家族治理结构中规划后代家族成员培养的具体执行机构，对后代家族成员的价值观念和创业能力培养做了更为细致的制度化安排，尤其关注家族核心价值观的传播。负责人由第四代成员轮流担任，既保证了第四代在后代培养上的共同参与，也提供了后代家族成员向每位前辈创业者学习的机会。

√家族议会。从属于家族委员会，是全体家族成员（包括配偶）的沟通平台。根据需要不定期举行会议，讨论需要所有成员共同参与的家族内部事务。家族议会可由一名家族委员会成员提议，或由其他家族成员提议，经家族委员会批准召开。

√"超级妈妈"小组。这是专为妈妈们交流培养后代的经验提供的沟通渠道，家族内所有妈妈都参加。每月碰一次面，交流对孩子的教育。

√家族慈善基金。主要负责家族层面的慈善事务，是家族承担社会责任的机构。

√家族投资中心。负责管理家族在业务之外的其他投资，也支持可行的创新业务。

√家族办公室。它是家族事务的常设性支持机构。每一个专门的项目都有专人负责，其中，家族基金、投资中心、学习及发展中心，要照顾从10岁到85岁的家族成员，负责人需要在每一次家族会议上汇报工作进度。

```
                 家族委员会 —— 家族会议
                      |
                "超级妈妈"小组
    ┌─────┬──────┬──────┬──────┐
   企业  家族办公室 家族慈善基金 学习和发展中心 家族投资中心
    │
 ┌──┴──┐
李锦记   李锦记健康
酱料集团  产品集团
```

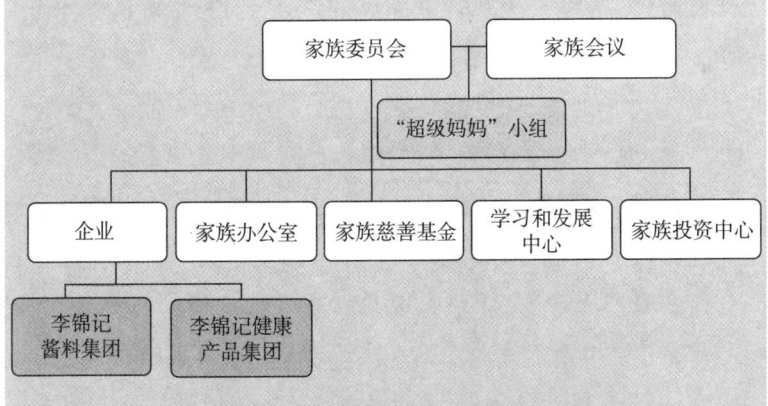

图 4-5　李锦记家族治理组织体系

设置家族委员会后，家族成员对于在家里和在公司里该讨论什么议题，区分得非常清晰。一般而言，有关企业发展的重大事项是在董事会层面讨论，而有关家族的事务则都在家族委员会中得以解决。这样既保证了家族对企业的控制力与影响力，又体现了家族企业的特色，同时规范了企业的经营管理各项活动。

(2) 家族会议。

家族委员会最主要的活动方式是召开家族会议，目的就是在发挥个人强项的基础上统一意见。每一次家族会议都把所有问题拿出来谈：直面问题，制定目标，达成共识，统一口径。

在具体会议形式上，家族委员会每季度召开一次会议，会期四天。会议首日，每人进行自我介绍，包括自身的孩子和家庭情况；第二、第三日，讨论各项家族建设的议题；到了第四日，所有的配偶被邀请参加会议，一方面向她们通报前三天会议通过的涉及公司各方面的内容，另一方面便于交流彼此家庭生活的近况和孩子们的问题，以便当好"贤内助"，做到"心一致、行动一致"。

李锦记家族委员会还制定了人性化的议事规则，其中主要包括两个方面：可接受行为和不可接受行为。可接受行为包括"我们大于我"、坦诚表达、建设性反馈、畅所欲言、积极争论、对事不对人。不可接受行为包括负面情绪、"一言堂"、"我就是这样"、言行不一致、人身攻击。一旦有人在激烈辩论中失控，上述条规有助于缓和气氛，确保会议遵循共同规则得以继续进行。

家族会议上，每个家庭成员还要列出自己的"爽指数"，包括是否开心、压力指数、健康指数等。分数从1到10。测完之后，大家还会互相问一下，例如为什么这次"爽指数"降低了？通过这些小测试以及彼此的问候，家庭成员的关系进一步融洽。

为公平起见，每次会议都由一名家族委员会的核心成员轮流主持，主持人要对整个会议的过程负责，包括会前策划、会中执行、会后落实。每次会议结束之时，主持人都要选出下一届会议主持人，并帮助新的会议主持人做好必要的培训和准备工作。会议开始后，由新主持人开展主持工作，上届主持人担当教练角色，会后进行点评和鼓励。这样设计的目的就是把每个人团结起来。

此外，李锦记家族每年还安排家族旅游，第三代到第五代家族成员全部参加，让家族几代人一同分享和交流经验，加深了解和信任，也能让第五代了解家族使命、熟悉家族生意，无形中产生的凝聚力也对第五代起到了潜移默化的作用，通过这种形式不断强化家族的意识，使家族成员懂得"我们>我""家族>家庭"。

(3)"家族宪法"。

李锦记家族委员会成立后的第一件事情就是制定"家族宪法"。"家族宪法"的定位是既需要解决当下的问题，也要未雨绸缪。

李锦记家族提出一条"家族宪法"是：第五代家族成员要先在家族外的公司工作3—5年，才能进入家族公司，应聘的程序和入职后的考核必须和非家族成员相同。而后根据其本人的能力，赋予适当的岗位。一旦违反了公司规定，也一样会遭到辞退。在李锦记家族看来，如果一个家族公司的第五代成员从国外留学回来，就立刻擢升为家族公司的总经理，那么影响就很坏。

第二条重要的"家族宪法"规则,则是用来解决分工和治理难题:董事会一定要有非家族人士担任独立董事。酱料和保健品两块核心业务的主席必须是家族成员,主席人选每两年选举一次。集团董事长必须是家族成员,CEO可以外聘——委派家族的精英分子进入董事局去影响、保持家族控股,管理方面却要聘请市场上优秀的精英。这样可以避免家族企业壮大后容易出现的两种错误选择:一是家族化治理与对外来资源的封闭,导致企业无法实现更大规模的提升,发展陷入停滞;二是在没有合理的制度安排的情况下,盲目引入外部经理人,导致企业在产权、管理决策权、利益分配等方面的纷争,甚至在极端情况下被掏空,同样使企业走向混乱或衰落。

第三条重要的"家族宪法"内容是针对未来世代的。李锦记家族意识到,未来多元化的选择,可能发生子孙对接管公司并没有太大兴趣的情形。针对这种新情况,"家族宪法"中规定:家族成员及股东由于个人原因不想做股东了,可以退股,将股份卖给公司,但他还是家族成员,还要继续参加家族委员会。这样做,一方面维系了家族对企业的所有权,另一方面也避免了家族成员被彻底排除在家族企业之外。

最后,秉持"家和万事兴"的理念,李文达设立了"三不原则":不要晚结婚、不准离婚、不准有婚外情。如果有人离婚或有婚外情,需自动退出董事会。这一条款曾引起家族内部的争议,但李文达在目睹周围很多朋友因为家庭不和以致生意衰败、家族衰落后，深知"家和"对一个家族兴衰的决定性作用。因此，他努力说服子女，最后在家族委员会上全票通过这一条款。

案例来源　参见李锦记家族：传承 133 年，富过四代的奥秘，[EB/OL]. https://zhuanlan.zhihu.com/p/387794668. 以及新财道财富管理股份有限公司：《目标管理下的系统规划：家族财富管理之道》，中国金融出版社 2017 年，第 357 页。

李锦记家族的治理实践，为我们研究家族治理尤其是家族治理的本土化提供了生动的素材与经验。尤其是其设置的家族委员会及各职能部门，在配套的组织规则下，承担起了家族事务议事决策等职责，在李锦记家族的传承中发挥了积极作用。

不过，李锦记家族治理实践也有其独特性，许多经验无法被其他家族直接复制。如果盲目模仿或简单抄袭，很可能造成形式上的相似与实质上的大相径庭。前已述及，家族治理方式需要结合家族的实际情况来选择，李文达夫妇有五个子女，李锦记集团规模很大，构建一套正式的以家族委员会为基础的组织体系是合适的，但对于成员人数有限、企业规模较小的家族来说，构建一个类似于李锦记家族的完整的组织体系，显然在经济上是不划算的，功能上也没有必要。另外，李文达构建这样一套完整的家族治理组织体系的动因，主要是其经历了家族内部几次大的动荡，转变了观念，而中国目前绝大多数的企业家难以接受家族权威从个人转向集体，以及去中心化的决策机制。更为重要的是，李锦记家族的这套治理体系，从构建到实施，目前才数年，真正效果如何，尚待时间检验。

2. 家族大会及其构建

家族大会（包括称呼不同但功能类似的家族机构，如家族会议）有两个层面的内涵：一个层面是指家族设置的、具有最高权力机构象征的正式组织形态，类似于国家治理组织体系中的全国人民代表大会、公司治理组织体系中的股东大会；另一个层面是指家族召开的由家族全体成员或代表性成员出席并决议的会议形态，如李锦记家族召开的家族大会。

尽管许多家族选择在"家族宪法"等规范文件中将家族大会确定为家族的固有组织，并定期不定期正式召开家族大会，但即便没有固有的组织形态，家族仍然可以召开家族大会或家族会议，只不过比较不固定、不正式罢了。

构建家族大会涉及的主要考虑，包括是否设立家族大会、家族大会的职责功能、家族大会的组成成员、家族大会的召集召开以及家族大会的议事规则等。

2.1 家族大会的设置与职责

家族大会的设置

按照我们建议的家族类型模型[①]，是否设立家族大会这种组

[①] 具体参见本章 1.2 部分的论述。

织形式，应根据家族发展阶段来决定。

- 对于已经跨越三代以上的大型家族，由于成员人数众多、企业规模相对庞大，构建正式组织形态的家族大会是一个必要的选择。
- 对于一些已经传承于二代和三代的中型家族，如果成员人数较多，最好能够设立家族大会的组织形态。
- 对于尚处于第一代创业的小型家族，由于成员人数很少，一般不建议设立家族大会，但确有长远打算的，提前做好顶层设计并设立家族大会也无不可。

家族大会的职责

家族大会并非法定形态，也无法定职责，其履行何种职能，承担何种职责，完全由家族根据自己需要确定。在人员与财产方面不同体量及复杂度的家族，对于家族大会的形式及议事内容等需求存在明显差异。

有关研究成果及家族实践显示，家族大会主要具有三个方面的功能：首先，提供家族参与的意义和目的，鼓励家族成员参与家族和企业相关的事务；其次，教育与培养家族成员；最后，为家族进行统一的意思表示及行动提供有效的决策程序，为家族利益的延续提供领导力（leadership）。这三个功能共同促进家族及家族企业的永续发展。[1]

---

[1] 参见 Carlock, Randel, John Ward. *Strategic planning for the family business: Parallel planning to unify the family and business.* Springer, 2001.

根据对企业家族的访谈，有学者发现，实践中存在两类家族大会：第一类是由所有家族成员组成的家族大会，这类家族大会具有所有者会议（owner's council）的特征，主要功能是讨论和处理家族与企业的事务。但是，与正式的股东会（shareholder's meeting）不同的是，其在程序以及目的上都具有家族组织的特征，较为柔性化。第二类家族大会的目的是保存与延续家族传统，促进家族的团结，不对企业事务做出决策，也不管理家族的其他金融性资产，主要是组织家族成员的聚餐、娱乐、教育等，增进家族成员的感情。[1]

可见，根据职责功能的不同，家族大会主要分为两类：

- **凝聚型家族大会**。其主要职责是通过召开家族大会，举办全局性的家族活动，进行家族内部交流，增进家族成员感情，凝聚家族精神，促进家族成长等，不承担决定、处理家族事务的议事决策功能。

- **决策型家族大会**。这类家族大会承担议事决策功能，其主要职责是通过召开家族大会，决定、处理家族重大事务，家族成员在家族大会上有权对有关家族事务与企业事务发表意见并行使表决权。至于哪些家族事务需要由家族大会决策，完全由每个家族事先自主界定，通常会包括批准及修改"家族宪法"、决定家族理事会成员人选、决定家族财产分配政策和重大分配方案、决定家族重大投资政策与

---

[1] Ward John. *Perpetuating the family business: 50 lessons learned from long lasting, successful families in business.* Springer, 2016.

重大投资方案、决定家族与企业关系政策、决定家族企业领导人人选等。事实上，几乎所有决策型家族大会也会包含凝聚型家族大会的功能。

2.2 家族大会的组成与召开

家族大会的成员组成

家族大会通常由全体家族成员组成，既包括参与家族事务（特别是家族企业）的家族股东、家族管理者或家族雇员，也包括不参与家族事务和家族企业的家族成员。研究表明，没有参与家族事务和家族企业的家族成员构成了一个家族大约四分之一的外部网络联系，当信任的关系存在时，这部分家族成员可以提供专业知识、观点、联系、业务支持、信息和解决问题的方法。而尽可能鼓励更多成员参加家族大会，通常就是一个增进信任的最好方式。

不过，对于不同类型的家族大会，其组成人员的资格也会有所不同。

对于凝聚型家族大会，由于其主要功能就是凝聚家族成员，因此，家族全体成员都可以参加，通常也要求全体成员参加。不论男女老少，不论身份职业，也不论身处何地，只要属于家族成员的范围，都可以参加凝聚型家族大会。凝聚型家族大会是否能够达到凝聚家族成员的目的，关键在于事先精心策划的会议主题、议程和形式。

对于决策型家族大会，就其事务决策方面召开的会议，中小型家族通常由全体具有民事行为能力的家族成员参加，大型家族由于代际复杂、成员众多，事实上不可能每个成员都参加决策，通常会由每个核心家庭推选出一至两名具有民事行为能力的成员代表参加。缺乏民事行为能力的家族成员（主要是未成年人或精神障碍者）之所以不能成为此类家族大会的成员，原因是他们在法律上不具备决策能力，所做出的意思表示在法律上不能产生效力。决策型家族大会中的凝聚型会议议程，则可以也应该由全体家族成员参加，以便真正起到凝聚家族成员的作用。

对于决策型家族大会中涉及事务决策部分的会议议程，确定其组成人员时，除了考虑法律上的民事行为能力这个因素外（即具备民事行为能力），也需要特别关注以下三个可能影响决策意愿和决策能力的事实因素。

- **年轻/年长成员**。针对家族中的年轻成员，18 周岁在法律上已经是成年人，但是否需要提高年龄门槛（比如 30 周岁以上）或附加其他条件（比如具有正常职业）以表明其具备基础的决策能力，这是需要考虑的一个方面。针对家族中的年长成员，是否需要有一个最高年龄限制（比如 80 周岁），超过这个年龄标准的家族长者就不再参加决策型家族大会，这是需要考虑的另一个方面。
- **外来成员**。家族成员中的"外来人"主要是指家族成员的配偶，如儿媳或女婿。这类家族成员的身份主要基于婚姻关系而产生，也会因婚姻关系破裂而结束。事实上，由于现代婚姻关系的脆弱性，外来家族成员的身份具有很强的流动性，与家族利害关系的绑定具有某种暂时性，是否赋予他们参加决策型家族大会的成员资格，是每个家族都需要认真面对的决策。让他们参加，体现了家族心胸，也增强了家族人力资本实力，但如果他们怀有"异心"，则可能因动机不纯而增添决策乱象。

- 问题成员。对于家族中的问题成员，比如吸毒者、奢侈者、无所事事者、受到刑事处罚者以及其他违背家族核心价值观的成员等，他们在决策意愿和决策能力等方面都可能存在问题，是否允许他们参加决策型家族大会，也是一个家族需要认真考虑的事情。

家族大会的召开

家族大会的召开流程与公司股东大会的召开流程一样，通常环节包括拟定会议议程、发送会议通知、会议主持、会议讨论、会议表决、会议记录、会议文件保存等。

对于设立了家族大会的家族，如果同时也设置了家族理事会，则其家族大会一般均由家族理事会事先拟定大会议程并负责召集，由家族理事会负责人（主席或主任）主持并指定专人负责会议记录和保存会议文件；如果没有同时设置家族理事会，则可以用两种方式来召开会议：一种是选任出家族大会主席，由其负责召集召开家族大会；另一种是如果设有家族办公室，也可以委托家族办公室负责召集召开家族大会。

对于没有正式设立家族大会的家族，通常也需要召开以凝聚并教育家族成员为目的的非正式家族会议，此时一般会由家族理事会（如有）或家族办公室（如有）或直接由权威性的家长负责召集召开。

家族大会上，对于企业和家族的重大决策问题，应允许家族成员各抒己见，沟通分歧，以期达成共识，形成一致意见。在对重大事项进行决策时，有权表决的一般为成年的家族成员，未成年人可列席旁听或发表意见，但不参与表决。集体决策能避免个人独裁决断的缺陷，凝聚家族人心，齐心协力共谋家族发展大业。以李锦记家族为例，其家族委员会采用了家族集体领导的模式，不再指定家族企业的接班人，重大事务由家族集体讨论决定。

关于表决通过方式，可以根据重要程度将决策事项区分为普通表决事项与特别表决事项。对于普通表决事项，可以采取过半数通过的表决方式；对于特别表决事项，则可以采取三分之二通过或过四分之三通过甚至全体一致通过的表决方式。至于表决票数，原则上应按人头"一人一票"，但对于涉及家族企业有关的决策，也可以按照家族成员所享有的对企业权益的比重决定表决票数。具体如何确定表决方式和表决票数，最终视每个家族自身情况而定。

2.3 家族大会议事规则

关于家族大会的建立、职责、人员组成和召集召开程序，制定了"家族宪法"的家族通常会在其"家族宪法"中做出或原则性或具体的规定，许多家族还会制定更加具体的《家族大会议事规则》，就会议的议案提出、召开方式、会议主席、会议主持、会议讨论、会议表决、会议记录和会议文件保存等做出详细规定。

案例4-3是我们制作的一份决策型家族大会的议事规则示范性文本，以供参考。

> **案例4-3　家族大会议事规则示范**
>
> 1. 家族成立家族大会，由全体家族成员组成。
> 2. 家族大会的宗旨是，保存与延续家族传统，化解矛盾冲突，促进家族团结，并对家族企业及家族重大事务进行民主、科学决策。
> 3. 家族大会是家族重大事项的议事决策平台，也是家族成员互动交流的平台。其主要职责包括但不限于：
> (1) 制定、修改"家族宪法"；
> (2) 制定、修改家族愿景、使命及政策；
> (3) 决定设立或调整家族理事会、专门委员会等组织机构；
> (4) 选举、罢免家族理事会成员；
> (5) 审议批准家族理事会报告；
> (6) 审议批准家族年度财务预算方案、决算方案；
> (7) 审议批准家族企业董事会成员任命方案；
> (8) 审议批准家族企业合并、分立、解散、清算或变更企业形式等方案；
> (9) 举办年度家族会议，凝聚教育家族成员；

(10) 其他家族重大事项的决定。

4. 家族大会应当每年召开一次年会，有下列情形的，应当在两个月内召开临时家族会议：

(1) 家族理事会理事人数不足"家族宪法"规定人数的三分之二；

(2) 家族四分之一以上人数的家族成员请求召开临时家族大会；

(3) 家族理事会认为有召开临时家族大会的必要；

(4) 家族企业发生合并、分立、解散、清算或变更企业形式等重大情形；

(5) 其他与家族相关的重大事项发生。

5. 家族大会由家族理事会召集，理事会主任主持；主任不能履行职务或不履行职务的，由半数以上理事共同推举一名理事主持。

6. 召开家族会议，应当将会议召开的时间、地点和审议的事项于会议召开二十日前通知各成员；临时家族大会应当于会议召开十五日前通知各成员。

7. 家族大会做出决议，必须经出席会议的成员所持表决权过半数通过。家族大会做出修改"家族宪法"，以及家族企业合并、分立、解散或者变更公司形式的决议，必须经出席会议的成员所持表决权的三分之二以上通过。

8. 家族成员可以委托其他家族成员担任代理人出席家族会议，代理人应当提交授权委托书，并在授权范围内行使表决权。

9. 家族会议应当将所议事项的决定做成会议记录，主持人、出席会议的理事应当在会议记录上签名。会议记录应当与出席会议的签名册及代理出席的委托书一并保存。

3. 家族理事会及其构建

3.1 家族理事会的设置与职责

家族理事会的设置

大型家族由于成员人数众多，企业规模庞大，让所有家族成员参与家族事务、企业事务的讨论和决策不切实际，容易造成决策的低效、滞后，同时，家族大会只是一个非常设的决策机构，每年仅固定召开一到两次，无法及时解决问题、有效应对瞬息万变的外部世界。不仅如此，对于拥有庞大产业、成员众多的大型家族来说，家族大会就家族事务或企业事项做出决议后，还需要专门的机构来落实执行。而家族大会通常并非具体事务的执行机构。因此，大型家族除了设置家族大会外，通常还会设置家族理事会，由家族大会选举的特定代表组成，作为家族大会的常设执行机构。

家族理事会是一个专注家族事务的治理执行机构，家族理事会之于家族的重要性,犹如公司治理结构中的董事会。董事会是公司的执行机关,负责公司重大事务的决策,对公司股东(大)会负责并报告工作。同样,家族理事会作为家族内部的常设性议事机构,一般对家族大会(或家族)负责,落地执行家族大会的各项决议,促进家族内部沟通,化解家族冲突。

尽管在家族大会下设立家族理事会是常态,但在实践中,也存在特殊的形式安排。一些家族不设置家族大会,而是直接设置家族理事会,由权威性的家长、家族各分支代表或成年子女等组成,对家族的重大事务进行决策。这类家族理事会实质上兼容了家族大会的议事决策功能,一般适用于人数较少、事务较为简单的中小型家族。

家族理事会的职责

表4-3从与家族大会比较的角度,显示了家族理事会通常所具有的功能和职责,主要表现为对内处理家族重大事务,对外协调、平衡家族与企业之间的关系。

表4-3 家族大会与家族理事会对比

比较事项	家族大会	家族理事会
存在阶段	兄弟姐妹共同经营或者创业阶段,一般传承到二代或者三代	家族成员较多,堂(表)兄弟及其子女共同经营阶段,传承到四代以上
状态	正式	正式
会员资格	通常对所有家族成员开放	由家族大会按照家族建立的标准选举形成

续表

比较事项	家族大会	家族理事会
规模	可能包括创始人的子女以及兄弟姐妹，一般5—6人	取决于选举标准，通常为7—9人，最好控制在15人以内
会议召开次数	通常每年1—2次	通常每年2—6次
主要活动	（1）讨论和交流想法、分歧和愿景 （2）批准重大家族政策和程序 （3）使家族成员了解家族事务 （4）选举家族理事会成员和其他委员会成员	（1）解决家族内部冲突 （2）制定重大家族政策和程序 （3）家族规划 （4）家族教育 （5）协调企业管理层和董事会的工作关系，平衡企业和家族之间的利益

资料来源：《家族企业治理手册》国际金融公司（IFC，2009）

对家族内部而言，家族理事会通常负责执行家族大会决议（如有）、制定重大家族政策和程序、决定重大家族财产分配方案和投资管理方案、凝聚并教育家族成员，解决家族内部冲突。

对家族外部而言，家族理事会可以成为联结家族与企业的平台，负责协调与平衡家族与企业的关系。家族理事会通过与企业董事会的协同互动，可以构建起家族与企业之间牢不可破的稳固关系。家族理事会与企业董事会的职责之间存在部分交叉，家族理事会可以作为一种机制，嵌入家族企业的经营管理之中，而家族企业的董事会也可以反过来参与甚至影响家族理事会的决策。具体而言：

- ✓ 家族理事会可以嵌入家族企业的股东表决机制。比如，在家族企业股东大会上，通过合适的机制，由家族理事会统一代表家族股东集中行使表决权，既能够维持家族对企业的控制，又可以通过理事会的集体决策形成更加科学合理的决策意见。
- ✓ 家族理事会可以负责制定并执行家族企业股权的流转政策。为了防止控制权旁落，家族可以通过理事会在"家族宪法"及家族企业章程中对家族企业股权的流转做出限制，并负责执行。如规定股权只能在家族成员之间转让；家族成员离婚时，拥有家族企业股权的配偶必须将股权转让给家族成员，确保股权留在家族手中。
- ✓ 家族理事会可影响或决定家族企业的董事提名。一方面，家族理事会可以代表家族成员统一对家族企业行使表决权，可以根据家族及家族企业发展的具体情况，定期开会讨论相关政策及其修改，推选家族企业的董事等；另一方面，在相当多的情形中，家族理事会成员与家族企业的董事会成员往往重合。很多家族成员既是家族理事会成员，又具有家族企业董事的身份。
- ✓ 在制定家族与企业政策时，企业董事会也可以给家族理事会提供有关企业治理的建议。家族企业领导者可以要求董事会成员毫无顾虑地提出任何他们认为与家族和家族企业的长期福祉和成功紧密相关的问题。董事会成员则应站在家族和家族企业的角度提出建议。

3.2 家族理事会的成员组成与会议召开

家族理事会的成员组成

家族理事会通常是家族大会选举产生的组织。例如，穆里耶兹家族规模庞大，家族成员上千人，除设置一般的家族联合会（相当于本书所称家族大会）外，还设置了家族委员会（相当于本书所称家族理事会）。联合会成员选举产生家族委员会。家族委员会负责对进入家族联合会的成员进行审核。按照穆里耶兹家族的"家族宪法"，家族联合会每四年举行一次会议，会议选出7名家族联合会成员共同组成家族委员会。[①]

家族理事会作为家族重大事务的常设执行机构，一般根据家族的规模大小来确定理事会成员的人数。我们建议5—9人较为理想，最多不要超过19人，以免造成决策困境。理事会需要选任一名主席（或主任，或理事长）作为负责人，根据需要也可以选任一至多名副主席（或副主任，或副理事长）协助工作。理事会成员是否取酬，由家族自主决定。为了激励理事会成员履职，建议给予适当报酬。

由于理事会成员对内参与家族事务决策、对外代表家族行事，肩负的责任与使命重大，因此，对理事会成员的任职资格和选拔条件应有更高的要求。除了需要考虑决策型家族大会参与成员所要考虑的因素[②]外，对于理事会成员需要更加注重履职意愿、

[①] 刘东辉：《家族企业治理研究》，清华大学博士论文，2019年。
[②] 这些因素详见本章2.2部分的相关讨论。

履职能力和履职操守方面的要求,如年龄、品行、工作年限、在家族企业任职情况以及某些专业要求等。对于理事会成员的任期,可以做出灵活安排。

家族理事会会议的召开

家族理事会会议的召开流程与公司董事会会议的召开流程类似,通常由拟定会议议程、发送会议通知、会议主持、会议讨论、会议表决、会议记录、会议文件保存等环节构成。

家族理事会会议由理事会负责人事先拟定大会议程并负责召集,通常也由理事会负责人主持并指定专人负责会议记录和保存会议文件。家族理事会会议应当定期召开,定期会议次数最好一年不少于4次,也可以根据需要召开临时会议。

关于表决通过方式,可以根据重要程度将决策事项区分为普通表决事项与特别表决事项。对于普通表决事项,可以采取过半数通过的表决方式;对于特别表决事项,则可以采取过三分之二或过四分之三甚至全体一致通过的表决方式。至于表决票数,原则上应按人头"一人一票"。具体如何确定表决方式和表决票数,最终视每个家族自身情况而定。

3.3 家族理事会议事规则

关于家族理事会的建立、职责、人员组成和召集召开程序,制定了"家族宪法"的家族通常会在其"家族宪法"中做出或原则性或具体的规定,许多家族还会制定更加具体的《家族理事会议事规则》，就会议的议案提出、召开方式、会议主席、会议主持、会议讨论、会议表决、会议记录和会议文件保存等做出详细规定。

案例4-4是我们制作的一份家族理事会议事规则示范性文本，以供参考。

案例4-4　家族理事会议事规则示范

第一条　家族成立家族理事会，成员为9人，由家族大会选举产生。理事任期3年，任期届满，可连选连任。

理事任期届满未及时改选，或者理事在任期内辞职导致家族理事会成员低于"家族宪法"规定人数的，在改选出的理事就任前，原理事仍应当依照"家族宪法"及本规则的规定，履行理事职责。

理事会设主任一人，由全体理事过半数选举产生。

第二条　理事会是家族大会的常设机构，主要职能是讨论家族成员提议的家族相关事务，并由理事会成员进行充分讨论后形成决议。具体包括：

（一）召集家族大会，向家族大会报告工作；

（二）负责执行家族大会的决议；

（三）制定家族愿景、使命及政策，如家族雇佣政策、家族企业薪酬政策、家族企业持股政策等；

（四）制定家族发展重大战略；

（五）制订家族年度计划、预算及决算方案；

（六）制定家族企业重要的内部管理制度；

（七）家族大会休会期间，对家族重大事务进行决策；

（八）设立、调整家族专门委员会等机构；

（九）决定家族教育、慈善等重大活动计划，包括资金的募集、管理、使用和投资计划；

（十）决定聘任或解雇外部专业机构及名誉职务（包括但不限于荣誉会长、荣誉顾问）等；

（十一）推荐和讨论家族企业董事会人选；

（十二）家族大会授权的其他职权。

第三条 理事会会议由主任召集和主持；主任不能履行职务或者不履行职务的，由半数以上理事共同推举一名理事履行职务。

第四条 理事会每年度至少召开两次会议，每次会议应当于会议召开十日前通知全体理事。

家族三名以上成员，理事会主任或三分之一以上的理事，可以提议召开理事会临时会议。理事会主任应当自接到提议后十日内，召集和主持理事会会议。

第五条 理事会会议应有过半数的理事出席方可举行。理事会做出决议，必须经全体理事过半数通过。

理事会决议的表决，实行一人一票制。

第六条 理事会会议应由理事本人出席；理事因故不能出席，可以书面委托其他理事代为出席，委托书中应载明授权范围。

第七条 理事会应当将会议所议事项的决定做成会议记

录，出席会议的理事应当在会议记录上签名。

理事应当对理事会的决议承担责任。理事会的决议违反法律、行政法规或者"家族宪法"、家族理事会议事规则、家族大会决议等家族文件，致使家族或家族企业遭受严重损失的，参与决议的理事负赔偿责任。但经证明在表决时曾表明异议并记载于会议记录的，该理事可以免除责任。

第八条 家族成员要选任为家族理事会成员，须满足以下任职资格：

（一）具有较强的家族归属与责任意识，关注家族价值观的传承与强化。

（二）为人公道，品行端正，独立客观地参与议事。

（三）具有较强的议事能力、决策能力和人际沟通能力。

（四）身体健康，头脑清醒，吃苦耐劳，能坚持正常工作。

（五）年满四十周岁、工龄十年以上、在家族企业担任部门负责人以上职位；理事会主席要求年满五十周岁、工龄十五年以上。

（六）没有违法犯罪的刑事记录。

第九条 理事的权利和义务

（一）理事有权参加理事会的所有会议，在理事会会议上可以充分发表意见，并行使表决权；

（二）理事有权调阅理事会的有关文件，查询有关工作情况，并有权提出召开临时会议或特别会议的建议；

（三）理事应当了解家族大会的宗旨及理事会开展各项活动和项目的运作方式，熟悉有关法律法规及国家政策规定；

（四）理事应当遵守"家族宪法"，执行理事会决议，认真履行职责，维护家族大会及其理事会的利益；

（五）理事有权对提交理事会讨论的草案提出疑义，并要求起草者做出说明；

（六）理事应当提前审阅议案，积极出席理事会会议，并提出相关建议或意见；

（七）理事应当熟知家族的愿景、使命及核心价值观，了解家族大会的基本情况和需求，为家族大会及家族各项事业的发展贡献力量；

（八）理事应当支持家族大会的工作，与理事会全体成员建立良性互动关系。

3.4 家族专门委员会

家族也可以根据需要设立专门委员会。家族专门委员会是家族为了实现某些专项的或特殊的职能而设立的组织，根据"家族宪法"和设立机构的授权开展工作。家族专门委员会通常是在家族理事会之下设立，向家族理事会汇报工作，但也可以根据需要直接由家族大会设立，向家族大会直接负责。

在人员构成方面，专门委员会由成员和主任委员组成，一般由家族理事会成员协商后提出人选建议，经家族理事会表决通过后生效。家族理事会需要进行决议的事项，如果属于专门委员会职责范畴内的，一般应先交由相应的专门委员会研究审议，由专门委员会听取家族成员、外部专家等各方面的意见和建议，提出审议意见报理事会决定。

为充分发挥外脑的作用，专门委员会应充分吸收外部专业人员。常见的家族专门委员会，如家族投资委员会，专门负责家族投资相关的政策与决策事宜；家族教育委员会，专门负责家族教育、二代培养及家族内部交流活动等事宜；家族慈善委员会，负责家族的慈善活动等。除此以外，家族还可以根据自身情况及需求设置其他专门委员会，如家族事务管理中心、家族咨询委员会和家族职业规划委员会等。在此我们重点讨论家族教育委员会、家族慈善委员会及家族投资委员会。

家族教育委员会

为了培养合格的家族成员和家族事业接班人，发展家族人力资本，许多家族会在家族理事会下成立家族教育委员会，还有一些是在家族办公室下成立家族教育委员会。

家族教育是家族为了培育家族人力资本而在家族内部构建并实施的教育系统。之所以要设置专门的组织机构来从事家族教育，是因为家族教育是一种特殊的教育形式，在教育目标、教育对象和教育方式上都不同于家庭教育和学校教育，很难在传统教育体系中找到系统性的支撑。例如，家族教育涉及的家族核心价值观教育、家族情感关系教育以及与家族事业相关联的专业技能教育,都具有鲜明的家族特征,需要量身定制,由家族内部建立的教育系统来组织落实。

家族教育委员会的主要任务是专职构建、实施、评估及完善家族的教育系统。具体来说,主要包括以下职责:

——设定家族教育目标;

——制定与家族有关的教育发展规划;

——制定不同阶段家族教育的内容;

——组织、协调及跟进家族教育项目;

——调整完善家族教育活动的形式,并定期评估内容的适当性;

——组织多样化的教育活动,如组织家族成员到家族企业参访,了解家族企业发家史和家族文化;

——筹措教育经费,确定教育经费支出方式及预算等。

案例4-5是罗德尔家族针对第四代成员的一个教育计划,可以给家族教育项目的设计提供一个参考视角。

案例4-5 罗德尔家族的第四代教育计划

罗德尔家族创始人J.I.罗德尔1930年在美国成立了一家出版公司,先后创办《有机农业与园艺》《预防》《男士健康》《跑步者世界》等健康主题杂志。如今罗德尔公司出版的杂志在40多个国家发行。公司拥有在线杂志,雇员已达到1000多人。

几年前，家族第四代成员发起了一个旨在了解家族企业、承担股东责任的专门针对第四代成员的教育计划——G4教育。G4教育只允许第四代人及其配偶加入，不允许父母参加，但会将教育项目的进展情况及时通知整个家族。

罗德尔家庭教育项目每次课程持续2个小时，地点在公司的办公室。课程安排主要包括：

（1）家庭律师讲解家族信托计划；

（2）公司专家雇员讲解出版、新产品开发、图书制作；

（3）家族企业顾问讲解股东与家族成员共事、沟通和合作；

（4）公司线上业务运营情况；

（5）关于慈善与罗德尔研究院。

G4教育的特点总结如下：

（1）只对第四代成员开放；

（2）及时收集成员意见更新课程；

（3）营造自由氛围，随意而又有教育性；

（4）创办"圈子"家庭通信向其他成员通报教育项目进展。

案例来源：新财道整理。详细介绍参见艾米·M.舒曼，约翰·L.沃德：《家族教育》，王骏铭，李国彦译，电子工业出版社2014年，第79—91页。

家族慈善委员会

长期以来,"积善之家必有余庆"的观念深入人心。慈善不是外在于财富,而是内生于财富。慈善不是简单的散财,不是家族资产负债表的负债,而是直接或者间接锻造家族资本的重要途径。通过慈善事业,家族积极承担社会责任,并形成个性化的家族核心价值观,既锻造了家族社会资本,又丰富了家族文化资本,这使得家族慈善本身成为传承财富的一种特殊形式。

因此,许多家族不仅积极开展家族慈善活动,还在家族治理结构中的家族理事会下设立慈善委员会,或在家族办公室下设立慈善委员会,由专门的人员及确定的家族资金来开展慈善活动。由此,许多大家族中的某些成员成为"职业慈善家"。

家族慈善委员会主要承担以下职责:

- √ 编制家族慈善未来发展规划;
- √ 制订并实施家族慈善方案;
- √ 组织召开家族慈善会议,决定家族开展慈善活动的方向和途径;
- √ 促进家族成员参与家族慈善活动的运作,并管理其慈善活动专案;
- √ 与慈善组织建立广泛关系网络,寻找慈善项目的解决方案;
- √ 与不同行业领域合作,打造互补的家族慈善社群关系;
- √ 利用各种资源及手段实现家族慈善目标的其他活动或事务。

家族投资委员会

如何统筹管理好家族金融资本（以非经营性的家族理财资产和经营性的家族企业为主），在安全的基础上追求保值、增值，是财富家族长期保有和传承财富的基本要求。只有当家族财富始终处于增值和再创造的过程中，它才可能打破"创造—停滞—消逝"的一般周期，发挥财富的传承效用，实现家族的代际递延。

企业家族通常擅长的是企业资产的经营管理，对于非经营性的家族理财资产，却多少显得力不从心。尤其是如何从传承的视角，建立起能够跨越多代、满足家族多层次目标需求（如保障家族成员生活、支持家族成员成长、开展家族慈善活动等）、可以持续实现财富保值增值的家族长期投资管理体系，更是一个巨大挑战。传承家族的理财不同于普通投资者的投资理财，其投资管理与资产配置需要建立一套基于家族目标的长期管理体系，是一件非常专业、复杂而困难的事情。即便是创业辉煌的企业家，在理财这件事情上，往往也不知所措，甚至遭遇欺诈，损失惨重。为此，许多家族会在家族理事会下设立一个专门机构——家族投资委员会（或家族理财委员会），专门负责家族资金的投资管理、资产配置等理财事务。家族投资委员会的主要职责是：

——制定与家族目标相适应的长期家族理财战略；

——根据家族财富的总量、结构及用途，设定家族理财总体财务目标；

——根据家族财富的各类用途，安排资产管理和投资；

——制定家族投资框架，设计资产配置模型；

——拟定年度投资方针，制定具体投资战术；

——选择投资对象和投资管理人；

——构建并实施家族投资组合；

——监测投资业绩，动态调整家族投资政策和投资组合；

——建立长期的投资管理体系，确保家族投资稳健务实。

家族投资委员会是各类家族基金的投资管理中心，家族基金每一笔投资的项目、金额、退出时间等事宜均由其决定。该委员会人数根据家族投资规模确定，但必须有足够的、可胜任的投资专家或投资顾问。家族成员可以在投资委员会中嵌入一定角色，尤其是年轻的家族后代（如二代成员）可参加具体项目的决策，参与实际运营管理活动，以提升个人能力，积累投资经验，从而为接班家族企业打下坚实的基础。首席投资官可以由能够胜任的家族成员担任，也可以由外部投资专家担任。

4. 家族办公室及其构建

4.1 家族办公室的角色定位

家族事务的 CEO

实践中，家族办公室已日益成为现代家族治理组织结构中的标配。在我们的建议框架内，无论是小型家族、中型家族还是大型家族，都需要某种形式的、功能或简或繁的家族办公室。而家族大会、家族理事会等治理组织，则并不是所有家族都必须构建的组织形态。

之所以这样说，是因为任何组织的治理都离不开具体的运行机构。尽管不同家族设立的家族办公室在具体职责上差异巨大，但家族办公室在家族治理组织结构中的角色，总体上相当于管理层在公司治理组织结构中的角色，是负责实际运营的机构。

从公司运行角度看，虽然出于权力制衡的考虑，法律上对股东（大）会、董事会、监事会和管理层做了刚性的分设要求，但是，没有强有力的负责公司具体运行的机构——以经理为核心的公司管理层，其他治理组织建设得再完备，也不会自动实现公司的目标。反之，即便公司关于股东（大）会、董事会、监事会的建设不甚完备，但是，如果拥有强有力的管理层，那么，其他机构的不足也可以得到弥补，公司的目标往往仍然有较大概率得以实现。

同样，从家族治理实际运行角度看，诸如家族大会、家族理事会的治理组织建设得再完备，如果没有类似家族办公室这样的负责实际运营的机构，家族目标就不会自动实现。反之，即便家族在家族大会、家族理事会等方面的建设不甚完备甚至缺失，如果家族拥有强有力的家族办公室，其他机构的不足仍然有望得到弥补，家族的目标往往仍然能够有效实现。

家族办公室是家族自身建立或通过外部协作建立的、为家族自身财富管理提供专属服务的机构。家族办公室全面充当家族幕僚和家族顾问，是家族内外部事务管理的中枢，完全从家族立场出发，系统规划家族金融资本的保值、增值与传承，协助管理家族人力资本的培育、家族文化资本和社会资本的构建，全力助推家族目标的实现。尽管现实中有各种形态和各种功能的家族办公室，但现代家族办公室的典型服务哲学，是对家族的生活和财富实施全方位管理，以实现各个层次的家族目标。家族办公室的关键在于发挥上述作用，而不是牵强地设置一个形同虚设的机构。一般而言，根据各个家族的目标和需求，每个家族办公室都会制订出适合他们生活和财富管理的独特方案。

以塞班岛的"制衣之王"陈守仁家族为例。2008 年，陈守仁家族的家族委员会决定设立家族办公室，为家族企业注入家族董事会（Family Board）制度，并在家族办公室下分别设立健康医疗委员会、教育职业规划委员会和娱乐休闲委员会。其主要目的正是通过家族办公室这一载体，支持家族成员建立起完整的家族治理体系。

家族办公室的兴起

最早的家族办公室可以追溯到古罗马时期的大管家制度，大管家作为国王的管家，负责打理王室财富。现代家族办公室兴起于 19 世纪中期，致力于帮助因工业革命致富的欧美企业家家族管理他们的财富，实现其财富的保值、增值以及传承。摩根家族于 19 世纪 30 年代成立的家族基金，通常被视为后来家族办公室的雏形，而 1882 年约翰·洛克菲勒建立的家族办公室，代号"5600 房间"，则被普遍认为是世界上第一个现代意义上的家族办公室，被誉为家族运行的中枢。100 多年来，家族办公室不仅为洛克菲勒家族提供了包括投资、法律、会计、家族事务及家族慈善等几乎所有服务，而且也为不同家族成员的需求提供顾问等多方面服务。

经过100多年的发展，家族办公室在欧美得到了蓬勃发展。亚太地区的家族办公室则起步较晚，发展相对滞后，目前仍处于初期阶段。近年来，随着中国逐步进入家族财富传承窗口期，民众进行财富管理、财富传承、财富规划的意识逐渐觉醒，家族办公室服务在国内得到了较快发展。尤其是商业银行的私人银行部门，在服务高端客户财富管理方面积累了较多经验，但囿于私人银行的金融属性，主要提供的是家族的资产管理服务，其对于家族有关教育、法律、税筹、企业管理、慈善等其他方面的需求，则显得力不从心。这些综合性、个性化的需求，只有通过家族自身建立起家族办公室服务体系，才能很好地满足。这就为国内家族办公室的兴起及快速发展创造了有利的条件。

根据 Campden Wealth 与 FOTT 编制的《2021中国家族财富与家族办公室调研报告》，接受调查的高净值客户中，31%已经开始设立单一家族办公室，23%计划设立联合家族办公室，15%计划加入商业性家族联合办公室，不感兴趣或不知道家族办公室的比例仅占23%。这充分表明，国内高净值客户对于家族办公室已经达到较高的认同程度。

4.2　家族办公室的职责

与私人银行、信托公司、第三方财富管理公司等提供相关家族服务的机构相比，家族为自身量身定制的家族办公室，更贴近家族的需求，功能可以更加多样化、个性化，服务也可以更为全面、及时。很长一段时间内，许多人错误地认为，家族办公室只负责管钱，主要负责家族财富投资管理工作。不错，投资管理是家族办公室的基本功能，但实际上，家族自身建立的家族办公室，其功能可以由家族根据实际需要自主定义。

家族办公室是家族定制化、个性化和私密性的服务机构，不同家族的家族办公室，其服务内容也存在很大差异。安永会计师事务所在其《家族办公室手册》中，将家族办公室的服务归纳为四大类（见表4-4）。

表4-4 家族办公室的服务分类

序号	家族办公室服务类型	具体服务项目
1	咨询服务（advisory）	√风险管理与担保服务 √合规与监管支持 √税务与法律咨询
2	财务规划（financial planning）	√投资管理服务 √慈善管理 √生活管理与预算
3	家族与企业治理（governance）	√报告与档案保存 √继承规划 √行政管理服务
4	战略服务（strategy）	√商业与财务咨询 √财产与财富转移 √培训与教育

资料来源：根据安永会计师事务所报告整理。*EY Family Office Guide: Pathway to Successful Family and Wealth Management*, p. 12.

德勤会计师事务所也认为，尽管各家族办公室都有非常独特的基因，差异很大，但是大多数家族办公室都致力于实现如下共同目标[①]：

- 为家族财富的管理和治理提供规范化架构；
- 弘扬家族的传统、愿景和核心价值观；
- 协调、集成和完善家族的定制服务；
- 管理家族的经济和个人风险；
- 利用家族财富积累所带来的规模经济效益，如优惠的投资准入条件和较低的费率；
- 维护家族事务的机密性和隐私性等。

美国学者对几十个家族进行调研后，总结了目前美国家族办公室的主要服务，以及家族对各项服务重要性的排序。其中，跨代财富管理被列为家族办公室的首要目标，具体情况如表 4-5 所示。[②]

表 4-5 美国家族办公室的主要服务及重要性排序

服务种类	美洲 重要性	美洲 在受访者中的占比（%）	欧洲 重要性	欧洲 在受访者中的占比（%）
资产配置	1	52	1	57
投资经历的遴选与监管	1	43	1	40

[①] 德勤会计师事务所：《家族办公室手册：实现抱负、管理风险、传承丰厚财富》，2020 年，第 2 页。
[②] 薛瑞锋，殷剑峰：《私人银行：机构、产品与监管》，社会科学文献出版社 2015 年，第 61—62 页。

续表

服务种类	美洲 重要性	美洲 在受访者中的占比（%）	欧洲 重要性	欧洲 在受访者中的占比（%）
财务信息汇总与报告	1	34	2	41
家族成员的教育	2	29	3	23
慈善服务	2	36	3	29
房地产规划	2	53	2	31
银行业务（如贷款、存款等）	2	34	2	44
财务管理（如付账、汇款等）	2	40	2	40
法律服务	2	47	2	50
税务服务	2	45	2	36
家庭成员关系管理	2	21	3	24
个人/心理咨询	3	12	3	13
风险管理/保险	3	34	2	33
管理服务及安保	3	19	4	20

基于对国内外家族办公室业务及案例的深入研究，我们将家族办公室的服务内容归纳为以下五类：

第一类是协助处理家族事务，提前防范家族风险。家族办公室以家族"管家"身份处理家族各类日常事务，同时为家族提供合规、风控、税务、继承、跨境等各方面的建议或意见，提前防范家族财富面临的潜在风险。

第二类是资产管理服务，帮助家族搭建长期的家族投资体系，构建有效的投资组合，并对具体项目提出专业建议。

第三类是专业规划服务，从法务、税务、慈善、信托、保险等多个方面，为家族进行所有权、利益共享或财产分配等顶层规划设计，协同规划家族信托、家族保险、遗产管理及税务筹划等，防范分家析产纠纷，实现家族和谐。

第四类是家族企业经营服务，为家族企业提供管理咨询、上市咨询、法律服务乃至传承方案等，实质上承担着连接家族与企业的桥梁作用，有助于家族企业平稳过渡、有序传承。

第五类是家族治理服务。一些家族采用家族办公室的形式进行家族治理，即将制定"家族宪法"、搭建家族委员会，以及家族教育、慈善基金等服务交由专门成立的家族办公室来构建与实施。不过，即便前述职能由独立的家族大会或专门委员会来承担，家族办公室具有的第一至第四类服务，本身也属于大的家族治理的范畴。

实践中，每个家族可以根据自身需要确定自己的家族办公室服务清单。

4.3 家族办公室的构建方式

如何构建属于自己的家族办公室？从对家族办公室的所有权与控制权以及服务对象的角度，通常有三种模式可供选择：单一家族办公室、联合家族办公室、虚拟家族办公室。

单一家族办公室

单一家族办公室（Single Family Office，SFO）由某一家族建立，只为该家族提供服务并由该家族所有和控制。1882年成立的洛克菲勒家族办公室是第一个严格意义上的单一家族办公室。除此之外，杜邦家族、古根汉姆家族、罗斯柴尔德家族以及梅隆家族等"长寿家族"也都启用了单一家族办公室。

单一家族办公室运营成本通常较高，因而主要适合于超富裕的大型家族。从国外经验看，一般情况下，设立单一家族办公室的家族可投资资产需在1亿美元以上，这还只是设立功能精简型单一家族办公室的最低门槛。要想家族办公室运营良好，通常需要设立多功能型单一家族办公室，这需要家族可投资资产在5亿美元以上。而要完整地打理好投资、税务、法律、教育和其他一切家族服务，则需设立全能型单一家族办公室，这种情况下，家族需要拥有10亿美元以上的可投资资产。

超富裕家族设立单一家族办公室的优点是明显的，主要体现为：

- 所有权和控制权。单一家族办公室由一个家族独立建立，所有权和控制权完全掌握在家族手中。对于所有权和控制权有强烈需求的家族，可以考虑建立单一家族办公室。
- 专属性和私密性。单一家族办公室仅服务于设立的家族，其专属性显而易见，服务具有敏捷性、及时性的便利。同时，因其专属性，家族隐私也不容易外泄。
- 多样性和全面性。单一家族办公室可以提供更加多样化的家族服务，服务更加全面周到。功能齐全的单一家族办公室可以对家族资产负债表进行统一管理，既管理家族金融资本，也为家族治理、家族教育、家庭成员关系维护、家族慈善事业等家族需求提供全面服务。

不过，单一家族办公室的缺点也是明显的，主要体现为以下两个方面：

- 运营成本很高。如前所述，单一家族办公室因为只服务于一个家族，不对外提供商业性服务，所以运营成本相当高昂。通常，功能简单的单一家族办公室每年运营成本在100万美元以上，而功能完善的单一家族办公室的成本更是在1000万美元以上。
- 难以吸引和留住人才。单一家族办公室所需要的人才，通常以家族雇员的身份出现，而且需要符合家族的特殊偏好，因此，通常只有既拥有某些特殊经验又符合家族偏好的人才才会收到家族递来的"橄榄枝"，顶级人才一般也不会成为家族的雇员。为解决这个问题，单一家族办公室通常也需要与外部顶级专业资源进行合作。

考虑到以上因素，我们的建议框架是，资产规模在10亿美元以上的家族可以成立功能完善的单一家族办公室，资产规模在1亿—10亿美元的家族可以成立功能相对简单的单一家族办公室。

联合家族办公室

联合家族办公室（Multi-Family Office，MFO）由多个家族共同创立和控制，且仅为创立的这些家族提供服务，通常由单一家族办公室接纳其他家族客户转变而来，也可以一开始就由多个家族联手创立。为便于管理营运和减少利益冲突，创立或加入联合家族办公室的财富家族，其家族理念和投资理念都非常接近，彼此之间都非常信任。实践中，同一企业的联合创始人或者同一家族中联手创业的家族成员，采用联合家族办公室的模式比较合适。

联合家族办公室最主要的优点是可以共享人力资源和投资机会，平摊运营成本和服务成本，同时也降低了设立门槛，资产体量在1亿美元以下或对收费敏感的中型家族，建议选择联合家族办公室的形式。不过，联合家族办公室的代价也是明显的，就是所有权和控制权、服务专属性及私密性相对较弱。

虚拟家族办公室

虚拟家族办公室就是家族自身不建立实体性质的家族办公室，而是与外部提供家族办公室服务的市场化服务机构建立合作关系，通过采购它们的服务来建立自己所需要的家族办公室服务体系。说它是虚拟的，是从家族的角度而言，从服务提供方的角度而言，它其实也是实体的。充当虚拟家族办公室服务商的机构，或是由专业人士创立，或是由金融机构创立，它们都是实实在在的服务实体，从它们的角度，我们可以将其称为市场化家族办公室。

虚拟家族办公室的优点是，通过与市场化家族办公室的合作，可以整合更优的专业服务资源，解决自建办公室的专业约束瓶颈，同时大大降低了运营成本和服务成本以及对管理资产的门槛规模要求。因此，其非常适合资产规模在3000万美元以下的小型家族，也适合资产规模3000万—1亿美元的中型家族。

不过，虚拟家族办公室的缺点也更加明显。主要体现在，家族对虚拟家族办公室缺乏所有权和控制权，其服务专属性、便利性和私密性更加难以保障。而弥补这些缺点的唯一方法，就是优选、精选作为服务提供商的市场化家族办公室。

目前，国内的市场化家族办公室门类繁多，鱼龙混杂。境内市场化家族办公室主要有以下几类：第一类是商业银行、信托公司、证券公司等持牌金融机构在部门层面设立的家族办公室；第二类是第三方财富管理公司或销售机构转型成立的家族办公室；第三类是律师、会计师、税务师等专业人士设立的独立家族办公室。具体选择过程中，需要考察每个家族办公室的实力背景、服务团队、服务内容、服务体系、资源整合能力、产品配置能力、收费情况等。在诸多因素中，人才是家族办公室最重要的内部资源，是否具有足够多通晓多种业务的专业人才，尤其是顶尖人才，是家族办公室能否胜任的关键判断标准。

因此，采取虚拟家族办公室模式的家族，在家族内部应该指定专人负责挑选服务商，并协调与服务商的后续服务事宜。必要的话，我们建议聘请专门的外部顾问来帮助家族遴选自己所需要的服务商。

内置型还是外置型

一个家族在确定了所需要的家族办公室模式之后，还需要解决另一个问题，即家族办公室采取何种组织形式，是内置还是外置？

顾名思义，内置型家族办公室以家族企业内部的一个分支或部门的形式存在，由家族企业指定相应人员负责管理运营。其表现形式通常是，在集团、控股公司或旗舰企业中设置战略投资部、战略发展部等，除了承担企业内部的职能，还对家族事务进行管理。有些内置型家族办公室甚至并不是一个成形的机构，而是由深受企业家信赖的 CFO 或财务团队、家族二代等分担部分职能。由于以企业内置部门的形式存在，内置型家族办公室有别于其他家族办公室，参与企业管理与介入家族事务同样重要。三星创始人李秉喆创办的三星集团秘书室就是内置型家族办公室的典型案例，其不仅兼顾三星集团的企业治理、人事管理，还负责李氏家族的资本管理、继承规划。

内置型家族办公室的明显好处是，其运营成本可分摊在企业之中。实践中，为数不少的家族办公室即以这种形式存在。但是，内置型家族办公室的一个最大缺点是公私不分，家族事务与企业事务混杂，容易与企业利益以及企业中的非家族股东产生利益冲突，严重时甚至可能在公司治理、企业财务和税务等方面产生法律问题。因此，只有企业完全受家族控制并被精心设计，才比较适合内置型家族办公室，不能简单加以效仿。

在我们的建议框架中，倾向于在家族企业之外建立一个独立的家族办公室实体，作为与家族企业平行的主体，统筹家族治理项下的各种家族事务。这就是外置型家族办公室。

外置型家族办公室的组织形式多种多样，可以是公司的形式，也可以是有限合伙的形式，还可以是家族信托的形式。具体采取何种形式，根据家族需要而定。外置型家族办公室可以与家族企业有一定的业务或金融连接，但很少介入企业经营。例如，美的集团创始人何享健的儿子何剑锋所掌管的盈峰资本，就可以看作与美的集团并行的外置型家族办公室。迈克尔·戴尔的家族办公室 MSD Capital 也属于外置型家族办公室。MSD Capital 成立的原因是迈克尔·戴尔希望对家族资产进行集中管理和优化配置，以减轻对 IT 行业的风险敞口，构建多产业的投资组合。MSD Capital 介于家族和企业之间，不参与戴尔公司的日常运营，除了将一部分利润贡献给家族基金会外，也不干涉戴尔家族事务，它的投资理念是保证家族财富的长期升值。

无论一个家族是采取单一家族办公室，还是参与联合家族办公室，抑或是采用虚拟家族办公室模式，也不论一个家族是内置还是外置家族办公室，以下问题都需要认真考虑：家族成员是否参与家族办公室，以什么角色参与到家族办公室的运作之中？家族是否聘请外部专业人员，需要聘请哪方面的人员？如何筛选评估外部人员的专业与品行？由谁来主导家族办公室的运营和管理？……表 4-6 对各种家族办公室形式做了简单对比，可供家族在具体决策时参考。

表 4-6　家族办公室形式对比

比较对象	单一家族办公室	联合家族办公室	虚拟家族办公室
控制程度	高	比较高	低或没有
专属程度	高	比较高	低
私密程度	高	比较高	低
运营成本	高	比较高	低
人才获取	比较难	比较容易	容易
设置方式	外置为主	外置	内置为主
适用家族	大型家族	中型家族	小型或中型家族

第五章 Chapter Five
制定家族规范文件

一个家族的家族治理项目启动后，一旦完成了明确家族治理目标、确定家族治理政策、选择家族治理组织这三项工作后，就到了制定家族规范文件的环节，这是构建家族治理体系的第五大要务，也是第五个工作环节。

制作家族规范文件，就是要将前三项工作的成果即经过讨论确定的家族治理目标要求、政策原则与组织形式以成文的规则方式体现出来，转化为家族治理和家族成员可以遵循和执行的规则。如果不把前三项工作成果转化为家族规范文件，家族治理体系的构建就只是停留在"议"的阶段，还属于"纸上谈兵"。只有制定了体现家族目标、政策和组织要求的家族规范文件，才算是在形式上建立起了正式的家族治理体系。

1. 家族规范文件的不同视角

1.1 家族治理需要家族规范

家族治理的过程是一个家族由感性逐步走向理性的过程，而理性的主要表现形式之一就是规范化。事实上,大到国家、国际社会层面,小到家庭这种最小的社会单元,秩序和规范都是普遍存在的,只是对于绝大多数家庭而言,秩序和规范是非常粗糙、模糊并且随时可能改弦易张的。而家族作为扩大了一定范围的家庭,如果希望通过家族治理来实现家族的历久不衰和久远传承,仅仅依靠这些粗糙并且极不稳定的规范是远远不够的,必须建立起属于自己的家族规范体系。中国历经千年不衰的钱氏家族、百年来美誉有加的曾国藩家族、欧洲的梅耶·罗斯柴尔德家族、美国的洛克菲勒家族,都以不同方式建立起了自己独特的家族规范体系。是否拥有适合自己家族的规范体系,是判断其家族治理有效性的最直接、最重要的考量指标之一。

家族规范作为家族治理的逻辑起点和制度性保障,对于确保家族治理组织的稳定性、处理家族问题的可预见性与公平性、指导并规范家族成员的行为等都具有极其重要的意义。

首先,家族规范能够显著增加家族成员的身份认同。通过家族规范,把家族的愿景、使命、核心价值观和财富观等形成文化,方便家族成员深入理解和体会,使得每个家族成员在血缘和亲缘之外,能够在更高的精神层面找到共鸣和认同。事实上,这种精神上的相互认同和共鸣,是比血缘和亲缘上的身份认同更有创造力、和谐力和持久力的。

其次,家族规范能够为家族成员提供合理的行为预期。家族规范是广泛意义上的社会规范之一,而社会规范的一项重要功能就是提供合理预期。例如,对于想要进入家族企业工作的家族成员来说,如果有预先制定的家族成员雇佣标准,则每个人事先就会知道应当具备的学历、职业经历等刚性条件,从而不断努力让自己符合这些条件,而如果家族企业的雇佣标准是临时制定的,那么该家族成员很容易觉得自己是被刻意针对的,进而埋怨自己受到了不公平对待。

再次,家族规范能够对家族成员进行正面的行为引导。基于家族规范的结果预期效应,每个家族成员都会明白自己的行为与可能产生的结果之间的因果关系。通过家族行为规范,每个家族成员都知道,如果自己沉迷于赌博,就会失去担任家族企业接班人的机会;如果自己过于奢侈浪费,就会被限制甚至剥夺受益人的资格。预先制定的家族成员行为规范,倡导对积极行为正面结果的追求和消极行为负面结果的厌恶,促使家族成员"弃恶向善"。

最后,家族规范有助于解决家族成员之间的分歧和争端。随着家族的扩大,矛盾和分歧在所难免,但并非所有的争端都要诉诸法律来解决。有效的家族规范体系,一方面能够使家族成员的价值观、心理期待和行为更加同频,从而减少分歧;另一方面在发生分歧时也能通过既定的内部争端解决机制予以调停和斡旋,使矛盾得到最大程度的缓和。

1.2 家族规范文件的类型

家族规范体系在内容上是指一系列处理家族内外部关系、约束家族成员的行为准则,旨在确定家族的价值与原则、明确家族成员的权利与责任,在形式上表现为经一定程序制定的各种家族规范文件，这些文件依其内容复杂程度不同、位阶不同，包括很多种类型。

基本性规范和局部性规范

从家族规范的位阶角度看，如果把家族规范比作"家法"，则与国法一样，也有"基本法"和"部门法"之分。家族根本性的规范，通常称为"家族宪法""家族宪章"或"家族章程"，属于家族的"基本法"。这里的"家族宪法"的概念是对国家宪法概念的借用，旨在说明"家族宪法"是家族的"母法"，规定家族的根本性问题，对家族发挥"基本法"的作用。此外，一个家族通常还有关于家族特定事项的规范，如所有权规则、家族企业规则、家族成员行为规则以及程序性规则等，这些规范属于家族的"部门法"，规定家族的局部问题，对家族发挥局部作用。

事实上，许多家族都是从局部性规范开始制定家族规范的，以解决家族当前迫切需要解决的一个问题或者几个问题。而"家族宪法"这种具有全局视角的基本性规范如今受到普遍重视，是家族治理研究领域不断深化和少数多代成功传承家族的示范效应所造成的。至于家族是否要制定具有基本法性质的"家族宪法"，则完全视其自身的实际需要而定。而在实践中，即使采取了"家族宪法"这种规范形式，通常也需要不断制定解决特殊问题的局部性家族规范。

宣示性规范和约束性规范

从家族规范对家族的约束力角度看，又有宣示性规范和约束性规范之分。如"家族宪法"中有关家族愿景、使命、核心价值观方面的规范，更多是宣示性的，指明家族的方向和存在的意义，以凝聚家族成员，本身并没有实际约束力，如果说有，也主要是针对内心而非针对行为的。虽然如此，宣示性规范对家族带来的精神力量不可低估，因而不是可有可无的。实践中不少家族就这方面的规范还采取了单独的"家族使命宣言"形式加以体现，足见其巨大意义。

家族治理中的以下两类家族规范则可以视为约束性规范的代表。一类是家族成员个人的行为规范，包括个人行为、人际交往、婚姻关系等。例如，李锦记家族第三代掌门人李文达与第四代约定了"三不原则"，即"不准晚结婚、不准离婚、不准有婚外情"。这就属于典型的家族内部婚姻关系规范。另一类是关于家族成员与家族企业关系的规范，如成为家族企业接班人或家族企业雇员需满足的程序与要求，家族成员从家族基金中获取创业资助的条件等。李锦记"家族宪法"规定了关于第五代的接班问题：第五代家族成员要在家族外的企业工作三至五年，方可有机会进入家族企业，而且家族成员和非家族成员适用相同的应聘程序和考核标准[①]。

实践中，具体的家族如何处理宣示性规范和约束性规范的规定方式，并没有标准答案，完全视家族的具体情况而定。

[①] 李新春、何轩等：《战略创业与家族企业创业精神的传承——基于百年老字号李锦记的案例研究》，载 2008 年 10 月《管理世界》，第 134 页。

1.3 家族规范文件的特点

家族规范文件属于家族层面的"家法",与国家层面的法律规范是完全不同的。家法不能与国法相抵触,更不能替代国法。当然,对于家族治理而言,家法发挥着无法代替的独一无二的作用。

首先,在规范的制定主体上,家族规范主要是由家族内部成员(主要是初代家族领导人或初代核心家族成员)发起制定的,其中可能会听取专业人士的意见或寻求其专业化帮助,但最主要的决议和核心规范则是由家族核心成员发起和确认的。而法律规范则是由国家权力机关制定和确认的,虽然古代和现代的立法程序迥然有别,但是通过国家公权力机关(古代的帝王是国家公权力机关的代表)制定和确认这一点上是完全一致的。

其次,在规范的适用对象上,家族规范主要适用于现有的及未来世代的家族成员,有部分规范会延伸适用到家族企业,但整体上仍然不会脱离家族范畴,具有典型的内部性。法律规范的适用对象具有绝对意义的普遍性,"法律面前人人平等",强调的就是普适性和公平性。而其他社会群体性规范也主要适用于其群体内部成员,不具有外部性。

最后,在规范的适用效力上,家族规范的适用通常是弱效力的,绝大部分家族规范条款都不能强制性地剥夺法律规定范围内的固有权利,也不能对家族成员课以法律规定之外的额外义务,多数都是宣示性、倡议性条款,即便是个别条款被赋予了法律上的强制执行效力,也主要是由于该条款在当事人之间已经形成了协议关系。在这一点上,家族规范与古代的家法、族规有着明显的区别。而法律规范最大的特点是有国家公权力保障实施,具有强制执行的法律效力。社会群体性规范在符合国家法律规范的范围内,其适用会得到国家公权力保障,反之则不会得到认可。

因此,家族规范文件在本质上可以视为每一代家族成员与下一代家族成员之间订立的一种约束家族行为的社会契约。

2. "家族宪法":家族的基本法

2.1 什么是"家族宪法"?

"家族宪法"的概念

"家族宪法"又称家族宪章、家族章程或家族协议,是企业家族关于家族、所有权与企业的共同价值与商业目标的成文化协议。① "家族宪法"是企业家族实践中的产物,但也有部分国家对"家族宪法"或家族协议的内容及公示手段进行了规定,如西班牙政府于 2007 年发布了《规范家族协议的成立》的法令。在该法令中,"家族宪法"被认为是"企业家族考虑到家族企业的经济特点和对其自身利益的合法自我管理的需要,特别是家族企业的传承方面,为家族公司的世代变化提供了可预测性"。该法令第 2 条规定,"家族宪法"(家庭议定书)被理解为家族伙伴彼此

---

① Fleischer, Holger. Family Firms and Family Constitutions: A Legal Primer[J]. *European Company Law*, 2018(15): 11.

签订的协议或其与第三方签订的协议,这些协议影响着非上市公司背后家族的家庭关系,在这些协议中家族成员有着共同的利益,以便在决策中实现沟通和达成共识,并规范会影响企业实体的家庭、财产和公司之间的关系。[1]

一般认为,相比公司章程、股东协议等正式文件,"家族宪法"具有三个方面的特征:第一,"家族宪法"通常由所有家族成员签署,既包括家族股东,也包括非股东身份的家族成员;第二,通常而言,"家族宪法"对签署者没有法律上的约束力,仅代表一种道德义务(moral obligation);第三,"家族宪法"的内容具有根本性与指导性,其内容一般不涉及企业日常管理等细节。但是,也有公司治理准则的权威文本建议,"家族宪法"应该具有法律拘束力[2]。

作为家族规范体系中最核心的构成文件,"家族宪法"类似于国家的宪法和公司的章程,是由家族成员根据自身特点共同制定的纲领性文件,可以说是家族的根本大法,在家族内部拥有至高地位。"家族宪法"能够在多个方面支持和保障家族治理工作的推进,包括家族的构建和维持、人力资本的培养、家族财富的分配、家族成员雇佣政策、家族福利政策、家族内外部关系的协调等,它是制定家族具体规范制度和政策、构建家族组织与实施体系的依据与基础。因此,可以认为,"家族宪法"是家族规范体系中最重要、最基本的文件,是家族治理的制度起点,也是家

---

[1] 第171/2007号皇室法令[OL]. https://www.boe.es/buscar/doc.php?id=BOE-A-2007-5587.
[2] 刘东辉:《家族企业治理研究》,清华大学博士论文,2019年。

族久远传承的制度保障。

"家族宪法"的作用

"家族宪法"在家族治理中的具体作用，主要表现在以下几个方面：

（1）为家族的延续和传承指明方向

"家族宪法"是家族规范体系中的核心文件，通常都要确定家族的愿景和使命。米兰·昆德拉说过："最沉重的负担同时也是一种生活最为充实的象征，负担越沉，我们的生活也就越贴近大地，越趋近真切和实在。"完全没有负担和使命的生活，会使人变得比空气还轻，远离真正的生活，生命变得毫无意义。通过"家族宪法"，确定一个家族的使命，每个家族成员在家族使命中定位自身的生命价值。虽然这种家族愿景和使命未必伟大和永恒，甚至无法保证绝对正确，但是绝大多数都是正向和积极的，对于缺乏身份认同和信仰迷失的家族成员来说，会起到指南针的作用，从而为家族的延续和传承指明方向。

（2）凝聚家族成员，促进家族和谐

"家族宪法"明确家族共同的价值观，在身份认同的同时，更有价值认同。事实上，价值认同比身份认同更有利于促进家族成员之间的和谐关系。同时，"家族宪法"规定通过家族会议等形式讨论家族重大事项，会增强家族成员的参与感，有利于提升家族的整体凝聚力，使家族在面对困难和挑战的时候能够同舟共济、共渡难关。另外，"家族宪法"设置的家族内部争端解决机制，有利于促进家庭成员之间的沟通和交流，从而改善并增强家族成员之间的互信关系,促进家族治理。

(3) 引导和规范家族成员的行为

"家族宪法"通常会制定家族成员的行为准则,明确家族成员的哪些行为是受到鼓励和支持的,哪些行为是受到限制和禁止的,同时设置相应奖惩和责任机制,从而能够从正反两个方面实现对家族成员的行为引导,促进整个家族向健康、有序的方向发展和前进。例如,为了鼓励家族成员主动接受更好的教育,可以设置相应的教育奖励基金,同时辅之以更优渥的家族成员聘用政策。而对于存在赌博、吸毒、奢侈浪费等不良行为的,则可以限制甚至剥夺其参与家族利益分配或进入家族企业的权利,从而使试图"以身试法"者能够在事前三思而行。

(4) 助力家族实现久远传承

一方面,"家族宪法"能够通过家族愿景、使命和核心价值观等方面的规定,为家族精神、家族文化的传承指明方向,从而提升家族人力资本的质量,促进家族在精神财富方面的久远传承。另一方面,"家族宪法"可以规定设置家族保障基金、家族救助基金、家族教育基金、家族创业基金、家族慈善基金、家族治理基金等,通过财务支持的方式,在家族保障、教育、创新、慈善和治理等多个方面推动和促进家族的久远传承。

2.2 "家族宪法"的内容和结构

因家族发展阶段而不同

不同的家族,每个家族在不同发展阶段,其"家族宪法"的内容和形式都会千差万别，通常都有一个由简入繁的过程。

对于初级阶段的财富家族来说，如果确有家族治理需求和传承意愿，由于此时家族成员人数较少，家族财富形式相对简单，家族矛盾通常也不尖锐，其所制定的"家族宪法"一般是比较简单的，规定的通常也是一些最主要的问题，如家族愿景、核心价值观、简单的家族政策、基本行为规范等。当然，初级阶段的财富家族也可以通过"合理预见"的方式，对家族成长壮大后可能遇到的问题做出"先见之明"式的规定，但过于超前的规定通常很难适应后来的形势变化和现实需要，很多时候会事与愿违，非但不能起到有效的指导和规范作用，相反还会成为后续家族发展的枷锁和桎梏。而且，初期就通过"家族宪法"设计过于复杂的家族治理机制，也会导致家族治理成本高昂。

随着家族规模的逐步扩大，二代、三代家族成员成长起来，家族财富的形式也会变得越来越复杂化和多元化，家族企业也可能已经经历过多轮跌宕沉浮，这时家族成员彼此之间、家族与家族企业之间的矛盾和分歧日益凸显，此时制定的"家族宪法"，就会更多地考虑家族所有权、家族治理与家族企业治理、家族会议的沟通协商机制、家族理事会等常设治理机构、家族争端解决机制等更为复杂和专业的问题。因此，"家族宪法"既要有一定的前瞻性以保证其稳定性，也要注意其阶段性和具体实用性。

"家族宪法"的核心内容

一般而言，近现代意义上的"家族宪法"，核心内容通常会涉及以下几个方面：

- 展现家族的愿景、使命和核心价值观。以"家族宪法"的形式宣示家族愿景、使命和核心价值观，以提升家族成员的凝聚力和向心力，让家族成员认识到个体生命的目标和意义，并与整个家族的使命紧密结合起来，从而激发家族成员的主动性和创造性，减少家族成员之间的分歧和争端。
- 规定家族与企业关系的政策。以"家族宪法"形式规定家族与企业之间相互关系的基本政策，使家族成员个人的职业和人生规划与家族企业的发展方向保持一致，个人预期的经济收益和家族企业的实际情况保持一致，促进家族与家族企业均能长久生存和发展。
- 规定家族内部利益分配政策。以"家族宪法"形式规定良好的家族利益分配政策，以平衡家族整体利益与家族成员个人利益、家族成员基本生活保障和鼓励价值创造，引导家族财产促进家族人力资本、文化资本和社会资本的发展。
- 规定家族治理的组织体系。通过"家族宪法"，明确家族会议的性质、目标、召集方式、表决机制等，搭建家族成员有效决策、充分沟通和交流的平台，增强家族成员在家族治理活动中的参与感。另外，通过"家族宪法"设置家族理事会，作为家族事务处理的日常机构，规定其产生方式、议事规则，明确其具体的职责和权限，使"家族宪法"等家族规范不再只是纸面规则，而是能够得到真正有效的执行和实施。

"家族宪法"的建议结构

虽然每个家族、每个家族不同阶段的"家族宪法"都有其自身的特点,但对于已经达到一定规模的家族来说,一份相对完备的"家族宪法"可以使家族治理更加富有成效。以下是我们为一份完备的"家族宪法"给出的建议结构(见表5-1),以供准备开展家族治理项目的家族参考,并根据自己的具体情况做出灵活的调整。

表5-1 "家族宪法"的建议结构

序言	简要介绍家族历史,如家族起源、家族沿革、家族重大事件、对家族有重大贡献的成员、家族理念和核心价值观形成的动因等,以便于当前和未来世代的家族成员找到共同的身份认同,认识到家族所有的一切都来之不易,理解自己家族为何与别的家族不同,明白专属于自己家族的理念和核心价值观的独特性。
第一章 家族愿景、使命	明确家族为了什么目的而存在,一家人除了血缘和亲缘关系之外,为什么会走到一起并且还要一直走下去。每个家族的愿景和使命千差万别,整体上应该是有利于促进家族成员成长、人类进步和社会和谐的,而一旦确定专属于某个家族自己的愿景和使命后,就有了其独特性和身份识别性。
第二章 家族核心价值观	整体而言,家族核心价值观是有普适性的,如勤劳、节俭、谦逊、勇敢、创新、担当、仁爱、团结、诚信等,但是对于一个家族来说,价值观太多等于没有价值观,只能是一些真善美理念的罗列而已。一个家族应当结合自己的家族历史,总结家族成功的经验和失败的教训,归纳出属于自己家族的独一无二的核心价值观,正是这种独特性,才会使一个家族与众不同。

续表

第三章	家族成员范围	家族成员范围涉及的是"家族宪法"对哪些人员有效的问题。这里面既要考虑到既有的家族成员，又要考虑到未来世代的家族成员；既要考虑到血亲（包括收养等拟制血亲），又要考虑到姻亲；既要考虑到亲缘关系的远近，又要考虑到成员的加入和退出等具体问题。
第四章	家族所有权	境内财富家族的家族所有权指向的不仅仅是家族企业，还可能包括具有家族保障和传承功能的重大资产。在所有权架构上，信托是一个可供选择的保持所有权集中的方式，但并非所有财产都适合以信托方式持有，所以需要根据各个家族的实际情况，结合家族宗旨和目标，确定短期和中长期的所有权基本结构。但是涉及家族所有权（包括受益权）的继承和流转、婚前财产协议等具体问题，则可以通过另行制定具体的家族所有权文件予以规范。
第五章	家族企业	对于境内财富家族而言，家族企业虽然是最重要的财富形态，但由于历史和现实的原因，相当一部分家族企业难以实现代际传承。而具有传承价值的家族企业，既可能是幸福的基础，也可能是矛盾的根源。因此，需要预先用多个条文制定一些基本的家族企业政策，比如： 1. 家族企业的利润分配政策； 2. 家族企业的董事会和高级管理人员的聘任政策； 3. 家族企业的外部人参与政策； 4. 家族成员的雇佣政策； 5. 家族成员的退休政策。 对于上述对家族企业影响最为重大的政策，"家族宪法"可以进行初步的原则性、指导性的规定，具体规则可以另行制定家族企业契约的形式予以规范。
第六章	家族会议	具有一定规模的财富家族，可以通过家族会议的方式建立家族成员共同沟通、交流和协商的平台。"家族宪法"可以就家族会议的性质、主要职责、参与人员、召开频率、表决方式、财务支持等核心问题做出初步规定，具体规则可以另行制定家族会议文件予以规范。

续表

第七章　家族理事会		家族会议是共同协商和交流的平台,同时有权对家族及家族企业的重大事项做出决策,但是相关决策的执行和家族日常事务的管理,需要设置日常办事机构。"家族宪法"可以就家族理事会的性质、主要职责、专业委员会、财务支持等核心问题做出初步规定,具体规则可以另行制定家族理事会文件予以规范。
第八章　家族活动		家族活动不同于家族会议,更有利于增进家族成员之间的感情和亲密关系,使家族成员更容易认识到"我们是一家人,而不是只有我一个人"。"家族宪法"应明确鼓励家族成员参加家族活动,确定家族活动的一般频率和财务支持方案。具体规则可以另行制定家族活动文件予以规范。
第九章　家族保障		家族传承应当以人为本,最重要的问题是基本的关爱和保障。"家族宪法"可以制定家族保障的基本原则,明确保障的对象、保障的内容、基本的保障标准、保障的财务支持等内容。具体规则可以另行制定家族保障文件或家族信托予以规范。
第十章　鼓励教育		教育是提高家族人力资本的最有效途径。除了基本的教育保障外,"家族宪法"应明确鼓励家族成员持续接受有利于提高财商、专业技能、道德修养、人际关系等方面的教育,并提供适当的财务支持。具体规则可以另行制定家族教育文件予以规范。
第十一章　鼓励创业		在当今高速发展的时代,变革和创新是永恒的话题。家族成员积极创业,不仅有助于为家族和家族企业的生存和发展寻找到第二、第三乃至更多的增长点,甚至会决定家族最终能够走多远。"家族宪法"应明确鼓励和支持家族成员独立创业,并提供一定的专业和财务支持。具体的创业项目评定规则、财务支持方案等事宜可以另行制定家族创业文件予以规范。

续表

第十二章	行为规范	为了实现家族和家族企业的愿景和目标,"家族宪法"应着重对家族成员的生活、工作、婚姻、家族关系、处事方式、人际交往等做出原则性的规范和指引,明确哪些行为是被鼓励和支持的,哪些行为是被限制和禁止的,并且规定相匹配的鼓励和制裁措施。尤其是制裁措施,要注意不得违反法律法规的强制性规定,不得侵害家族成员的固有性权利。具体规定可以另行制定家族成员行为规范文件予以规范。
第十三章	家族慈善	家族慈善有利于提升家族的人力资本和社会资本,"家族宪法"应明确鼓励家族成员参与家族慈善,原则上确定家族慈善的方向、家族成员的参与方式以及相应的财务支持。具体规则可以另行制定家族慈善文件予以规范。
第十四章	争议解决	家族成员之间的争端和分歧最好通过沟通和协商的方式解决,"家族宪法"可以规定设立家族争议调解委员会,明确其成员构成和职权、听证程序及调解书效力。如果确实无法内部调解的,可以就具体争议事项向法院提起诉讼。
第十五章	效力	"家族宪法"很难实现全员一致表决,尤其是对后续世代的家族成员而言,他们甚至都没有机会参与"家族宪法"的讨论和表决过程。因此,"家族宪法"对于未亲自签署的家族成员来说,很难取得法律上的强制履行效力,更多的是家族内部的道德约束力。而"家族宪法"中赋权性、奖励性的规定,只要不违反法律规定和公序良俗,通常不存在无效的问题。但是,"家族宪法"中禁止性、惩罚性的规定,则要求不仅不得违反法律规定,也要注意不得侵犯家族成员的固有性权利,不得违反公序良俗,而且家族治理组织实质上并不具备处罚权。

续表

第十六章	签署、修订及保管	哪怕是初期的财富家族，要求全员签署"家族宪法"通常也是很困难的，故而应当明确具体的签署人员。而更为复杂的是以后的修订程序。"家族宪法"应当明确"家族宪法"的修订规则，至少要由三分之二以上有表决权的家族成员表决通过方可修改。另外，应当明确"家族宪法"的保管人及保管方式。

2.3 "家族宪法"的制定流程

按照本书确定的"六步法"家族治理体系规划流程，制定"家族宪法"属于流程中的第五步工作。前四步工作（即启动家族治理项目、明确家族范围与家族目标、确定家族治理政策、选择家族治理组织）是制定"家族宪法"的前提性工作，它们的工作成果就是"家族宪法"的内容，此时所需要做的工作就是以一定的结构和文字形式（即正式的规范文件形式）将前期工作成果确定下来并展现出来。因此，在本书规划流程框架下，"家族宪法"的制定流程主要表现为起草文本草案、讨论确定文本草案、通过并签署正式文本三个阶段。

起草文本草案

"家族宪法"文本草案由家族治理项目组指定的专门人员起草。起草人员通常是项目组中的律师或者精通法律的专业人员。文本起草工作看似简单，其实非常不易。好的文本草案，需要达到三个标准：一是结构适当、体系完整。二是内容详略得当，宽严得当。如果订立得过于详细与严格，会导致家族成员和家族企业失去弹性发展、因应时代变化的空间；而如果订立得过于简单与宽松，则会导致后世子孙任性妄为，失去应有的约束能力和规范效果。三是文字简练、准确、规范。要做到这三点，不仅前期工作成果要扎实，而且对起草人员的专业素养要求也极高。因此，修改几稿、十几稿甚至几十稿的情况是常有之事。

讨论确认文本草案

"家族宪法"文本草案起草完毕后，需要与家族主要成员共同讨论"家族宪法"的具体内容①。讨论的过程其实就是对前期工作成果的检讨、修正与确认的过程。这个阶段重点需要关注的内容主要是：

- 家族的愿景、使命与核心价值观。
- 家族成员沟通平台以及组织形态（家族办公室、家族委员会、家族控股公司、家族信托、家族慈善基金等）。
- 家族成员进入家族企业或家族组织的条件、遴选机制、奖励以及薪酬制度。
- 家族成员财产性权益的退出机制，在不影响其他家族成员和家族企业利益前提下退出家族企业的原则。
- 家族财产分配政策以及家族财产投资和资产配置政策。
- 家族奖惩机制，对家族成员的积极正面行为形成对应的奖

---

① 马华桂.家族宪法的意义和制定的过程简述［OL］. https://zhuanlan.zhihu.com/p/249978274.

励机制，对家族成员的消极负面行为形成对应的惩戒机制。
- 家族控股公司、基金会或者家族信托等家族所有权组织形式与运作方式。

在这个阶段，除了在家族成员一定范围内讨论外，必要时可以邀请外部专家学者与家族成员分享成功案例，引导家族成员共同参与讨论，同时与个别家族成员单独讨论和交流，借鉴吸纳家族成员的合理性意见。讨论结束后，起草人员需根据家族成员反馈的信息和意见对文本草案进行最终修订。

通过并签署正式文本

按照事先确定的"家族宪法"通过程序，审议通过正式文本或者由家族成员直接签署正式文本。如果事先确定需召开家族成员会议审议通过的，通常需要：

- 由起草人宣读"家族宪法"草案条文，并向全体家族成员说明"家族宪法"的整体目标以及各个条文的意义和作用。
- 可以委托律师和会计师出席家族会议，并从法律、财务及税务规划等方面确保"家族宪法"的内容并没有违反法律、公序良俗等，从而确保其实务上的可操作性。
- 由出席家族会议并且有完全民事行为能力的全体家族成员进行表决，通常三分之二以上的人员通过即可。
- "家族宪法"正式规范文本由参加会议的家族成员共同签

署,并制作原本、副本,交由家族领袖或者选定的保管人员妥善保管。

如果事先确定的程序不需要召开家族成员会议审议通过,则可以由成年家族成员直接签署"家族宪法"文本。

2.4 "家族宪法"的两个案例

案例一:罗莱集团薛氏"家族宪法"

上海罗莱家用纺织品有限公司是一家专业经营家用纺织品的企业,集研发、设计、生产、销售于一体,是国内最早涉足家用纺织品行业,并形成自己独特风格的家纺企业。薛氏家族家谱如图5-1所示。

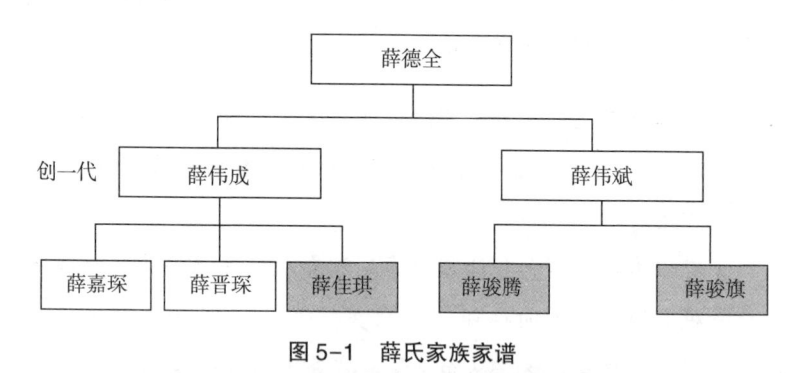

```
                    薛德全
                      │
         ┌────────────┴────────────┐
创一代   薛伟成                    薛伟斌
      ┌───┬───┬───┐           ┌───┬───┐
   薛嘉琛 薛晋琛 薛佳琪        薛骏腾  薛骏旗
```

图5-1 薛氏家族家谱

案例5-1 罗莱集团薛氏家族的"家族宪法"

薛氏家族制定"家族宪法"耗时数年,涵盖多方面的内容，包括家族管理、家族成员培养、公司决策机制等，为家族内外事务提供有据可循的章程。

(一) 家族成员培养方面

薛氏家族对后代的教育培养有专门的制度性安排。他们在"家族宪法"中规定，"要结合家族成员的特长和愿景，明确家族成员的角色，做好家族成员的事业规划，使之积极投入家族角色"，"让能力强、主观意愿强的家族后代优先接班，接班人要有15年以上工作经验，在家族企业的经验不少于10年，并经过一半以上家族成员认可"。

薛氏家族鼓励接班人去标杆企业锻炼，在积累一定经验（尽可能做到中层管理岗位之上）之后，回到家族企业中在中高级岗位任职，再逐步接手企业。在确认有效的前提下，鼓励接班人服兵役，锻炼意志品质。

在实践中，他们也是这样进行的。家族二代接班人薛嘉琛的事业发展主要围绕罗莱家纺主业进行，一进入公司就从基层业务员做起，再逐步轮岗到管理岗位，经过15年的历练后被任命为公司总裁。上任后，薛嘉琛的薪酬参照职业经理人的标准，其绩效同样也需经过专门的考核评估。而家族二代薛晋琛的事业则主要围绕罗莱家纺的投资业务进行。这种根据家族成员特长进行事业规划的做法，既能提高二代参与家族事业的积极性，又能有效规避和防范家族成员之间潜在的冲突。

此外，在家族教育方面，"家族宪法"还规定了接班人导师制,为进入企业的接班成员安排职业导师团队。导师团队由一位家族成员与董事会中的一些专家型外部董事组成,为接班的家族成员在实践历练中提供辅导与支持。

(二)家族成员创业方面

薛氏"家族宪法"规定,如果是在内部创业,由公司董事会下设的投资委员会进行评估;如果是外部创业,由家族创业基金委员会决定。考虑到创业可能失败,家族成员在创业失败后仍可视情况担任家族内部职位或者参加家族事务。

(三)家族慈善方面

薛氏"家族宪法"还规定家族慈善制度。在企业慈善之外,薛氏家族还成立了专门的家族慈善基金会。"家族宪法"规定,每年从公司分红中拿出固定的比例作为慈善基金。

(四)家族与企业关系方面

薛氏"家族宪法"明确了家族和企业的界限。家族事务的决策权在家族治理机构,如通过家族委员会召开家族大会,并让每位成员就"家族宪法"中规定的行为准则给自己打分,再由家族委员会成员进一步评估并公布结果。企业的重大决策权在家族控股的公司董事会,董事会由家族成员和外部顾问团队组成,以确保决策的科学性和延续性,而日常的经营管理推行总裁负责制。

资料来源 郭萍:《家族治理与民营企业成长:理论与案例研究》,中山大学出版社2019年。

案例二：杰克阮氏家法

总部位于中国台州的杰克控股集团有限公司建于 1995 年 7 月，是一家跨地域、跨产业的民营企业集团，主要生产缝纫机和机床两大产品，目前已发展成为中国缝制机械和机床行业的骨干企业。阮氏家族耗时数年制定的"阮氏家法"可谓开创了"家族宪法"的新形式。

> **案例5-2　杰克阮氏家族的"阮氏家法"**
>
> 杰克集团掌门人阮清禄在《家族心法——杰克阮氏家族口述史》开篇中就强调："后世子孙永远牢记，三兄四弟一条心，门前泥土变黄金，家和万事兴。"阮氏家族委员会希望阮氏家族成员一定要理解、执行"阮氏家法"，虽然"阮氏家法"在形式上不是"家族宪法"，但是在一些具体内容上与"家族宪法"是相同的，可资借鉴和学习。
>
> 第一条　所有阮氏家族成员需明了，阮氏家族通过三兄弟的合作，实现了企业发展，要传承三兄弟互助、信任、合作的精神，互相配合、团结协作。要时刻谨记我们是一家人，我们有共同的目标与梦想。
>
> 第二条　家族会议、活动时需佩戴家族徽章。
>
> 第三条　严禁赌博、吸毒、贪污、偷盗，不能触犯法律，出现上述情况不能在公司任职。
>
> 第四条　不允许有婚外情，如果有婚外情，不得在公司

担任要职。

第五条 鼓励家族成员在30周岁之前结婚。

第六条 鼓励结婚后五年之内生两个孩子。

第七条 男女平等，不能有歧视。

第八条 家族成员年满65周岁时在家族企业任职的可申请退休。

第九条 如果有人因个人原因退出董事会或公司，股份必须卖给家族成员，但仍是家族议会成员。

第十条 后代（从小字辈开始）要进入家族企业需符合以下条件。

1. 大学毕业及以上。

2. 应聘程序和任职后的考核必须和非家族成员相同，家族成员一视同仁，进入企业必须从基层做起。

3. 如果无法胜任工作，可以给一次机会；若仍然没有起色，一样会被解雇；若下一代在外打拼有所成就，根据家族企业发展需要及时回归。

4. 发扬三兄弟合作搭配精神，要求家族企业在政府沟通、采购、审计方面的工作尽量由家族成员担任。

5. 对家族产业要有感情。

第十一条 家族成员每年必须要自发开展公益慈善活动，如扶老、助残、救孤、济困、赈灾等活动。家族成员亲自参与，出资以基金会为主，自己也要捐赠一部分奉献爱心。

第十二条　加强同代、代际之间的交流、引导、融合。

第十三条　上代人要有意识地磨砺下一代，让下一代积极主动锤炼自己，从小磨砺，经受艰难挫折的教育，培养勤俭节约的习惯，发扬吃苦耐劳的精神，主动承担家庭与社会责任，丰富人生阅历。

第十四条　建立"私塾教育"，通过国学、孝道、家法等学习，促进对于家族、家的理解。私塾上课频次：根据要求安排，可以一季度一次，一次1—2天。

第十五条　阮氏家族女性秉承"百善孝为先""家和万事兴"，与丈夫相扶相持，照顾上一代，注重下一代教育；要走出去学习，培养女德；参加社会活动，乐于慈善；要充分理解女性之于家庭传承的重要意义。

心法是道，家法是戒律。阮氏家族成员必须传承心法、敬畏家法。

君子要有敬畏之心，敬天爱人。慎独克己，上不欺天，下不欺人，内不欺己。阮氏家族孝悌立身，忠厚齐家，福报积善，家族昌旺。杰克缝纫机产业是传统产业也是永恒产业，必须立根主业，不可骄纵放弃。务必吸收前人家族戒律的教言，戒赌博、戒毒品、戒傲气、戒懒惰、戒自私、戒不守礼、戒为非作歹。阮氏家族后世子孙，必须谨记清禄夫妇的告诫，勤俭持家，夫妇和睦；必须谨记杰克三兄弟的警告，业精于勤，荒于嬉。

资料来源：参照阮氏家族内部资料《家族心法——杰克阮氏家族口述史》。

3. 家族企业契约

"家族宪法"作为一个家族的基本法,一方面需要具有较高的概括性和统领性,难以涉及整个家族治理中的太多细节性问题;另一方面需要具有一定的稳定性和权威性,不适合过于频繁地修改。因此,除了"家族宪法"外,通常也需要制定一系列具体的规范性文件,比如家族会议以及家族理事会议事规则、家族企业契约、家族成员行为规范等。

对于财富家族来说,家族企业是最主要的财富形式和财富来源,而这些家族治理的首要问题就是要解决家族企业治理的问题。虽然国内也有一部分财富家族的财富形式不是家族企业,同时也有一定的家族治理需求,但通常这样的家族在治理需求上并不复杂,在治理难度上也较为简单。故本节主要围绕有家族企业的财富家族展开,重点讨论家族企业契约的问题。

3.1 家族企业契约的目的

对于持有家族企业的财富家族来说,要面对的是家族、家族企业和所有权三个方面内部及其相互交叉的复杂关系。解决得好,家族能够为家族企业的发展提供助力,家族企业也能团结家族成员,维护良好的家族关系;解决得不好,家族矛盾会导致家族企业分崩离析,而家族企业的利益纷争也会进一步激化家族成员之间的矛盾。制定家族企业契约,有助于梳理和构建家族所有权规则，促进家族企业的长期稳健发展，进而实现家族的持续壮大和久远传承。

梳理、构建家族所有权规则

所有权问题是家族和家族企业中的根本性问题。家族财富到底归谁所有，每个家族成员在家族企业中有多少所有权份额，不仅直接决定了其自身的直接权益比重，还会影响其在家族企业中可预期的参与程度，决定其是否有资格参与家族企业的董事会或者管理层。

目前，国内家族企业所有权的形式主要有三种：一是由家族创始人单独持有（有的会表现为创始人夫妻共同持有，但实质上等同于创始人单独持有），其他家族成员参与家族企业的一些具体经营事务，但是不直接持有家族企业股权；二是由主要家族成员共同持有，在股权登记上会有各自的股权比例，但在家族企业的实质控制上，可能并不是按照形式上的股权比例确认权属，而是各自经营管控着不同业务板块的企业，而这些不同业务板块的企业，有时在股权上甚至不直接归属于家族企业；三是部分规模较大的家族企业，出于风险隔离和家族传承的考虑，由主要家族成员通过境内外家族信托间接持有家族企业的股权。随着财富传承窗口期的到来，以后会有越来越多的家族企业面临所有权分割的问题。而家族企业的所有权是集中还是分散，是紧锁还是开放，是代持还是信托？由于不同的家族有着不同的愿景、目标和核心价值观，因此也会做出不同的判断和选择。

所有权的流转规则同样十分重要。无论是共同所有还是通过信托、代持等方式间接持有，完全不允许所有权（受益权）流转是不现实的。当某个家族成员由于自身原因或者家族矛盾要求出售其所有权（受益权）而无法如愿时，会明显增加他对那些不允许他出售的家族成员的怨恨，这种怨恨不仅会给企业带来负面影响，也会传导到家族关系中，破坏家族关系的和谐。美国家族企业研究专家约翰·L.沃德发现，"讽刺的是，我发现家族企业离开的门槛越低，想走的人越少"[①]。

促进家族企业长期稳健发展

家族企业能否实现长期经营，除了复杂的政治、经济、产业环境和激烈的市场竞争外，还有一个非常重要的因素就是交接班的问题。一方面是老一辈创业者不愿意放权，认为放下自己一手创办的事业，等于失去了人生的方向和生命的支点，同时也对后继者缺乏信任，在心理上一直把他们当作"还没有长大的孩子"，即便后继者实际上已经四五十岁也是如此，而在有多个潜在继任者时，老一辈也可能会为选择谁而举棋不定。另一方面是后继者确实没有做好接班的准备，或者是对家族企业正在经营的事业本身就缺乏认同，认为不具有长期存续和传承的价值，或者是有自己独特的兴趣爱好，对于经营企业和赚钱毫无兴趣和热情，或者是虽有兴趣，但是在性格和能力上存在明显欠缺，不适合作为企业接班人。另外，由于国内曾多年施行计划生育政策，潜在的接班人人选并不多，很多时候甚至没有选择的机会。而随着生育政

---

① 约翰·L.沃德：《永续经营——成功家族企业的50条法则》，陈宁、高皓译，东方出版社2014年，第88页。

策的调整和家族规模的不断扩大，可供选择的接班人增多，问题可能会由"没得选择"转化为"难以选择"。

家族企业能否长期存续和发展的另外一个重要问题是关于外部人才引进的问题。外部人员通常能够给家族企业带来很多新的想法、新的创意，以及看待问题不同的视角和解决问题不同的工作风格。一个想要长期存续的家族企业，必须认真思考和对待这些问题：如何引入和留住优秀的外部人才？给予他们什么样的职位和权益（包括一定比例的所有权）？如何处理他们和家族成员之间的关系？

助力家族的持续壮大和久远传承

家族企业契约把家族和家族企业紧密联系起来。首先，家族企业的利润分红能够为家族成员提供必要的生活、医疗和教育保障，在某个家族成员遭遇特别的不幸和困境时，家族能够在经济上伸出援手，从而使"我们是一家人"不再是一句口号而成为具体的行动。其次，由家族企业资助家族成员完成高等教育，甚至进行更加深入的专业学习和研究，不仅仅是提高家族人力资本质量的一种有效方案，更可能为家族企业的发展寻找到新的契机和方向。

家族企业同样能够为家族治理提供有效的财务支持。财富家族达到一定规模后，需要成立家族理事会和必要的专业委员会，需要召开家族会议、组织家族活动，同时还需要聘请相应的外部专家，这些都需要一定的经费支持，否则只能是纸面治理。而家族企业通过分红政策等提供资金支持，能够确保家族治理工作的有序开展，进而实现家族治理的久远传承功能。

3.2 家族企业契约的内容

每个家族企业，每个家族企业的不同发展阶段，其家族企业契约的内容和侧重点都会有明显不同。家族契约的类型非常多，具体规范内容完全视家族需要而定。现实中，想要制作一份通用的家族企业契约事实上是不可能的。

家族股权协议

由于家族企业的股权安排对家族企业治理具有根本性的重大影响，因此，专门针对家族企业股权安排订立家族股权协议，成了许多家族的通常做法。案例5-3就是一种典型做法。

《纽约时报》作为《华盛顿邮报》之后美国仅存的家族大报，其所有者奥克斯·苏兹伯格家族最初的家族协议就是股权协议。为了保证家族对《纽约时报》的绝对控制，创始人阿道夫·奥克斯唯一的女儿伊菲珍多次补充和修正家族股权协议。比如，1941年在大女儿玛丽安结婚的前一天，让四个孩子签订了《股权回购协议》。四姐弟承诺：一旦取得遗产，如果其中一人意欲出售，应当给予其他三人优先购买公司普通股的权利。后来，随着家族成员的增加，股权协议逐渐扩展至涵盖慈善、家族管理、聘用政策、董事继承等内容的综合性家族协议——"家族宪法"。

案例5-3 奥克斯·苏兹伯格家族的股权协议

时间	签订者	协议内容	目标
1935年	阿道夫·奥克斯	家族信托基金。设立家族基金会——奥克斯基金会,其掌控《纽约时报》50.1%的普通股。	确保家族控制。
1941年	苏兹伯格家族四姐弟:玛丽安、鲁思、朱迪、潘趣	家族股权回购协议。四人承诺:一旦取得遗产,会给予其他三人《纽约时报》普通股票的优先购买权。	防止家族股权外流,确保家族对《纽约时报》的控制。
1957年	《纽约时报》普通股持有者	公司资本结构重组。每股普通股划分为没有选举权的A股和有选举权的B股;奥克斯基金会和苏兹伯格家族掌控绝大部分B股。	在不影响家族控制的前提下,为报社的并购行为以及家族成员支付遗产税提供变现渠道。
1968年	《纽约时报》普通股持有者	股权再设计。为了股票上市,允许A股持有者拥有部分选举权(可以决定董事会30%的成员)。	为了股票上市,家族让渡了一些权力,但仍能保持对《纽约时报》的相对控制。
1986年	家族第三、第四代成员	家族股权回购协议。苏兹伯格家族的所有继承人要保证,永远不把具有选举权的B股卖给家族以外的人。	确保家族控制权。
1986年	《纽约时报》普通股持有者	公司资本结构再重组。把每股B股转换成1股B股和9股A股,只有新B股才能掌控公司控制权。	确保家族控制的前提下,为后代缴纳遗产税提供变现渠道。
1995年	家族第四代成员	4份信托基金合并。为了家族团结,第四代家族成员将4个独立的信托基金合并成1个。第四代的表亲持有的股份相等。	维系一个家族的理念,实现对《纽约时报》的统一控制。

资料来源 郭萍:《家族治理与民营企业成长:理论与案例研究》,中山大学出版社2019年。

家族企业契约指南

虽然想要制作一份通用的家族企业契约非常困难,但事物总有相通和共性的一面,在此我们归纳和总结出一些家族企业契约中共性的问题,制作了一份家族企业契约的框架(见案例5-4)。各个家族可以根据各自的实际情况予以增删修改,制作出适用于自己家族企业的有效契约。

案例5-4　家族企业契约示范指南

一、家族企业契约的目的

保证家族企业长期稳健经营,构建和谐的家族和家族企业关系,实现家族成员个人成长和整个家族的久远传承。

二、家族契约的基本理念

1. 本契约旨在保护并传承家族创始人创造的家族事业,使得家族企业能够长期存续和稳健发展。

2. 本契约致力于梳理家族、家族企业及所有权的关系,避免家族企业在发展中经常遭遇的问题和困境。

(1) 规范家族企业的治理,完善家族企业的治理结构,建立家族企业的现代化管理制度,避免家族成员对家族企业的不当影响和参与。

(2) 保证家族企业遵从市场经济规律,从市场状况和客户需求出发做出决策,而不是简单地以家族成员的需求作为出发点。

（3）家族企业应保证自身资本充足率，保证其具有充分的市场竞争力，并持续保护和巩固这种竞争地位。

三、家族和家族企业的简要历史

1. 简单介绍家族历史，增强家族成员的身份认同。

2. 简单介绍家族历史上的重要人物，尤其是创造当前家族财富的第一代创始人，起到正面的激励和教育作用。

3. 简单介绍家族企业的历史、发展历程及目前主要的经营方向，能够在激烈的市场竞争中存续甚至胜出的根本原因。

4. 简单介绍本契约订立时家族和家族企业的基本现状和面临的主要问题，以便于家族成员更好地理解本契约订立的背景和目的。

四、家族企业所有权

1. 为了保持家族企业股权集中，避免财富外泄，本家族企业的所有权通过家族信托的形式持有，第一代创始人设立家族股权信托，持有家族企业100%的股权。各家族成员不直接持有家族企业的股权，仅有权在家族股权信托中享有对应比例的信托受益权。

2. 在家族股权信托中，只有第一代创始人本人及其配偶（离婚时终止）和直系血亲或合法收养的子女可以获得信托受益权。除非经第一代创始人本人同意，或者由届时有表决权的全体家族成员一致表决同意，否则不得将上述范围之外的其他人列为股权信托的受益人。

3. 家族股权信托可以拿出家族企业20%的股权对外部人

才进行激励,但是外部专业人才必须按照届时家族企业的净资产比例出资购买,并且在该外部人才退休或者离职时,家族应当将该部分激励股权按照届时家族企业的净资产价格予以回购。

4. 每个受益人持有的家族股权信托受益权都属于其个人财产,不属于夫妻共同财产,不得继承,不得用于清偿个人债务。

5. 所有年满18周岁的股权信托受益人,都应当参加年度受益人大会,对年度受益人大会上的事项行使表决权,并且应当积极履职,不得弃权。

6. 所有受益人禁止从事使家族企业竞争对手获益的任何投资或活动。每位受益人都应当主动汇报任何潜在的利益冲突,由家族企业董事会决定是否批准同意该项冲突性活动。

7. 除非被家族股权信托的受托人选举或委派为家族企业董事会成员,或者受家族企业董事会任命担任家族企业的管理人员,任何家族成员不得干涉家族企业的经营管理活动。家族股权信托的受益人仅依照法律和信托文件的规定对家族股权信托的有关事项享有知情权,对于家族企业的股东会、董事会、监事会决议和会计账簿及记账凭证等不享有知情权。

8. 家族企业应向任何受益人提供有关家族企业所有权持续性规划有关的法律咨询服务,必要时可以聘请专业的法律顾问提供该项服务。

9. 家族企业的利润分配方案由家族企业的董事会提案,报家族企业的股东会决定实施。当家族企业的净资本超过注册资本金的300%时,家族企业必须转增资本或者进行利润分配。

10. 家族企业转增注册资本的,每会计年度转增资本的金额不得超过转增前的50%,每会计年度仅限转增一次,转增资本后的注册资本金达到人民币30亿元后,未经全体受益人一致表决同意,不得继续转增资本。

11. 家族企业进行利润分配的,当期利润分配的金额不得低于注册资本金的30%(税前),分配完毕后家族企业净资本不得低于注册资本金的200%。

12. 对于确需提供生活、医疗和教育保障的家族成员,可以通过家族保障信托的形式予以保障,家族保障信托可以作为家族股权信托的受益人。

五、所有权的流动性

1. 未经三分之二以上并且合并持有的受益权也达到三分之二以上的其他股权信托受益人同意,任何受益人不得对外转让其持有的信托受益权。

2. 信托受益人因个人债务而被法院裁定拍卖其信托受益权的,家族基金应当在同等条件下主动行使优先购买权。

3. 家族应当建立家族基金,在确需回购家族信托受益权时,应当按照届时家族企业的净资产对应的价格进行回购。

4. 家族股权信托的受益人可以在受益人内部进行受益权

转让，具体转让条件由交易双方自行商定，其他受益人不享有优先购买权。

5. 股权信托受益人拒绝家族基金按照前述条件回购，并坚持向信托受益人之外的第三方转让的，则取消其受益人资格，不再向其分配信托利益。

6. 家族企业的净资产、净资本以家族企业内部的财务部门核算数额为准。确实有失公允或者需要审计的，则可以聘请外部专业机构进行独立审计。外部审计结果与家族企业内部核算结果偏离度超过10%时，审计费用由家族企业承担，未超过10%的，由提出审计申请的人承担。

六、家族企业董事会

1. 家族企业的董事会由家族企业的股东会根据公司法和公司章程的规定委派或选任，股权信托的受托人委派或选任作为家族企业接班人的家族成员进入董事会，并担任家族企业的董事长。

2. 每届董事会的任期不超过三年，期限届满后可以连选连任。

3. 家族企业董事会应至少包含1位外部独立董事，并支付合理的独立董事报酬。

4. 家族企业董事会每年应进行自我评估，包括对所有家庭成员的秘密反馈和调查。

七、受益人交流

1. 股权信托受托人每年召开年度受益人大会，各受益人对于股权信托的运行情况提出质询并就重大事项进行表决，会议费用由信托财产承担。

2. 家族企业董事会在每年度的家族大会上汇报工作，把过去一年来家族企业的经营、财务状况、利润分配方案及未来的投资、经营计划向全体家族成员汇报。

3. 所有股权信托受益人可以对家族企业的经营发展提出质询，并由家族企业的董事长做出答复。

4. 所有家族成员可以就家族企业的投资、经营提出建议和意见，在充分讨论后由家族企业董事会斟酌是否吸收采纳。

八、家族成员就业

1. 所有谋求在家族企业从事全职或兼职工作的家族成员，都应当满足以下条件：

（1）年满23周岁以上；

（2）具有国家统招大学颁发的学士学位或同等学历；

（3）一年以上在其他企业的全职从业经验；

（4）经济学、管理学以及与家族企业紧密关联行业的专业优先录用。

2. 所有谋求在家族企业从事全职或兼职工作的家族成员与其他社会应聘人才原则上一视同仁，但同等条件下优先录用家族成员。

3. 家族成员在家族企业担任与其专业、学历和工作经历相匹配的工作岗位，并按照家族企业对所有员工一致的考评标准予以考评，适用相同的薪酬标准。

4. 家族成员谋求在家族企业的专职或兼职工作时，任何其他家族成员不得走关系、打招呼或者不当施加其他影响。

5. 欢迎所有年龄在16—23岁的家族成员在公司兼职，或在求学期间利用假期在公司兼职工作。

6. 家族企业将尽可能避免父母、夫妻、兄弟姐妹担任彼此之间上下属的情况。

7. 所有家族成员应遵守公司退休政策，除非全体股权信托受益人一致同意，至迟应在达到国家法定退休年龄后的5年内退休。

8. 家族企业独立董事将审核并批准家族成员的所有就业安排、薪酬与费用报销支付。

9. 家族企业将向所有家族成员提供合理的职业咨询和规划服务，费用由家族企业承担。

九、效力

1. 本契约经三分之二以上的18周岁以上的家族成员表决同意后通过，并由表决同意的家族成员在本契约上签字。

2. 凡是在本契约上签字的家族成员，都应接受本契约的约束。

3. 对于未在本契约上签字的家族成员，凡是成为家族股权信托受益人的家族成员，由于其取得该项受益权并未支付对价，在本质上属于接受赠与，故而也视为接受本契约的各项条款。如果拒绝接受或履行本契约有关条款的，则视为放弃该项信托受益权,不再具有受益人资格。

4. 对于接受家族企业股权激励的外部人士等,本契约通过家族企业章程、股东协议等确定各自的权利义务关系并发生法律效力。

5. 本契约签署方同意在受益人大会上每三年对本契约进行一次评估与确认。

6. 本契约签署方尽力向下一代及相关家族成员传达本契约,并做好本契约的解释和实施保障工作。

十、终止

1. 本契约在家族企业出售时终止。

2. 在全体股权信托受益人一致同意下,也可以终止本契约。

十一、修订

1. 本契约各条款需经四分之三以上并且合并持有的受益权亦达到三分之二以上的股权信托受益人表决同意后方可修改。

2. 家族企业董事会每三年向所有家族成员提供一次对本契约条款适宜性的评估结果。

4. 家族行为规范

与"家族宪法"相比,家族成员的行为规范更偏向于家族内部，通常不涉及家族企业的内外部关系，主要是对家族成员的日常生活、学习教育、处事方式、人际交往等方面进行行为规范，是对子孙后代立身、做人、处事等方面所立的规矩或告诫，在中国古代多表现为家规家训。比如诸葛亮的《诫子书》曰："夫君子之行，静以修身，俭以养德。非淡泊无以明志，非宁静无以致远。夫学须静也，才须学也，非学无以广才，非志无以成学。淫慢则不能励精，险躁则不能治性。"而曾国藩家训的十六字箴言更是言简义丰："家俭则兴，人勤则健；能勤能俭，永不贫贱。"

古人修身齐家的至理名言，在任何时代都有借鉴意义。

4.1　家族行为规范的两个案例

让我们先来看看两个案例，它们反映了家族行为规范的一般面貌。

案例一：《朱子家训》

明末清初的著名理学家、教育家朱柏庐所作的《朱子家训》，对仗工整、言简意赅，集儒家为人处世方法之大成，体现了中国几千年来形成的道德教育思想，有着丰富的传统文化内涵，被很多士大夫奉为治家经典，时至今日仍然值得学习借鉴。其原文如下：

案例5-5 《朱子家训》

黎明即起,洒扫庭除,要内外整洁,

既昏便息,关锁门户,必亲自检点。

一粥一饭,当思来处不易;半丝半缕,恒念物力维艰。

宜未雨而绸缪,毋临渴而掘井。

自奉必须俭约,宴客切勿流连。

器具质而洁,瓦缶胜金玉;饮食约而精,园蔬胜珍馐。

勿营华屋,勿谋良田,三姑六婆,实淫盗之媒;婢美妾娇,非闺房之福。童仆勿用俊美,妻妾切忌艳妆。

祖宗虽远,祭祀不可不诚;子孙虽愚,经书不可不读。

居身务期质朴,教子要有义方。

勿贪意外之财,勿饮过量之酒。

与肩挑贸易,毋占便宜;见贫苦亲邻,须加温恤。

刻薄成家,理无久享;伦常乖舛,立见消亡。

兄弟叔侄,须分多润寡;长幼内外,宜法肃辞严。

听妇言,乖骨肉,岂是丈夫?重资财,薄父母,不成人子。

嫁女择佳婿,毋索重聘;娶媳求淑女,勿计厚奁。

见富贵而生谄容者,最可耻;遇贫穷而作骄态者,贱莫甚。

居家戒争讼,讼则终凶;处世戒多言,言多必失。

勿恃势力而凌逼孤寡,毋贪口腹而恣杀生禽。

乖僻自是,悔误必多;颓惰自甘,家道难成。

> 狎昵恶少，久必受其累；屈志老成，急则可相依。
> 轻听发言，安知非人之谮诉，当忍耐三思；
> 因事相争，焉知非我之不是，须平心暗想。
> 施惠勿念，受恩莫忘。
> 凡事当留余地，得意不宜再往。
> 人有喜庆，不可生妒忌心；人有祸患，不可生喜幸心。
> 善欲人见，不是真善；恶恐人知，便是大恶。
> 见色而起淫心，报在妻女；匿怨而用暗箭，祸延子孙。
> 家门和顺，虽饔飧不济，亦有余欢；
> 国课早完，即囊橐无余，自得至乐。
> 读书志在圣贤，非徒科第；为官心存君国，岂计身家。
> 守分安命，顺时听天；为人若此，庶乎近焉。

案例二：陈家庄的家规家训

1990年，新加坡元立国际集团董事局主席兼总裁陈逢坤先生在新加坡樟宜兴建陈家庄现代庄园时，设计了一套维系"家和"信念的内部结构。他有意增加了公共空间的占比，目的是通过缩短空间距离来增加家族成员之间的交往频率。不过较多的家族成员生活在一起，发生摩擦在所难免。因此，陈逢坤先生制定了一整套家规家训。

案例 5-6　陈家庄的家规家训

在陈家庄 10 条家规中，"尊敬长辈、爱护晚辈"是对家族价值观的具体阐述，其余规则包括 6 条家族成员必须遵循的行为规范，以及出现冲突时的解决方法。

陈家庄家规

1	孩子间发生争吵，各自父母带开孩子回房间劝导教育。
2	成人间不准吵架，有意见不合通过沟通协调解决争执。
3	兄弟间不批评对方妻子和孩子，有问题通过长辈协调。
4	吃饭时不可随意批评。
5	严禁聚集谈论他人是非。
6	尊敬长辈，爱护晚辈。
7	不乱丢垃圾，不乱涂鸦，不破坏公物。
8	当晚归或不回家时，一定通知父母。
9	年轻人禁止带异性朋友回家过夜。
10	接受工作指派。

对于违反家规者的处罚手段主要有：规劝、责骂、减薪、调换工作或者根据家族企业的相关制度处理。

资料来源　郭萍：《家族治理与民营企业成长：理论与案例研究》，中山大学出版社 2019 年。

4.2 家族行为规范共性化内容

不同的家族有不同的愿景和核心价值观,在具体行为规范的要求上也不尽相同,因此在行为规范内容上也会表现得千差万别。比如,对于追求积极进取的家族来说,会要求家族成员持之以恒、坚忍不拔,遇到困难时要迎难而上。而对于秉持中庸和内敛思想的家族来说,会要求家族成员谦逊退让、与人为善,在利益面前让利于人、吃亏是福。这些不同的行为规范本身是很难评价优劣的,事实上,只要是不违反国家法律和社会基本伦理道德、秉承真善美原则的行为规范,都会在不同层面结出善果。

但是,对于能够长期存续和久远传承的家族来说,对家族成员的具体行为规范,终究是有一些共性和通识性。综合考量古今中外能够传承百年以上的家族,其家族成员行为规范中通常会包括以下几部分内容。

个人品德和修养规范

● 勤奋

人的天赋会有高低之分,但是很多天赋高的人并未获得最终的成功。爱迪生说过,天才是99%的汗水加上1%的天分。"骐骥一跃,不能十步。驽马十驾,功在不舍。"曾国藩并不是一个天分很高的人,科举之路跌跌撞撞,秀才考了七次,进士也考了三次,攻打太平天国时的主要策略就是挖沟围城的笨办法,但是却真正实现了中国传统士大夫"修身、齐家、治国、平天下"的人生理想,生荣死哀,为后世所传颂。当然,曾国藩身上有很多中国传统美德，但是他的勤奋却是他能够实现人生理想的重要原因之一。小到个人和家族，大到国家和民族，勤奋不仅是重要的美德，更是生存下去的保障。物竞天择，适者生存，在激烈甚至残酷的生存竞争中，从来没有温情脉脉，每个人对于上天赐予的天分无可奈何，唯一能做的就是以勤补拙。因此，勤奋应当是所有成功家族的家族成员都应当遵守和践行的首要行为规范。

● 节俭

"由俭入奢易，由奢入俭难。"家族财富的积累，通常是一个聚沙成塔的渐进过程，需要十几年、几十年甚至几代人的艰苦努力和辛勤付出。但很多时候，财富的消散却常常像雪崩一样，"富不过三代"的一个重要原因是后继家族成员的骄奢淫逸，其中奢侈浪费是最重要的一项原因。西晋时期，有一年发生饥荒，百姓没有粮食吃，只有挖草根、吃树皮，甚至易子而食，许多百姓因此而活活饿死。消息传到皇宫，晋惠帝坐在高高的皇座上听完了大臣的奏报后，大为不解，困惑地问大臣："百姓无粟米充饥，何不食肉糜？"（老百姓肚子饿没米饭吃，为什么不去吃肉粥呢？）这样的皇帝，如何能够保得住司马家的江山社稷？"一粥一饭，当思来处不易；半丝半缕，恒念物力维艰。"节俭，不仅仅是不浪费财物，更是一种对财富的尊重态度，也是一种对自我欲望的控制能力。能够奉行节俭和自我克制的家族，必然能够经久不衰。

● 谦逊

谦逊同样是成功家族能够经久不衰的一项重要美德。随着家族财富的积累以及家族地位和家族声誉的提高，很多家族成员会不由自主地产生骄傲自满的情绪，即便这些家族成就并非他本人自身的成就。这不仅仅是个人修养的问题，还有其深刻的行为心理学因素。对于一个财富家族来说，一个骄横的家族成员可能给家族带来的声誉损失和破坏性影响是非常巨大的，有时甚至是致命的。越是成功，越应该低调和谦逊，"不敢为天下先"，越应该知道感恩，感恩良好的政治经济环境，感恩亲人、朋友、客户和员工的信任和帮助。因此，谦逊也应当是家族成员必须遵守的行为规范。

● **责任感**

责任感是一种担当，是一种面对困难绝不逃避的毅力、面对压力绝不妥协的勇气。每个家族在发展过程中，必然会面临各种各样的困境和艰难时刻，此时需要每个家族成员都站出来勇敢面对，承担起对家人、对员工、对企业乃至对整个社会的义务和责任。事实上，是沉甸甸的责任感赋予了生命真正的价值和意义，轻飘飘毫无责任的人生，就像双脚离开大地的大力神安泰①，最终的结果是被人轻易杀死。一个有责任感的人不会随便背信弃义，不会为达目的不择手段，一个有责任感的企业不会生产不合格产品，不会建造豆腐渣工程。因此，教育家族成员要有责任感和使命感，是提升家族人力资本质量的一项十分重要的内容。

---

① 安泰是古希腊神话中的大力神，他是海神波塞冬与地神盖娅的儿子，力大无比，百战百胜。但他有一个致命的弱点：一旦离开大地，离开母亲的滋养，就失去了一切力量。他的敌人刺探到这个秘密，设计让他离开大地，把他高高举起，在空中将他杀死。

人际交往和人际关系规范

● 诚信

"人无信不立","人而无信不知其可也",自古至今,诚信都是人际交往的第一准则。而在西方,诚信原则也被视为"帝王规则"。目前,中国人民银行已经建立了个人和企业的征信系统,如果存在失信行为,会被纳入失信名单。当今社会,信息交流和获取极其便捷,信息时代更是信用时代,一个人、一个企业是否诚信,将直接决定其在市场经济中的地位和命运,没有信用,后果将不堪设想。一个家族成员在人际交往和商业活动中是否诚信,不仅仅代表着其个人名声和信誉,更会影响到整个家族的口碑和声誉。因此,诚信应当是家族成员在人际交往过程中必须坚守和秉承的第一行为规范。

● 倾听

在强调个人主义的时代,有效的交流已经成为一个难题。每个人都强调自我的感受,想要发表个人的观点,而当每个人都自说自话的时候,结果常常是争吵不休和不欢而散。而对于一些身处高位的家族企业领导人和管理者来说,由于身份地位问题,其结果往往不是争吵而是万马齐喑的"一言堂"。最好的沟通方式是倾听,无论是个人人际交往、家族成员内部交流,还是家族企业会议,倾听常常比演讲更加重要。通过倾听,能够充分理解别人的观点和意见,能够捕捉到分歧和争议背后的动机和诉求。因此,在家族成员人际交往规范中,明确不得随意打断别人的讲话,学会认真倾听和思考,轮到自己发言时言简意赅,不仅有利于提高家族成员人际交往的效果和质量，也有利于构建和谐的家族关系。

- 守时

守时不是美德，而是一种基本的行为规范。其实，守时不仅仅是一种尊重他人的态度，不浪费他人的时间和生命，更是一种对自己负责任的态度，是一种对自己的约束。一个守时的人，通常会让人觉得是一个"靠谱的人"、一个"值得信赖的人"，把工作甚至家族企业交给这样的人会感觉放心。因此，守时虽然是一项表面上微不足道的小事，但却是可以见微知著、由小见大的重要行为规范，应当对家族成员提出严格的守时要求。

- 包容

每个人都有不同的价值判断，每个人都有不同的思维逻辑，每个人都有不同的行为习惯。我们这个世界的存在，不是由于同一性，而是由于多样性。"海纳百川，有容乃大"，只有学会理解和包容，学会换位思考，我们才能实现有效的沟通交流，才能建立起良好的人际关系。"水至清则无鱼，人至察则无徒"，要学会包容别人的缺点，发现别人的长处和闪光点，用人之长，避人之短。曹操的用人之道就是不拘一格，唯才是举，所以曹魏的人才规模会远远超过蜀汉和孙吴。家族和家族企业要想长期存续和久远传承，家族成员在人际交往、人才选用和家族关系处理上必须学会理解和包容。

婚姻关系规范

● 婚前财产协议

当前在全世界范围内，离婚率一直居高不下，而在可以预见的未来，离婚率都很难大幅度下降。对于财富家族来说，每一次家族成员的离婚，都存在着家族财富被分割和外泄的风险，有一部分人甚至把婚姻当作一种谋求财富的手段，进一步增加了这种风险。婚前财产协议能够在一定程度上劝退那些居心不良者，进而提升婚姻的稳定性，而日后一旦发生婚变，也能有效避免家族财富外泄。但是由于观念和认知问题，婚前财产协议并不总是容易签署，一不小心就变成了"分手协议"。这时，如果家族行为规范明确要求所有家族成员结婚前必须签署婚前财产协议，那么由于这样的事前规范在双方交往之初就已经存在，对所有人一视同仁，因而结婚对象通常不会觉得自己是被刻意针对和羞辱的，也就更愿意签署。

● 家族信托

婚前财产协议虽然将夫妻双方婚前财产进行了分割确认，但是对夫妻婚后的生活保障存在不足，同时也无法解决一方无遗嘱身故时法定继承导致的财富外泄问题。家族信托有所有权和受益权相分离的功能，由受托人持有信托财产，为受益人提供必要的生活、医疗保障，而在受益人之一身故时，信托财产并不存在继承问题，即便是受益人的信托受益权，也可以通过在信托文件中的特殊规定，排除被继承分割的可能性。因此，在婚姻关系规范中，可以同时采用婚前财产协议和家族信托，对家族成员的婚姻关系进行保驾护航。事实上，排除了对财富的觊觎之心，回归纯粹的夫妻感情和亲人关系，更有利于实现婚姻的稳定和持久。

- 婚外情

婚外情是一个非常复杂的问题，既有生物学因素，也有社会性因素。有的家族规范中明确禁止婚外情，如李锦记家族，但是也有很多家族对于这个敏感问题避而不谈。婚外情通常会给家庭和家族带来很大的破坏性影响，既增加了家族成员个人的痛苦和烦恼，也使家族利益面临较大的风险和损失。因此，在家族成员的婚姻关系规范中，有必要通过宣示或倡议的方式反对婚外情，以建立正确的家族价值观和行为准则，维护家族关系的稳定和谐。

禁止性规范

家族行为规范中，除了明确鼓励和提倡某些积极性行为外，还应当明确反对和禁止某些具有较大破坏性的消极行为。事实上，凡是违反国家法律、行政法规和社会公认道德规范的行为，理论上都应反对和禁止，如不得危害国家安全、不得对他人实施暴力、不得诈骗他人等，但罗列太多显然不必要。家族行为规范中特别明确禁止的行为，应当是通过家族历史的经验和教训总结出来的，或者是已经由成功家族达成共识的，对家族和家族企业具有较大破坏力的行为。

- 赌博和吸毒

赌博和吸毒通常是被所有家族共同禁止的。即便拥有万贯家财，一旦染上赌博恶习，都很容易灰飞烟灭。染上赌瘾的人，其心思和精力很难放在正当事业的经营和发展上，为了筹措赌资，会不择手段地转移、挪用、侵占其管理和经手的财产，而且一旦染上赌瘾，非常容易被人设局，最终导致倾家荡产。而吸毒首先损害的是自己的身体，从此再也谈不上健康的体魄、顽强的意志。其次吸毒者的人生观和价值观很容易发生扭曲，影响其自身的人际交往和家族关系。因此，对于绝大多数成功家族来说，赌博和吸毒都是明确被禁止的行为，并写入家族行为规范。

- 奢侈浪费

奢侈浪费也是一种被多数成功家族明确禁止的行为。"成由勤俭败由奢"，很多家族的败落都是由家族成员的奢侈浪费开始的。但是，不同人的人生态度不同，生活标准不同，对于奢侈浪费的认定标准也存在较大区别，实践中较难做出认定，司法审判中更没有具体的认定标准和惩罚性措施，但这终究只是一个技术上的问题，必要时可以在家族会议上由全体家族成员表决认定，因此并不妨碍在家族行为规范中对其予以禁止。

- 贿赂

贿赂是另外一个敏感性极高的话题。现实经济生活中，确实有一些家族和家族企业，通过向国家机关工作人员行贿，或者在市场经济活动中的商业贿赂行为，获得了超过其他市场主体的资源和商业机会。但是从长期来看，这种扭曲的政商关系和不正当的竞争行为，终究会对家族和家族企业造成反噬。因此，如果想要家族企业永续经营，想要家族长治久安，反对贿赂是十分必要的。

4.3 家族行为规范的效力

家族行为规范的一般性条款通常是由初代家族创始人制定，或者是由多个初代核心家族成员通过家族会议的形式共同表决后制定的。在制定之初，很可能就不是所有的家族成员全部签字，可能有的家族成员还没有成年，也可能部分家族成员持有不同意见。而家族行为规范制定完毕后，后继世代的家族成员可能根据家族和家族企业实际情况的变化而不断增删修改，同样存在不能全部签署同意的情况。那么，这些家族行为规范的效力到底如何？对于没有签字的家族成员有效吗？即便是签了字的家族成员，就当然地产生了法律上的强制效力吗？奖励性条款和惩罚性条款在效力上有没有区别？如果违反了这些行为规范的要求，到底应该承担什么样的责任？这些问题直接决定了家族行为规范最终的实施效果。

家族行为规范整体上不具有法律强制效力

虽然家族行为规范可能已经经过了家族会议等民主表决程序，部分家族成员也已经签字表示愿意接受相应的约束，但是由于这些行为规范没有国家强制保障实施，也很难认定为在当事人之间形成了法律上的合同关系，因此通常不具有法律强制效力。例如，某个家族成员虽然违反了不得有婚外情的家族行为规范，但由于国家法律法规并没有明确规定婚外情的具体惩罚性措施，因此很难对其做出直接性的处罚。但如果某个家族成员的行为既违反了家族行为规范的要求，也违反了国家法律法规的规定，如实施赌博行为，则国家行政机关和司法机关将会依法对其做出相应的行政甚至刑事处罚，此时的处罚依据是国家相关法律法规的规定，而不是家族内部的行为规范。

但是，不具有强制效力的后果也不是绝对的。如果家族行为规范经过家族成员签字同意，并且该项规范通过家族信托、家族企业章程、股东协议等文件予以明确，则会产生相应的法律效力。以婚外情为例，某个家族成员违反家族行为规范发生了婚外情，并且家族信托文件中明确规定，如果某个受益人发生了婚外情，则其信托受益权终止，这时就触发了受益权终止的议定条件，那么这种具有惩罚意味的处理结果就是有法律约束力的。

奖励性条款更多是赠与性的，通常属于自然债务

家族行为规范中的很多条款是宣示性和倡议性的，表达的是对家族成员的一种正面建议和善良期待，一般并不对应具体的奖励方案和措施。而即便是有部分家族行为规范中明确对某种特定积极行为提供奖励，也通常不具有法律强制执行效力。这种奖励性承诺在性质上类似于赠与，我国《民法典》第六百五十八条第一款规定："赠与人在赠与财产的权利转移之前可以撤销赠与。"在既未经过公证，也不具有救灾、扶贫等公益性质的情况下，未支付奖励金的行为可以理解为撤销赠与，因此难以强制履行。但是，如果该项奖励性承诺已经写入了家族信托、股东协议等具有独立效力的法律文件，则会被赋予强制履行效力。有人会认为在家族成员履行积极行为时，鼓励性承诺已构成附义务的赠与，但是绝大部分家族行为规范都是对一般社会人的基本道德要求，通常是公序良俗制度下的正常道德性义务，很难认定为对个别人的过高要求，因此不宜被认定为法律上的额外义务或负担。

惩罚性条款通常不具有法律效力

如果某个家族成员违反了家族行为规范的要求，一般会采取一定的惩罚性措施，但是这些惩罚性条款通常是无效的。

首先，任何体罚性措施都是无效的。古代社会中，如果某个家族成员违反家规，可能会被家长施以罚跪、鞭笞、杖责乃至浸猪笼等家法进行惩罚。但是在现代文明社会中，任何体罚都是被禁止的。如果强行施行家法，很可能会导致承担虐待、故意伤害等刑事责任。

其次，任何限制人身自由的惩罚性措施都是无效的。《中华人民共和国立法法》第八条第五项明确规定，只有全国人民代表大会及其常委会制定的法律才能规定限制人身自由的强制措施和处罚。家法不能代替国法，如果以"禁足"等方式限制家族成员的人身自由，则会涉嫌构成非法拘禁罪。

再次，任何有罚款性质的惩罚性措施也都是无效的。为了督促家族成员积极主动遵守家族行为规范，有时会制定一些罚款之类的惩罚性措施，如开会迟到罚款 200 元，而很多家族成员也都主动接受了这种惩罚，但这并不表示这种惩罚性措施是合法的。根据《中华人民共和国行政处罚法》的规定，只有国家的法律、行政法规、地方性法规、国务院部门规章和地方政府规章才可以设定行政处罚，其他任何规范性文件均不得设定行政处罚。家族行为规范甚至不属于规范性文件的范畴，当然也无权设定罚款性质的惩罚性措施。

最后，附条件法律行为的法律效力问题。根据我国《民法典》的规定，民事法律行为可以附条件。附生效条件的民事法律行为，自条件成就时生效。附解除条件的民事法律行为，自条件成就时失效。如果家族行为规范中的具体要求与家族信托、股东协议等法律文件的相关条款产生对应关系，则通常会产生相应的法律效力。例如，家族信托文件中规定，如果某个受益人有赌博行为，则其不再享有信托受益权，则可以视为就信托受益权设定了解除条件，受益人的赌博行为致使解除条件成就，故而此时取消受益人的受益权会受到法律的保护。再如，股东协议中规定，如果家族成员参加股东会议时迟到，则应向家族企业支付200元的罚款，这项规定相当于在家族企业与迟到的家族成员之间达成了违约性合意，前提是这个迟到的家族成员已经在股东协议上签了字，而如果他拒绝支付这200元，家族企业有权诉诸法院请求强制执行，只是实际上几乎没有家族会真的这样做。但即便当事人已经签字认可，也并非所有的条件都会得到法律的保护，这些条件至少不得违反法律的强制性规定，也不得违反公序良俗原则。比如，如果明确规定儿子不得与特定的某人结婚，否则会丧失信托受益权，则该项规定将会因涉嫌干涉婚姻自由而被认定为无效。但是，如果规定儿媳一旦与儿子离婚，则不再享有信托受益权，虽然该项规定同样会对儿媳的离婚意愿产生影响，但是综合考虑到儿媳一旦离婚后将失去家族成员的身份，继续享有信托受益权会导致新的不公平，也与家族信托保障家族成员生活的目的相背离，故而此时通常会承认该项规定的法律效力。

第六章 Chapter Six
实施并重申家族治理

构建与实施家族治理体系的第六大要务，就是实施并使每一代家族成员不断重申、确认自己的家族治理体系。这是确保家族治理成功最重要的事务。

对于一个通过启动家族治理项目进行财富传承的家族，一旦明确了家族范围与家族目标，确定了各种家族治理政策，选择了合适的家族组织结构，并将这些目标、政策与组织的基本内容以"家族宪法"等形式的家族规范文件确定下来，就表明在形式上已经建成了属于自己的家族治理体系。但是，请千万牢记，这仅仅是形式上的，只是在迈向传承的万里长征中走完了第一步，最重要的是能够在家族实践中，真正按照家族规范文件确定的目标、政策与组织来实施家族治理，并定期、不定期地评估和完善家族治理体系。

构建家族治理体系已属不易，但实施家族治理是更具有挑战性的工作。家族传承能否成功，不在于形式上是否构建了家族治理体系，而在于实践中是否能够真正成功地贯彻实施。

我们的一位客户 Z 先生，兄妹六人联合创业，鼎盛时期家族资产过百亿元，并在创业初期就制定了家族契约，确定了"分家不分产"的家族传承目标和相关政策。就我们看到的家族契约而言,形式完备,内容详实,堪称典范,但是在实施方面,除了在老家共建了一栋气势宏伟、象征家族繁荣的家族大厦外,对于家族契约的其他方面,六兄妹都没有投入时间、精力和资源予以实施,可以说家族契约确立的治理基本上流于形式。随着家族企业的壮大,六兄妹 20 余名子女也逐渐长大成人,纷纷进入了家族企业,并开始裹挟父辈蚕食家族财产,最后引发了公开、全面而旷日持久的家族争产大战,导致家族企业解体,家族分崩离析,六兄妹的传承初衷完全落空。Z 先生家族治理的失败,本质上是家族治理实施的失败。

实施家族治理最大的挑战来自两个方面。一是家族治理组织力的挑战。实施家族治理需要家族具有强大的组织力,如果一个家族的治理组织缺乏领导力和执行力,很难想象这个家族的治理会取得成功。二是家族持续力的挑战。为了传承而实施家族治理,不是某一代人的事情,而是每一代人的事情。一个家族通过家族契约创建了反映其共同价值观的治理体系后,如果要成功传承财富,其以后的每一代都必须重申并继续采纳这一家族契约,必须重申并继续参与这一治理体系,否则,传承的进程就会中断。这对家族的耐力是一个巨大考验。

Z 先生六兄妹虽然创建了某种形式的家族治理体系,却没有强大的领导力和执行力去推动实施,更没有让第二代重申并参与这一治理体系,这是其家族治理失败的关键原因所在。本章探讨的实施家族治理的各种举措,无一不以家族组织力和家族耐力为保障。

虽然每一个家族实施治理的方式与侧重点都有所不同,但是，对家族治理实施效果影响最大的是以下四个方面的举措：

- 提升家族治理的组织力；
- 搭建家族财产的管理结构；
- 凝聚并教育家族成员；
- 评估并重申家族治理体系。

接下来，我们就对这四大举措逐一进行探讨。

1. 提升家族治理的组织力

家族治理本质上是对国家治理和公司治理这类正规组织治理的一种借鉴。既然如此，要想在家族中实施富有成效的治理，也必须严肃认真地把家族视为一种正规组织，以正规组织的思维方式和行为方式来开展家族的各项治理工作。因此，要确保家族治理得到有效实施，强大的组织力是首要同样也是最重要的举措。只不过相比国家和公司而言，家族是一个更加柔性的组织，因而其治理也会柔性一些。

如何打造和提升家族治理的组织力？最基本的举措有四条：

- 确保家族治理组织能够积极履职；
- 确保家族成员能够广泛参与；
- 充分发挥家族办公室的统筹功能；
- 充分发挥外部专业资源力量。

1.1　家族治理组织积极履职

对于建立了正式的家族治理体系的家族来说，其家族治理的实施，主要是通过治理体系中的各种治理组织来进行的。通常情况下，成员较多、规模较大的家族会设立家族大会、家族理事会、家族专门委员会（如家族慈善委员会、家族教育委员会、家族康养委员会等）等多层次的治理组织，而成员较少、规模较小的家族也起码会设立家族理事会（或家族委员会）这样比较单一的治理组织。一个家族的治理效果如何，与这些治理组织的履职情况密切相关，这些组织职责得到切实履行的家族，治理效果就好，反之治理效果就会大打折扣。

一个家族的治理组织要切实有效履行"家族宪法"等文件所确定的治理职责，最关键的就是不断提升治理组织的领导力与执行力。

家族治理组织的领导力

提升家族治理组织力的方法有很多。首先也是最重要的就是确保家族治理组织具有领导力，领导力是组织力的核心。这意味着需要在每一代都能选任出具有领导力的人员来担任家族领袖和各层面治理组织的负责人。什么样的人才算是有领导力的人？最起码的品质是，有强烈的家族使命感和责任感，意志坚定，具有奉献精神，才华出众，在家族中具有权威。家族治理本身的一个重要使命就是能够建立起某种机制，在每一代中不断发现、培养出具有领导力的家族成员。如果一个家族缺乏具有领导力的家族领袖和家族治理组织的负责人,家族治理就很难取得预期效果。

家族治理组织的执行力

提升家族治理组织力的另一个方式,就是能够采用某种方法,使家族各层面的治理组织具有执行力。换言之,必须确保家族治理组织能够积极有效地履行家族契约确立的治理职责。实践中,务实的一种做法,就是要求家族治理组织制订年度治理计划和进行年度治理总结。无论是家族大会、家族理事会还是家族专门委员会都应该在年初制订当年度准备开展的治理工作计划,明确当年度要解决的主要家族问题以及要达成的目标,并在年末对一年来各自所负责的家族治理工作进行总结。如果有可能,也应该在家族治理组织履职中引入奖惩机制,对成绩突出者予以精神激励和物质奖励,对怠于履责者施以一定惩戒。

1.2 家族成员广泛参与

除了家族治理体系中的正式组织需要具有领导力和执行力外,家族治理的组织力还表现为,能够采用某种方式动员家族成员积极参与家族的治理活动。

通过建立某种机制,培养负责任的家族成员,使每一个家族成员不管男女老少,也不论血亲姻亲,都应该成为家族中负责任的角色,而不是无所事事的家族荣誉和财富的享用者,这本身也是家族治理的一个重要使命。积极参与家族治理活动,为家族治理实施尽自己应有的努力,就是家族成员对家族负责任的一种具体体现。

家族成员年度责任计划

一种可行的做法就是,要求每一位家族成员像正式的家族治理组织那样,制订本人的年度责任计划和进行本人的年度责任报告。当然,家族应当根据家族成员的不同角色,赋予其参与家族治理的不同责任。

家族中的长者只要身体健康,可以利用其经验、智慧以及权威,将提供家族治理建议、讲述家族历史与家族故事、传输家族核心价值观、调停家族矛盾等列入其年度责任计划。家族中的女家长可以利用母性与女性的特质,将增进家族亲情关系、关爱家族成员生活、纾解家族成员心理与精神压力、调停家族成员矛盾等列入其年度责任计划。家族中的年轻人应该将增进家族身份认同、了解和践行家族核心价值观、进行同辈交流、提升职业发展、提出家族治理建议等列入自己的年度责任计划。家族中未成年人则应在家长指导下将增进家族身份认同、了解和践行家族核心价值观、参与家族活动、提升学业目标等列入其年度责任计划。对于家族中的问题成员(如有奢侈消费、赌博、吸毒、违法犯罪等行为者),则应在对其有影响力的家族相关成员(如父母、长者、家族顾问等)的指导下,将增进家族身份认同、了解和践行家族核心价值观、参与家族活动、矫正不良行为等列入其年度责任计划。

年度责任计划指南

为了确保家族成员年度责任计划落到实处,家族治理体系中应当确定相应的治理组织（如家族理事会或家族教育委员会等）来承担这项职责，年初组织家族成员制订个人年度责任计划，年末组织他们就年度责任计划履行情况做出报告。为了更好地完成这项治理工作，建议编制《家族成员年度责任计划指南》。

表 6-1 是家族成员制订年度责任计划的一个示范指南。每个家族可以根据自身的情况制订属于自己的《家族成员年度责任计划指南》，每个家族成员应根据指南的要求确定具体的年度责任事项和目标。

表 6-1　家族成员年度责任计划指南

家族成员	责任计划事项	实施者	组织者
年长成员	参加家族大会和家族活动 推出家族治理建议 讲述家族历史与故事 传输家族核心价值观 调停家族矛盾和纷争 ……	本人	治理组织
女家长	参加家族大会和家族活动 增进家族亲情关系 关爱家族成员生活 纾解家族成员心理及精神压力 调停家族成员矛盾 ……	本人	治理组织
年轻成员	参加家族大会和家族活动 了解和践行家族核心价值观 参加或组织家族教育项目 参加或组织同辈成员交流 提升职业发展措施和目标 提出家族治理建议 ……	本人	治理组织

续表

家族成员	责任计划事项	实施者	组织者
未成年成员	参加家族大会和家族活动 了解和践行家族核心价值观 参加或组织未成年成员教育项目 提升学业措施与目标 ……	指导家长	治理组织
问题成员	参加家族大会和家族活动 了解和践行家族核心价值观 参加或组织相关教育项目 问题矫正措施与目标 ……	指导成员	治理组织

1.3 发挥家族办公室的统筹功能

家族治理组织力的提升，除了需要采取措施使家族治理组织能够积极履职以及家族成员能够积极参与外，还有必要充分发挥家族办公室在家族治理实施过程中的统筹功能，包括行政功能和专业功能。

赋予家族办公室的行政功能

在影响家族治理组织力的众多因素中，国内现实中还有一个很大的问题没有得到很好的解决，那就是正式的家族治理组织中通常缺乏必要的专职又专业的人力配置，从而削弱了这些组织的执行力。通常，家族治理组织中的家族大会、家族理事会以及相关专门委员会都是非常设机构，很少配备专业又专职的人员来协助其履行职责。这是许多家族虽然建立了家族治理体系但实施效果并不理想的一个很重要的原因。

解决影响家族治理组织力提升的人力配置缺乏问题,最好的方法就是设立家族办公室,由其充当各层面家族治理组织履行职责的行政执行机构。家族办公室并没有程式化的功能,完全是根据家族治理需要而由家族自身构建的,但家族办公室无论履行何种职能,都必须配置起码的专业人员和一定的专职人员,使家族办公室可以成为非常设的家族治理组织履行职责的最好帮手。换言之,家族办公室应当成为非常设的家族治理组织履行职责的行政机构或者说是秘书处,相当于公司治理体系中的董事会秘书、董事会或者总裁办公室。

因此,无论一个家族最终采取何种结构的治理组织,我们都强烈建议设立家族办公室,并赋予其统筹各层面治理组织履行职责的行政执行功能,以确保家族治理得到有效实施。

表6-2列举了家族办公室在协助家族治理组织履行职责方面发挥的基本行政执行功能。

表6-2 家族办公室的行政执行功能

服务对象	行政性功能
家族大会	协助拟订家族大会召开方案(时间、地点、议题、形式)
	协助召开家族大会(主持、记录、决议、档案)
家族理事会	协助制订年度履职计划
	协助准备年度履职报告
	协助制订具体治理项目实施方案
	协助评估家族治理效果,提出完善建议
	协助拟订理事会会议召开方案(时间、地点、议题、形式)
	协助召开理事会会议(主持、记录、决议、档案)

续表

服务对象	行政性功能
家族专门委员会	协助制订年度履职计划
	协助准备年度履职报告
	协助制订具体治理项目实施方案
	协助拟订委员会会议召开方案（时间、地点、议题、形式）
	协助召开委员会会议（主持、记录、决议、档案）
家族成员	协助准备年度责任计划
	协助准备年度责任报告

强化家族办公室的专业功能

对于提升家族治理组织力而言，赋予家族办公室行政执行功能是必需的，而不断强化家族办公室的专业能力建设，更是必要的。

家族传承是一项高度复杂的系统管理工程。在管理对象上，成功的家族传承既要"管财"，又要"管人"，既要"管物质财富"，又要"管精神财富"，需要以多元化的财富理念，将家族的金融资本、人力资本、社会资本、文化资本视为一个财富整体进行统筹管理。在管理目标上，成功的家族传承既要在风险管理上实现财富安全，在财富分配上实现家族和谐并促进家族成长，又要在家族财产管理上实现保值、增值，最终实现家族财富的久远传承，即同时实现安全财富、和谐财富、增值财富、久远财富四个层次的具体目标。

家族传承这项系统管理工程的复杂性，决定了它的高度专业性。成功的家族传承必须统筹运用各种专业工具进行规划和管理，需要运用到赠与、遗嘱、夫妻财产协议、保险、信托、理财、企业运作、身份规划、税务筹划、教育、慈善等多种金融与非金融工具。可以想象得到，上述工具中的任何一种都是极其专业的事情，都需要相应的专业资源。家族办公室的一个重要使命就是能够统筹各种专业资源，为传承家族的综合财富管理提供所需的专业支持。

因此，要提升家族治理的组织力，成功实现家族治理目标，必须不断强化家族办公室的专业建设。

家族办公室的专业建设需在内部专业资源与外部专业资源之间进行平衡与取舍，通常的做法是既需要在内部配备必要的专职雇员，也需在外部聘请所需的专业顾问，不同的只是两种专业资源在数量上和结构上的比例。具体比例的确定，主要取决于每个家族对于需求与成本之间的考量，结果也会影响到家族办公室的形式选择。

对于采取单一家族办公室的家族来说，通常以内部专业资源建设为主，外聘专业顾问为辅，所以成本昂贵，主要适用于巨型家族，如罗斯柴尔德、洛克菲勒、杜邦等"长寿家族"均采用了单一家族办公室。一些大型和中型家族为了既能享受到单一家族办公室那样的专业服务，又能降低成本，则采取了联合家族办公室的形式。对于中小型家族，出于成本考虑，通常采用以外部专业资源合作为主的虚拟家族办公室的形式。

1.4 发挥外部专业资源力量

充分借助外部专业资源力量,也是提升家族治理组织力的主要途径。一个有效治理的家族,不仅仅需要借助外部专业资源加强家族办公室的专业建设,而且需要在整个家族治理体系构建与运行层面,都能够充分发挥外部专业资源的力量。

家族的治理或自治只能说是一种半自治(semi-autonomous),仍然受到外部制度及制度行动者的影响。[1] 美国及世界范围内的财富家族的实践也表明,大量的家族财产通过银行、律所等外部人士进行管理,"美国的多代家族面对的一个现实是大多数资产(90%)在传承到家族的第三代时已经为信托所持有"[2]。另外,服务企业家族的专业机构也推动法律制度与政策方面的变革,促进法律向家族友好型方向发展。例如,美国证监会(SEC)发布"家族办公室法规"的征求意见稿后,很多从事相关服务的律师事务所对此做出了评论,SEC 则有条件地吸收与借鉴了这些评论内容。[3]

聘请独立的专家、顾问或受托人等外部机构及人员参与家族治理,是很多家族的惯例,也是家族治理组织体系成功运转的秘诀之一。外部机构及人员的介入,可以为家族提供中立视角、专业支持,发挥外部智囊、斡旋调解人等作用,有助于家族治理体

---

[1] 刘东辉:《家族企业治理研究》,清华大学法学博士学位论文,2019 年。
[2] 柯比·罗思普洛克:《家族办公室完全手册》,吴飞等译,线装书局 2017 年,第 181 页。
[3] Harding, Ryan M., Elise J. McGee. To Register or Not: SEC Investment Adviser Guidance for Family Offices. *Prob.&Prop,* 2012(23):26.

系的持续运转。如在家族大会中邀请外部法律、税务专家，就家族重大投资决策发表意见；邀请外部教育专家在家族会议中分享育儿经验；在家族理事会或家族企业董事会中，聘请若干独立理事或独立董事，发表客观中立的观点并参与决策；等等。

外部专业资源的作用主要表现在两个方面，一是为家族提供专业解决方案，二是通过特殊的安排与活动推动家族改进治理。

提供专业解决方案

首先，实施家族治理需要协调家族、企业与所有权的关系，制订接班人计划，因而需要准确评估企业的资产、战略以及人力资源等情况，而家族成员因利益冲突及专业能力缺乏等原因很难胜任，需要借助外部专业资源的力量。

其次，家族治理涉及家族成员间复杂的权利义务以及家族财产的投资管理，需要起草相关法律性文件并进行相应的投资、财务、税务筹划，没有律师、投资顾问、会计师、税务师等专业人士的介入，后续可能给家族治理带来更多的麻烦和问题。比如，实践中，家族的一些财产分配协议往往没有区分家族资产与企业资产，导致相关协议缺乏法律约束力，从而影响相关家族目标的实现。

最后，家族治理还涉及家族成员心理、情感等方面的调节以及家族婚姻纠纷等的调停，也需要具有心理学、社会工作背景的专业人士参与。在欧美，就有许多专门解决财富家族心理问题的"家族心理咨询师"。

推动家族改进治理

外部专业资源除了为家族提供相关专业解决方案与专业指导外，还能够通过特殊的安排及活动改变家族对治理、传承等方面的认识，改变家族继承人的价值观。根据新制度理论，组织为了获取合法性资源会对其所处环境中其他组织的行为、价值观做出反应，进而模仿环境中表现优秀组织的规则与实践。部分家族企业的治理变革来源于家族内部的冲突或变故，但很多家族企业治理的变化也受到外部组织的影响。有学者通过对域外家族企业的研究发现，外部专业组织在形成、扩散以及正当化相关家族企业治理实践中发挥了重要作用。

以西班牙的家族企业为例，通过加入家族企业网络这一组织，参与和讨论家族企业治理的问题，比较原生家庭价值观与其他家族企业的差异，一些企业家族逐渐改变了落后的、传统的家族企业价值观和实践。例如，从长子继承制的观念变为自由挑选接班人，从性别差异转变为性别平等，从所有者即管理者转变为专业化管理，而且还会接受一些新的价值观，如家族股东权利的保护、单一 CEO 制等。外部专业组织的一些实践项目和研讨会分享了家族企业治理的最佳实践及共同的经验，使参与学习的家族成员认识到改变治理结构和企业价值观的必要性。[1]

---

[1] 刘东辉：《家族治理在家业传承中的作用》，载 2020 年 8 月《银行家》，第 111—115 页。

外部专业资源的挑选

认识到外部专业资源的价值是一回事,如何挑选到符合要求的外部专业资源又是另一回事。从传承家族所需要的专业服务角度看,通常离不开家族顾问、受托人、投资顾问、律师、会计师、税务师这些专业角色,他们是否能够胜任家族服务,可以从专业度、信任度、久远度三个维度加以评判。专业度侧重职业能力的考察,信任度侧重职业操守的考察,如何对这两方面进行考察,我们在本书第一章相关部分已经做了充分探讨,在此不再赘述,我们仅就久远度的考察展开讨论。

为家族提供财富管理服务的人员和机构不仅需要专业度和信任度,更需要久远度。面向传承的家族服务,需要在时间上具有连续性。久远度意味着家族所需要的专业资源无论是服务人员还是服务机构都需要保持稳定性和持续性。

- **人的可持续服务**。家族对具体专业服务人员一旦建立了信任感,就会产生依赖性。如果服务人员经常跳槽,频繁变动,就难以为家族提供基于信赖的可持续服务,从而使家族面临频繁选择合格服务人员的烦恼。我们到欧美发达国家的私人银行部门去参访,会发现一个有趣的现象,就是它们的服务人员年龄都偏大,许多甚至已白发苍苍。我想这不只是发达国家人力资源欠缺的原因这么简单,恐怕与家族服务对于人的稳定性需求不无关系。反观国内的情况,人员流动性非常之大,如何找到既专业又可信还稳定的专业服务团队，不能不说是一个比较大的挑战。

- **机构的可持续服务**。这比人的可持续服务更加重要。为家族提供服务的专业人员通常就职于某一服务机构，如果该机构因为股东的变化、管理层的变化、市场的变化就轻易改弦易辙，中断家族服务供给，那么，对于家族客户来说就是根本性的伤害。尤其是提供家族信托受托人服务的机构，家族一旦选择其作为受托人，意味着已将面向未来的家族传承架构托付于它，而这个架构持续的时间通常会很长，短的几十年，长的可能在百年以上，一旦受托人不能提供可持续的服务，对于家族来说可能就是毁灭性的打击。由于国内家族财富管理服务刚刚起步，许多服务机构都是抱着试水的想法在探索，非常容易因为各种原因而中断服务，如何找到一家可提供持续服务的专业机构对家族来说是一个更大的挑战。

2. 搭建家族财产的管理结构

如何搭建有助于传承的家族财产管理结构？这是家族治理实施过程中的一项基础工程。它既是一个艺术活，又是一个技术活。

说它是艺术活，是因为传承家族的财产管理，不是单纯为了对财产进行管理而管理，而是要进行有"灵魂"的管理。这个"灵魂"就是家族所采取的财产管理结构能够实现反映家族愿景、使命与核心价值观的各项家族财富管理目标与各项家族治理政策，从而最终促进家族在代际间的可持续发展。

说它是技术活，是因为搭建家族财产管理结构，其实是要建造一座面向传承的、新的家族财富大厦，需要统筹运用法律、税务、财务、投资、管理等多专业领域的知识与工具才能完成。

家族财产管理结构的搭建工作通常由家族办公室负责，也可以由其他家族组织如家族理事会指定专项小组负责。无论由谁负责具体工作，最终决策通常都由家族理事会负责。一般说来，面向传承的家族财产管理结构，主要由家族保险体系、家族基金体系与家族投资管理体系这三大体系构成。

2.1 风险全覆盖的家族保险体系

风险全覆盖

保险是落实家族财富风险控制政策的基础性工具。保险可以对特定危险的后果提供经济保障和补偿，提高个人乃至整个社会对危险损失的承受能力。时至今日，保险已经日益专业化和规范化，形成了一个相当成熟、完善的行业体系。保险具有风险转移（保险事故发生是将风险转移给保险公司承担）和杠杆效应（保险金或保险赔付金通常是所缴保费的数倍甚至几十倍）的独特优点，可以对家族成员的人身和家族财产起到基础保障作用，同时保险还具有一定程度的税收筹划、风险隔离、投资理财、方便融资、财富传承等衍生功能，因此，保险是任何一个家族不可或缺的基础性财富管理工具。表6-3展示了我国保险产品的类型和功能。

表 6-3 保险产品分类

险种	一级分类	二级分类	保障功能	衍生功能
人身保险	人寿保险	定期寿险	死+残	节税、风险隔离、传承
		终身寿险	死+残	理财、融资、节税、风险隔离、传承
		两全保险	死+残+生	理财、融资、节税、风险隔离、传承
	年金保险	年金保险	生+老	理财、融资、传承、高端服务
		养老年金保险	老	理财、节税
	健康保险	疾病保险	病	理财、融资、高端服务
		医疗保险	病	节税、高端服务
		失能收入损失保险	病	
		护理保险	病	高端服务
	意外伤害保险	意外伤害保险	死+残	
财产保险	财产损失保险	企业财产保险、利润损失保险、家庭财产保险、运输工具保险、货物运输保险、工程保险、农业保险、特殊风险保险	财产损失	节税、融资、资源整合
	责任保险	公众责任保险、产品责任保险、雇主责任保险	企业责任	节税、融资、资源整合
	信用（保证）保险	信用保证保险	信用保证	节税、融资

对于面向传承的家族而言,需要构建风险全覆盖的家族保险体系。所谓"风险全覆盖",是指传承的家族,其保险体系在风险维度能够全面覆盖家族成员的人身风险与家族财产的财产风险,在人群维度能够全面覆盖个人、家庭、家族和家族企业。只有这样,才能够为家族建立起一张具有足够时空宽度的安全网。

在具体构建家族保险体系时,还有几个因素需要考虑。一是保险保障的水平。这需要结合家族治理政策来确定,同时也要考虑家族保费承担的客观能力。二是保费的来源。保单最大的风险是不能按照约定的期限缴纳保费即"断缴",因此家族必须事先规划好所需保费的来源。三是保单的管理方式。家族既可以采取独立保单的方式进行管理,也可以采取与家族信托相结合的方式进行管理(如在家族信托中,前端由信托资金缴纳保费,后端将保险金置入信托管理)。表6-4是一个家族构建家族保险体系时通常需要考虑的基本要素。

表6-4 构建家族保险体系考虑的基本要素

配置理念	风险全覆盖
风险维度	生+老+病+死+残+财产+责任+信用
人群维度	个人→家庭→家族→家族企业
保障水平	家族政策+家族财务能力
保费来源	事先规划,防止断缴
保单管理	独立保单/保险+信托

人身保险

人身保险是以人的寿命和身体为保险标的的保险。当被保险人遭受不幸事故或因疾病、年老丧失工作能力、伤残、死亡或退休时，根据保险合同的约定，由保险公司对被保险人或受益人给付保险金，以解决其因病、残、老、死所造成的财务缺口。财富家族需要的人身保险具有高端特点，其中高端人寿保险、高端医疗保险和高端养老保险最具有代表性。

- 高端人寿保险。高端人寿保险以家族成员的生命为保险标的，并以较高的保障水平投资保单，在家族成员发生意外时，其指定的受益人（如配偶、子女等）可以获得确定的大额保险金，既能够充分保障作为受益人的家庭成员的生活，也可以成为一种继承的替代方式，还可以通过设立保险金信托，成为一种财富传承的方式。

- 高端医疗保险。高端医疗保险具有超高保额，突破了基本医疗保险就医指定医院、用药范围等限制。拥有高端医疗保险，可以根据需求，在特需门诊、国际医疗部、私立医院等高端医疗机构就诊，且就诊地区可做全球性选择，用药范围基本上不受限制，此外还能享有就医直付、全球紧急救援、第二诊疗意见等高端增值服务。财富人士不仅需要国内的高端医疗资源，同样也需要全球高端医疗资源，高端医疗保险是解决健康风险的有效工具。

- 高端养老保险。高端养老不仅需要五星级的硬件配置，也需要具有特色的医养服务，有的甚至提供或对接国际高端稀缺医疗资源。财富家族中的老年人对高端养老服务有着强烈的需求，特别是进入半护理或全护理阶段的老年人。高端养老保险将保险产品和养老院服务结合起来，通过购买养老保险可以提前锁定未来入住高端养老院的资格。另外，入住养老院后需支付月费和服务费，之前购买的养老年金产品会定期返还年金，可满足未来现金流的需求。高端养老保险将保险保障与养老服务相结合，通过提供文化、健身、医疗服务，建设综合性养老社区，更好地满足养老保障的精神文化和物质条件需求。

财产保险

相比普通家庭，财富家族的金融资本不仅量大而且更加多元化。无论是理财资产中的金融交易，还是实物财产中的不动产和车辆、贵金属、收藏品等动产，抑或是企业财产中的厂房、设备、库存品等，无不面临各种各样的意外风险和意外责任，一旦遭遇盗抢、火灾、地震、洪水、产品质量事故等意外事故，就会产生难以估量的财产损失。

防范家族财产的意外损失和责任风险，最主要的管理工具就是财产保险。财产保险不仅可以保障家族成员的个人财产，还可以保障家族企业财产；不仅可以保障实物财产，还可以保障金融财产，甚至是保障各类收藏品或艺术品。在日常生活中，财富人士接触到人身保险较多，而财产保险较少，财富家族对于重要动产、不动产及其他财产权益的保险意识薄弱，没有充分认识到风险防范的必要性。实际上，通过梳理财富人士的财产类型，可以找到与之对应的财产保险产品,财富人士需要重视财产保险的配置,发挥其全面的保障功能(见表6-5)。

表6-5 家族财产保险主要产品一览

财产类型	财产保险产品
金融资产	账户安全险、现金保险、钞票平安保险、手机银行账户盗窃保险、信用卡盗用保险
股权、债权	信用保证保险、医疗设备还款保证保险
不动产	房屋保险、家庭财产综合保险、家用管道燃气综合险
动产	车险、珠宝保险、金银珠宝盗抢险、艺术品保险
企业相关	企业财产保险、楼宇财产险、营业中断保险、机器损坏保险、展览会财产保险、工程保险、货物运输保险、医疗责任保险、律师职业责任保险、公众责任保险、雇主责任保险、国内短期贸易信用保险、产品质量保证保险、高管忠诚保证保险

2.2 目标导向的家族基金体系

家族保险虽然重要,但只是家族财产管理体系的一个基础,只需要动用部分甚至少部分财产即可以满足需求。财富家族中的大部分财产都需要另行进行管理,而管理的目的就是实现家族的各种目标。因此,采用什么样的结构来管理家族的主要财富,应该在家族目标的统筹下进行系统规划和搭建。

对于传承的家族而言,尽管每个家族的愿景、使命与核心价值观有所不同,但任何一个家族的财富管理目标不外乎以下五类:一是保障家人生活,二是促进家人成长,三是造福于社会,四是传承于家族后代,五是实现保值增值。只不过不同的家族在每类目标上的治理政策有所不同,因此各有侧重和取舍。

根据家族财富管理的目标类型来搭建家族主要财产的管理结构,意味着需要建立一个或多个"目标驱动的家族基金",目标不同,家族基金的用途不同,所要采取的法律形式、匹配的资本规模以及财产管理方式也不尽相同。据此,一个面向传承的家族通常需要建立五种用途的家族基金,即家族保障基金、家族成长基金、家族慈善基金、家族传承基金、家族理财基金(见图 6-1)。

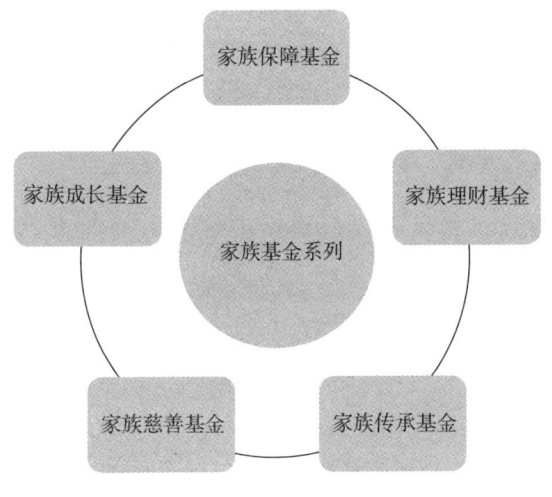

图 6-1 家族基金系列图谱

家族保障基金

任何一个传承的家族均以能够保全家人的生活安全为基本前提。如何在事业顺利之时事先预留出一块财产,为家族成员生活保障提供一个财富安全垫，是任何一个负责任而又有远见的财富拥有者都需要首先考虑的问题。因此，一个家族首先需要为此目的建立家族保障基金。

家族保障基金的最优法律形式就是家族信托，我们可以称之为家族保障信托。这是因为信托财产在法律上具有独立性，如果将家族保障基金事先置入信托结构之中，可以在委托人或受益人死亡、离婚、发生债务时，使该基金免于遭受被继承人继承、被配偶分割、被债权人追索的风险，从而对保障基金本身提供有力保护。正因为信托所具有的强大财产保护功能，家族保障信托成为家人生活安全的不二"守护神"。

实践中，设立一个具有保障用途的家族保障信托基金，通常需要考虑以下因素：

- 由谁设立：谁是委托人？是作为家长的夫妻双方还是一方？
- 保障对象：谁是受益人？如何确定受益人范围？
- 保障内容：如何界定"生活里程碑"？受益人享有哪些信托利益？
- 利益分配：如何确定分配标准、分配条件、分配时间和分配限制？
- 资本匹配：基金规模多少？是一次性注入还是分次注入？
- 谁是受托人：个人、普通企业还是信托公司？如何挑选？
- 其他关系人：要不要保管人、保护人、投资顾问？如何挑选？
- 管理方式：如何确定基金资产配置方案？由谁做出投资

决策？
- 管理成本：哪些成本由基金承担？标准如何？
- 其他要素。

上述问题的答案主要依据一个家族的相关治理政策而做出，其最终结果则体现为一份由委托人与受托人为主要签署人的家族信托合同。

家族成长基金

家族成长基金是一个家族以促进、鼓励、引导家族成员成长为目的而建立的基金。培养合格的家族成员，是家族长期繁荣发展的关键。家族金融资本是由家族人力资本所创造和维系的，没有负责任、有能力、善创造的家族人力资本，前辈所创造的家族金融资本的自然消逝在所难免。而通过设立家族成长基金引导、激励家族成员的健康成长，几乎是所有家族的通行做法。

家族成长基金的最优法律形式也只能是家族信托，我们不妨称之为家族成长信托。家族成长基金通过信托的方式设立，可以利用"信托目的自由性"的法律特点，在信托利益的安排中嵌入符合家族政策的"里程碑式"的行为引导机制，以家族成员人生成长的关键时点为里程碑，比如入学、毕业、就业、结婚、生育、创业时，才给予必要的资助，以达到引导、激励家族成员成长的目的。

设立家族成长信托基金需要考虑的要素与设立家族保障信托基金基本一致，主要不同之处在于前者侧重的是"生活里程碑"的设计，而后者侧重的是"成长里程碑"的设计。不过，两者都需要根据相关家族治理政策来决定，其最终结果也都体现为一份由委托人与受托人为主要签署人的家族信托合同。

需要指出的是，广义上的家族成长信托还包括为了家族企业员工利益而设立的员工利益信托，它是以保障员工利益、激励员工行为、引导员工成长为目的设立的一系列信托的统称，具体类型包括企业年金信托、员工持股信托、利润分享信托、管理层持股信托、高管保障信托等。对于企业家族来说，家族企业的员工也是其重要的家族人力资本，如何保障员工利益，引导、激励、促进员工成长，是培育家族人力资本不可忽视的重要议题。设立员工利益信托，就是一种很好的方式。

家族慈善基金

家族慈善基金是以促进社会慈善公益为目标而建立的家族基金。家族慈善基金既是财富家族积极承担社会责任的一种普遍方式，也是家族社会资本和文化资本的一种直接体现，还是凝聚与教育家族成员的一个重要舞台，因此，对于传承的家族来说，构建并管理家族慈善基金是实施家族治理的一个重要方面。

构建并管理家族慈善基金时，除了需要考虑家族保障基金和家族成长基金通常需要考虑的基本要素外，有其自身需要特别加以考虑的一些要素，主要表现为三个方面：

一是慈善目的的确定。法律上对慈善目的通常有规定，因此家族要构建一个具有法律意义（主要是可以享受税收优惠）的家族慈善基金，其慈善目的必须处于法律规定的慈善清单之内。《中华人民共和国慈善法》开出的慈善清单是：（1）扶贫、济困；

(2) 扶老、救孤、恤病、助残、优抚；（3）救助自然灾害、事故灾难和公共卫生事件等突发事件造成的损害；（4）促进教育、科学、文化、卫生、体育等事业的发展；（5）防治污染和其他公害，保护和改善生态环境；（6）符合本法规定的其他公益活动。[①]这是一个方面。另一方面，在法律的慈善清单范围内，家族还要确定能够体现自身价值观的具体慈善目的，对此每一个家族都需要有自己的答案。比如，有的家族倾向于环保目的，有的家族倾心于助学目的，而有的家族则侧重于济贫目的。

二是慈善法律形式的选择。与家族保障基金和家族成长基金通常只能选择家族信托的法律形式不一样，家族慈善基金可以有两种选择：家族慈善基金会和家族慈善信托。家族慈善基金会具有法人资格，事先需要获得民政部门等有关主管机构的审批，事后也会受到更加严格的监管，其设立门槛较高，组织机构和慈善财产管理运用较严格，因此通常适合于慈善财产规模较大的家族采用。相比家族慈善基金会，家族慈善信托不具有法人资格，事先不需要履行审批手续，仅在民政部门备案即可，事后受到的监管也较少，其设立门槛较低，管理结构和信托财产运用依据信托文件的自治规定即可，因此更加灵活方便，既适合大规模的慈善安排，也适合中小规模的慈善安排。目前，慈善信托在我国已经成为财富家族广泛采用的一种慈善方式。图6-2体现了家族慈善信托通常具有的基本结构。

[①] 参见《中华人民共和国慈善法》第三条。

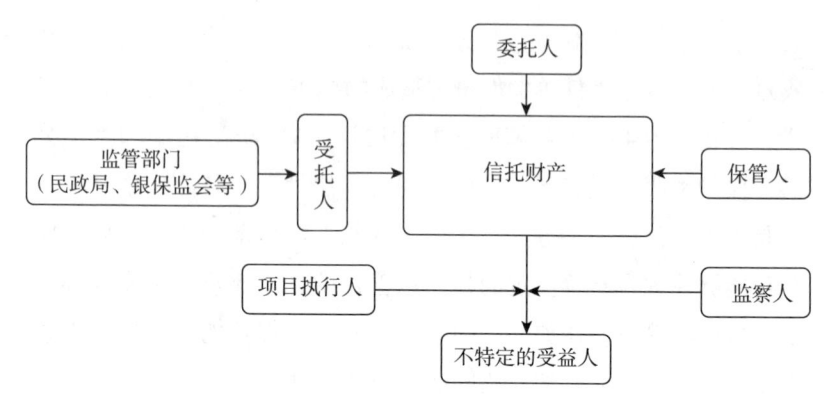

图 6-2　家族慈善信托基本结构

三是家族参与慈善基金的方式。家族慈善基金建立后，并不是财富家族慈善事业的终结，而是慈善事业的真正开始。家族慈善基金运作过程中，会涉及诸多琐碎但重要的事务，比如慈善项目的筛选和确定、慈善财产的管理和运用、慈善项目的后续跟踪、慈善基金运作的监督以及日常管理事务。这些事务，实际上都需要家族成员的参与和监督。家族成员可以以多种角色和身份参与家族慈善基金的运作，比如参与慈善项目的确定、成为职业慈善家、成为慈善项目的志愿者、成为慈善基金的监督者，等等，不一而足。

家族传承基金

家族传承基金是一个家族用于传给后代的家族共同财产，其目的就是实现家族财富的代代相传。家族要实现久远传承的财富目标，必须建立起某种形式的家族共同财产，采取合适的家族所有权形式，使家族财产作为一个整体在法律上成为可传承的家族共同财产，从而避免因家族成员死亡、离婚、债务纠纷等因素导致家族财富被个别地分割或清偿。

家族传承基金作为传承给后代的家族共同财产，在法律形式上也只能采取家族信托的形式。从法律安排看，可传承的家族所有权结构只能采取家族信托的结构，即将家族传承财产置于受托人名下，并由受托人按照信托文件的约定为了世代家族成员长远的整体利益而管理。

家族信托之所以能够成为家族所有权的最佳实现方式，一方面是因为信托财产实现了权利主体和利益主体的分离，家族财产置入信托之后，其所有权由受托人集中持有，而其利益由受益人享有，从而避免家族财产因家族成员死亡、离婚、债务纠纷等情形的发生而被分割、清偿，使信托财产始终紧锁于受托人名下。另一方面是因为信托在管理上具有连续性。信托存续期间，委托人或受益人的死亡、离婚、债务纠纷等任何情形，均不会影响信托的存续，即使受托人发生解散、破产、辞任或被解任的情形，也可选任新的受托人继续管理信托。图 6-3 就是一个典型的家族传承信托结构图。

相比家族保障信托和家族成长信托而言，家族传承信托在管理结构和信托利益安排上更为复杂，需要更加精心地规划，方能顺利实现传承目标。

一方面，从家族传承信托的管理安排上看，需要更复杂严密的结构安排。家族传承信托的目的是使信托财产代际传承下去，所以其存续期限基本为无固定期限，实际存续期限也往往是几十年、上百年,若无法律限制,甚至可以是永久存续的"王朝信托"。在如此之长的信托存续过程中,信托管理的内容非常丰富和异常复杂,诸如受益人身份及其利益的确认、受益人及其利益的调整、信托财产(尤其涉及家族企业及其股权时)投资策略和经营方针的确定与调整等一应事务,无不面临严峻挑战。因此,在信托结构内部通常需要设置保护人角色以管理复杂的信托利益关系,同时在受托人之下搭建专门对家族传承财产统一行使管理决策权的家族持股公司。而在信托结构外部,则需要建立家族治理与企业治理相互协同的双层家族治理体系,通过家族治理机制向家族传承信托的受托人、保护人和家族持股公司发送相关管理指令,并委派家族成员或职业经理人担任家族企业的董事、监事、高级管理人员。

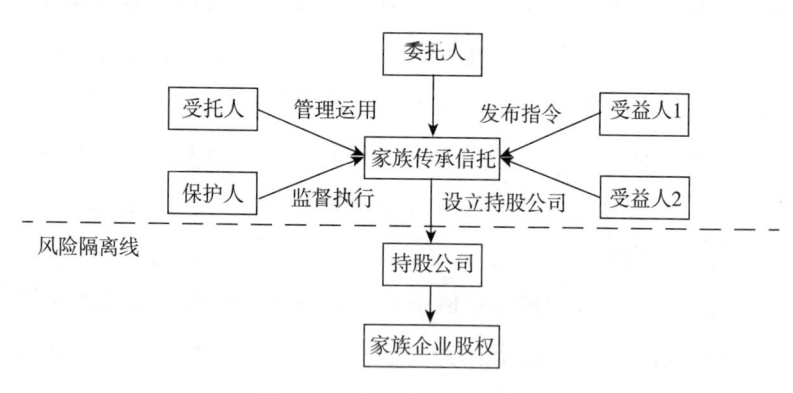

图 6-3 家族传承信托结构

另一方面,从家族传承信托的利益安排方面看,家族传承信托以信托财产的传承为使命,则信托利益的来源通常表现为信托财产的收益，当信托财产的收益不足以支付信托利益时，一般不会允许分割信托财产本身，从而需要对信托利益安排止付限制，否则传承目标就会落空，在信托财产为家族企业股权时尤其如此。与此相关，当家族企业股权作为信托财产时，需要事先规定家族企业的利润分配政策，允许向信托分配约定比例的企业利润，使信托利益有可靠的分配来源。同时，在受益人的设计上，需要尽量避免安排享有固定期限、固定金额分配权利的受益人，以免信托利益没有分配来源时引发纷争。对此，一个可行的方法就是，先行设立家族保障信托、家族成长信托和家族慈善信托，最后设立家族传承信托，并以家族保障信托、家族成长信托或家族慈善信托为其受益人，这样既能保证用于传承的信托财产的完整性，又能保障家族的生活、成长及慈善需要。

家族理财基金

无论是家族保障基金、家族成长基金还是家族慈善基金、家族传承基金，对于其中现金财产部分，都需要由主管投资的家族组织制订与各自目标用途相匹配的资产配置方案，构建并动态调整相应的投资组合，以使各类家族基金都能达到预期的投资目标。这是确保家族长期发展的基本要求。

如果一个家族各种用途的基金规模足够庞大，为了对各类家族基金进行有效的投资管理，由家族自身建立一个统一进行资产配置的家族理财基金，也非常有必要。该基金不仅可以统筹各类家族基金的投资管理，而且为家族成员个人投资提供了一个很好的平台，可以避免家族成员因个人投资的盲目性和随机性而带来的风险。因此，家族理财基金的投资人就是家族基金和家族成员。

家族理财基金应当由家族的投资组织构建并管理，法律结构上可以是契约型投资基金，也可以是有限合伙型投资基金。由于只针对家族内部，因此可以采取不受监管的基金管理结构（如有限合伙管理结构，由家族投资组织担任普通合伙人，家族基金和家族成员为有限合伙人），如果需要，也可以由家族投资组织申请受监管的私募基金牌照。

家族理财基金的投资目标、投资策略、投资组合应该能够满足不同家族基金和家族成员的不同投资需求，这意味着家族理财基金也可以采取"母基金"的方式，旗下由各类投资风格的"子基金"组成，以满足家族基金和家族成员不同偏好的投资需求。不管采取哪种形式构建和管理家族理财基金，都应特别注意将家族企业纳入考量范畴，根据家族企业的风险特性、家族企业的规模大小、家族企业所处行业等情况，调整与家族企业相关性较大的资产类别在投资组合中的比例。例如，如果家族企业属于成熟行业，经营稳定，每年有固定的利润予以分配，我们可以说这类家族企业具有债性特点，类似于固定收益资产类别，此时可以适当调低家族理财基金投资组合中的固定收益产品比例。如果家族企业属于新兴行业，具有高成长但盈利不稳定的特点，则可以说其具有股性特点，类似于权益类资产类别，此时则可以相应调低家族理财基金中权益类资产类别的比例。又如，在家族企业净资产规模在家族财产中占比较大时，其风险如前所述实际上更接近债权，那么可以大幅调低家族理财基金投资组合中的固定收益资产类别的配置比例；反之，如果其风险如前所述实际上更接近股权，则可以大幅调低家族理财基金投资组合中的权益类资产的配置比例。再如，家族企业已经身处某一行业，则意味着家族投资组合中需要调低或避免同行业的债券或者股票的投资比例，以避免相关性太强而发生风险传染。

一支还是多支基金？

实践中，一些家族希望能够构建一个涵盖全部家族目标、功能齐全的"家族大基金"。这在理论上是可行的，但通常只适用于财产规模较小、财产类型以现金为主的投资家族，而对于家族财产规模较大、家族财产类型较多的家族企业来说，操作上的难度非常之大，对于实现家族目标也不是最理想的。一支功能大而全的家族基金虽然看起来满足了家族的所有目标，但在实际运行中会发生一系列问题。因此，实务上最好是通过设立一系列用途各有侧重点的家族基金，来满足家族财富管理的多样化需求和目标。

以下是构建系列家族基金的一些通常做法，可以作为参考。

- **一个目的对应一支基金**。这是一种可行的方法。不同目的的家族基金，其利益分配方案和资产配置方案也不同。比如，家族保障基金旨在保障家族受益人的生活安全，其资产配置应当有足够的安全性和流动性，适宜采取保守谨慎的投资策略，不宜投向风险较大、周期较长的资产类别；而家族传承基金是为了实现家族财产的代际传承，其资产配置应当谋求家族财产在代际的长期增值，适宜采取进取型的投资策略，可以投向风险较大、周期较长的资产类别。如果把不同目的的安排置于同一个家族基金项下，就会发生基金管理运用的策略、方式之间的冲突，同时家族也可能无法很好地均衡多种目的的实现，顾此失彼。

- 一种财产类型对应一支基金。这也是一种通常的方法。不同类型财产的管理运用方式完全不同。如果家族基金的财产涉及家族企业股权（家族慈善基金和传承基金通常会存在这种情形），那么对其管理运用将涉及目标公司的董事、监事及高管的选任及解任，公司发展战略与重大经营事务的决策等，并需要配套制定董事会或高管人员的选任制度、接班人培养机制、重大事项决策机制等。如果家族基金的财产涉及房屋等不动产，那么对其管理运用将涉及房屋的修缮、出租、出售，并需要配套制定房屋定期维护修缮制度、专业维修或中介机构的聘任制度。因此，以一种类型传承为基础构建一支基金，有利于对基金财产的专业化管理。

- 一类重要财产对应一支基金。在搭建家族基金的过程中，也需要考虑基金财产的重要程度。将所有家族核心资产全部置入一支家族基金，不一定是明智之举。一旦某一类别资产在管理运用过程中产生了风险（如债务风险），当该类别资产不足以覆盖时，势必会波及其他类别的基金资产。而将不同的重要财产置入不同的家族基金，则能够很好地隔离各类重要资产之间的风险。比如，在李嘉诚的家族信托中，长江实业、长江基建的股份置入了以TUT1（Li

Ka-Shing Unity Trustee Company Limited）作为受托人设立的 UTI（The Li Ka-Shing Unity Trust）中，而和记黄埔、和记电讯则置入了以 TUT3（Li Ka-Shing Castle Company Limited）作为受托人设立的 UT3（The Li Ka-Shing Castle-Trust）中。

虽然依不同情形设立多支家族基金是不错的做法，但通常会增加管理成本，也会增添不同基金间协同运行的管理难度，因此在实践中也不是绝对的。如果将家族的不同目的置于同一个家族基金项下在管理上能够相互协调，则也可以考虑仅设立一支家族基金来实现家族的不同目的，但需要在目标利益设定、基金规模匹配以及基金财产管理等方面做更加周全的规划。

2.3 可持续的家族投资管理体系

如前所述，传承家族的财产管理结构主要表现为搭建"目标驱动的家族基金体系"，而不同目标、不同用途的家族基金要能够有效发挥作用，则以这些基金的财产得到恰当的投资管理为基本前提。动荡不定的家族内部环境和家族外部环境使家族财富无时无刻不处于各种风险之中，对于寻求财富长期保值增值、跨代传承的家族来说，家族投资管理能力就显得尤为关键。这意味着，在家族治理实施过程中，家族的一个重要任务就是构建一个可持续的家族投资管理体系，以有效管理各种用途的家族基金，并在投资实践中持续不断地丰富和完善它。

构建家族投资管理体系需要在评估家族投资管理能力的基础

上，建立家族的投资组织和投资流程，并明确选择投资管理人和投资产品的标准。纵观成功传承的家族，无不例外都拥有一套完善的投资管理体系。

评估家族投资管理能力

如何构建家族自身的投资管理体系，首先需要认真思考以下问题，审慎评估家族投资能力：

- 经营能力就是投资管理能力吗？将企业家的思维方式带入家族投资理财和资产配置中，其实是对家族投资能力的误判。成功的企业经营不等于专业的投资管理能力，不会必然取得投资的成功。企业经营和投资管理分属两种能力、两个体系。

- 谁在做家族及家族企业的投资管理？是企业家本人，还是家族企业的会计或者企业家的配偶？家族投资管理的现实情况表明，以上三种情况都有，唯独经常缺位的是专业的投资顾问。

- 家族目前是否具备匹配的投资管理能力？传承视角下的家族财富管理，需要区分为不同财富模块，并赋予每一模块财富实现特定家族目标的功能，为此需要匹配不同投资管理能力，而现实情况是境内多数家族并不具备与家族目标匹配的投资管理能力。

- 有没有纪律严明的家族投资管理体系？成功的家族投资，需要匹配的投资管理能力，而匹配的投资管理能力，则依赖于纪律严明的投资管理体系。目前境内多数家族的投资管理均受个人偏好影响较大，纪律严明的家族投资管理体系普遍欠缺。

通常情况下，家族及个人投资者在投资活动中更容易出现行为偏误，原因是他们在系统、流程、纪律等方面都比不上专业的投资机构。家族及个人投资者行为偏误的具体原因主要体现为：

- **过度自信和过度乐观**。家族和个人投资者容易高估自己的认知和才干，对结果过度乐观，不注重分散投资和资产配置，往往购买远高于其内在价值的产品并加以集中投资，甚至融资进行投资。
- **经验性偏误**。家族和个人投资者往往具有依靠笼统经验或刻板印象评估投资环境和投资对象的倾向，容易发生经验主义、教条主义的"守株待兔"式的错误，缺乏灵活应变能力。
- **"羊群效应"**。如果一群人常常聚在一起交流，那么他们的想法往往会趋同，这就是"羊群效应"，这一现象容易导致家族和个人投资者盲目跟风。
- **朋友圈效应**。家族和个人投资者容易受情感左右，在朋友圈效应的影响下，社会或家族关系会导致某项投资决策绕开应有的严格审查，放弃应坚守的投资纪律，结果导致既亏掉了本金，又失去了友情。
- **禀赋效应**。家族和个人投资者往往容易高估自己所持有的资产的价值，因此在资产转让时，不愿意在心理价位以下出售，导致投资者不理智地过久持有某项投资。

基于以上原因，除非是依靠专业投资起家的家族如巴菲特家族、索罗斯家族，许多企业家族在经营企业时往往表现出惊人的严谨性，但在打理家族财产的投资时往往又表现得极其随意，由此蒙受巨大损失的不在少数。而取得家族投资管理成功别无他法，唯有通过家族与专业的投资管理人员携手建立起家族的投资管理体系。

建立家族投资组织和流程

家族投资管理体系的核心是需要建立家族投资组织和流程。从目前通行的组织形式看，主要有三种组织：首席投资官、投资委员会、家族办公室。它们的职能不尽相同，但整体上都需要对家族的投资理财活动负责，且均必须保持一定独立性，以保证能够客观、公正地向财富家族提供投资建议。图6-4显示了家族投资组织的基本职责和基本流程。

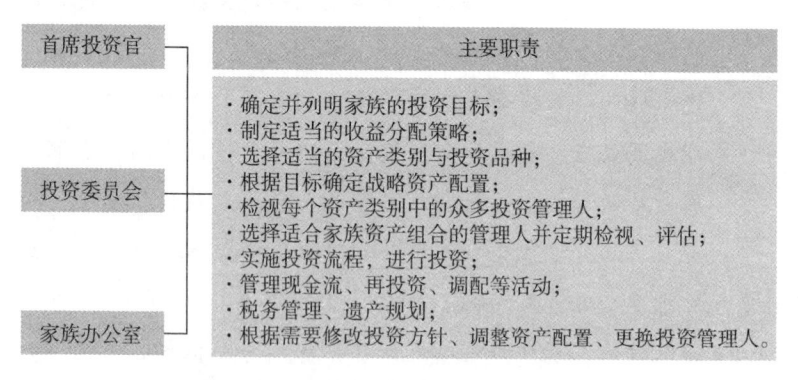

	主要职责
首席投资官 投资委员会 家族办公室	·确定并列明家族的投资目标； ·制定适当的收益分配策略； ·选择适当的资产类别与投资品种； ·根据目标确定战略资产配置； ·检视每个资产类别中的众多投资管理人； ·选择适合家族资产组合的管理人并定期检视、评估； ·实施投资流程，进行投资； ·管理现金流、再投资、调配等活动； ·税务管理、遗产规划； ·根据需要修改投资方针、调整资产配置、更换投资管理人。

图6-4 家族投资管理组织及其主要职责

- **首席投资官**

在家族投资理财中，首席投资官是最主要的投资管理者，负责构建和管理家族的整体投资组合。首席投资官一职既可由内部人员担任，也可以由外部专业人士担任。如果是外包的情况，这个职位既可以是独立的，也可以纳入一个服务于家族全方位需求的联合家族办公室，具体由财富家族根据其家族理财规模、理财需求等来确定。

一般投资机构中的首席投资官通常只需要关注怎样使投资组合跑赢特定业绩基准、达到特定投资目标，而财富家族的首席投资官必须对投资管理进行更全面的考虑。合格的家族首席投资官需要考虑和平衡家族的各种目标，以及与目标相关的其他各种重要资产与负债，包括家族企业、私人资产、不同利益相关方和不同世代的资金需求等。这意味着家族首席投资官需要了解并管理整个家族资产负债表，既包括家族的金融资本这类硬资产，也包括家族的人力资本、文化资本和社会资本这类软资产，既包括家族的财务风险（主要是家族外部风险）这类硬负债，也包括家族的非财务风险（主要是家族内部风险）这类软负债。

- **投资委员会**

财力更为雄厚、理财需求更为多样化的财富家族可以组建投资委员会，负责指导家族制定妥善的投资政策、进行妥善的投资决策。投资委员会一般由财富所有人创设，有时是家族治理机构（如家族理事会、家族受托人委员会）下属的一个分委员会。

投资委员会既可完全由家族成员组成，也可由家族成员和具备投资专业才能、致力于为家族管理财富的外部人员共同组成。

投资委员会通常负责聘请首席投资官和/或投资管理人（内部或外部）、制定并批准修改投资方针（通常在首席投资官的指导下）、监测投资表现（通常按季度）、向首席投资官提供建议和指引、向财富所有人报告。

投资委员会的核心职责是构建和管理不同模块家族财产的投资组合，所以该委员会的成员都应了解投资理财的目标，并通过详细的投资方针列明这些目标。即便是财力一般的家族，也应该有一个正式的小组，负责检视并定期修改投资计划，这有利于家族实施纪律严明、思虑周全的投资计划。

- **家族办公室**

我们在第四章中已经指出，无论对于何种规模的家族，职责清晰严明的家族办公室都是需要的。实践中，不同财富家族的需求千差万别，相应地，不同家族办公室的职能、结构、运营方式也存在很大差异。但是，家族办公室都会不同程度地参与到家族投资管理活动中来，只是其扮演的角色在不同的家族会有不同的定位。

一些家族办公室功能非常齐全，完整的家族投资管理体系可能建立在家族办公室之中，由家族办公室构建投资委员会、首席投资官等家族投资组织，全面负责家族的投资管理。另一些家族办公室可能功能比较单一，家族通常会在家族理事会层面构建投资委员会、首席投资官等投资组织，家族办公室更多是配合、协调相关家族投资组织进行投资管理，而不负责具体的投资事宜。

选择投资管理人

家族投资组织确定家族理财的目标、方案，明确资产类别之后，将开始考察并挑选投资管理人。具体投资管理职能既可以由家族内部投资组织执行，也可以外包给外部的投资管理人。由于投资管理工作非常复杂，需要经验丰富的专业人士来操作，所以采取外包形式的更多。

财富家族在甄选投资管理人时，要严格按照一系列的定性与定量指标。以下是在挑选合格投资管理人时应当评估的五项因素（见图6-5），简称"5P模型"。

图6-5 挑选投资管理人的因素

- **业绩**

对投资管理人的评估常常从了解其长期业绩开始。评估业绩的方法有与同业比较、与基准比较、将回报与风险比较、仅看绝对回报等。同时，一些不可量化的因素也会对管理人的表现及业绩产生重要影响，所以在选择管理人时可以询问如下问题：

√ 该投资管理人的投资管理活动是否符合既定的理念（如价值投资管理人应能在市场下跌时有效地保护资本）？

√ 风险管理流程是怎样的？其效果如何？

√ 在特定时期内，哪些活动对业绩影响最大（如资产配置、区域配置、选股等）？此问题又称"业绩归因分析"。

√ 是否有过巨额盈利或亏损的年度？取得巨额盈利或发生巨额亏损的原因是什么？

√ 费后回报与税后回报相比如何？绝对回报与相对回报相比如何？这些业绩数字是否可比、相符？

● 人员

除了审核管理人的业务和量化的业绩数据，还应该充分调查和评估参与投资管理的人员。投资决策都是由人做出的，所以必须知道过去取得良好业绩的那些经理是否还在该投资管理机构就职，是否还能继续做出决策从而创造业绩，是否还能获得关键决策者的支持等方面的情况。

此外，了解投资管理机构是否已发生影响关键决策者的组织变革非常重要。家族还可调查该机构的员工流动率、主管聘用记录、薪酬结构等。投资管理机构的经营者和投资组合的管理者是否具备相应的素质与经验，这可通过考察他们的过往业绩来判断，但也需要对他们的个人情况展开调查，包括询问证明人、核实经历及其他细节等。这些非量化因素会对投资管理人的表现产生重要影响，从而影响投资结果。

● 理念

使一个投资管理人与众不同的是其基本投资理念，它也是投资决策的最终决定因素。好的投资管理人有清晰的理念，且能清楚地说明该理念。此外还要了解投资管理人是否已经长期（特别是在困难的年份里）秉持其理念或风格，以及未来是否将继续秉持。

每个季度投资管理人都承受着超越平均投资回报水平的显著压力。坚持理念的投资管理人将能抵制短期利益的诱惑，始终遵循自己的核心纪律。

● 流程

投资流程是投资管理人的日常运营过程，也是其实施投资理念的过程。家族需要知道该流程是否可靠，是否明确易懂，是否稳定、可重复。这有助于剔除那些仅凭运气或一次性事件获得亮丽业绩的投资管理人。

家族还需要知道投资管理人怎样制定投资决策、怎样管理组合风险。此外，还需要知道投资管理人是否经历过组合管理模式或规模的重大变化，因为这些变化可能导致流程改变。

家族应审视投资管理机构的所有关键行政问题，比如公司在监管机关的注册登记情况、财务与合规流程等。家族还应努力调查投资管理机构现有商业关系的影响，包括与审计师、合作伙伴、关联单位、行业协会、外包供应商等的关系。

● 价格

在选聘投资管理人时，价格始终是一项重要因素，而在当今的低回报环境里，此项因素尤为重要。当收益率极低时，投资管理费会轻而易举地侵蚀掉一大部分阿尔法收益（α），甚至贝塔收益（β）。

家族还要知道投资管理人的所有营收来源，确保它们已得到披露，不会损害投资者的利益。发行费、与产品提供方的分成、来自银行或券商的回扣等安排都显然会导致利益冲突，应得到完全披露（若有的话）。

3. 凝聚并教育家族成员

从传承的角度看，凝聚和教育家族成员，可以说是最重要的一项家族治理实践活动，它关系到家族治理的成败。

在本书第二章中我们特别强调，现代传承意义上的家族是构建型的，需要在亲属关系基础之上，通过一系列制度和机制，在家族成员间打造共同的家族意识，从而形成一个在情感与利益上紧密相连的、相对稳定的集体。形成并维系家族存续的一个关键是家族成员对家族的认同感，包括对家族作为一个集体存在的认同，对家族成员身份的认同，对家族核心价值观、目标与愿景的认同，从而愿意以一个家族成员的身份处理各种事务和各种社会关系，并将家族的存续与发展作为自己生命中的一个重要目标。而对家族身份的认同，虽然与个体出生与成长的环境直接相关，但关键还在于与身份认同相关的教育与社会实践。因此，在家族治理中，凝聚和教育家族成员具有决定性的意义。认识到这一点，是家族治理成功的关键。

然而，认识到重要性是一回事，真正采取行动则是另一回事。在家族治理实施实践中，凝聚并教育家族成员是一项最容易被家族忽略的治理活动。之所以容易被忽略，一个重要的因素是凝聚并教育家族成员，不像管理家族财产那样，它在实施上没有固定的程序可以遵循，而且效果难以一时显现，也没有什么定量的标准可以简单地加以衡量，它的实施更多需要诸如梦想、激情、想象力、耐心、责任感、使命感等这些充满艺术色彩的元素，难以有具有科学色彩的技术规范可以依赖。可见，要使凝聚并教育家族成员成为一项持续的家族治理实践，对于任何一个家族，都会是一种难以想象的挑战。一些家族想到了，却没有勇气开始，而一些家族开始了，却没有耐心坚持下去。

以下是我们关于一个家族要做好凝聚与教育家族成员实践的一些思考与探索，希望能够帮助到真正致力于传承的家族。

3.1 发挥家族会议的凝聚教育功能

家族会议是由家族成员参与的、讨论或决定各种家族事务的会议。家族会议依参加人员和组织结构的不同，可以服务于不同的家族治理目标。每类会议既有需要解决的具体任务，也是维护家族内部关系的重要场合；既是家族性的重要体现，也是强化家族性的一个方式。它们的主要目标是建立一个架构，鼓励家族成员参与规划、决策与问题解决。[1]但不论会议的主要目标是什么，家族会议都是凝聚和教育家族成员的重要舞台。因此，开好每一次正式与非正式的家族会议，都是对家族成员的一次凝聚与教育。

---

[1] Randel S. Carlock, John, L. Ward. *Strategic Planning for the Family Business: Parallel Planning to Unify the Family and Business*. Palgrave Macmillan, 2001: 81.

认识到并真正重视

尽管某一类家族会议在设计时都有自身拟实现的主要功能，如家族大会的主要目的是为家族成员民主参与家族事务、为家族成员的互动与交流提供一个平台，家族理事会会议及各专门委员会会议的主要目的是根据"家族宪法"等规范文件赋予的职权，讨论、决定家族相关重大事项，但是必须认识到，家族会议不是一个冷冰冰、表面化、程式化的"走过场"会议，无论是正式议题还是非正式议题，都不同程度地具有凝聚并教育家族成员的功能。因此，家族应该真正重视每一次家族会议，真正开好每一次家族会议。这意味着，无论是何种类型的家族会议，除了需要完成其正式议题之外，还可以有意识地附加一些凝聚与教育家族成员的专项内容，比如：

- 帮助家族成员发现、了解并建立维系家族的共同纽带，包括但不限于了解家族的历史、核心价值观、家族会议中所体现出来的家族意识、家族成员互动中体现出的家族情感等。
- 帮助家族成员学习、了解家族的目标、战略、财务状况、家族企业与家族规划等。
- 帮助家族成员了解其他家族成员，同时充分展现自己而被家族其他成员所了解，促进家族成员之间的相互了解。
- 为家族成员学习人际交往技巧提供机会。家族会议是家族成员交往的重要机会，在家族会议中，家族成员间如何交流信息、交换观点、进行情感交流、在存在分歧的情况下如何化解分歧或避免矛盾激化等，都为家族成员提供了良好的学习与实践机会。
- 通过有意识设置的讨论话题，发现、了解家族内部可能的潜在冲突，并通过对冲突的分析、交流，为化解、解决冲突找到行之有效的办法，为家族成员正确解决相互之间的分歧提供指导。

利用每一次召开家族会议的时机，在实现会议主要目标的同时，尽可能加入凝聚和教育家族成员的因素，可以使家族治理更加富有成效。案例6-1是米罗家族通过家族会议凝聚并教育家族成员的一些有效做法，可以供每一个家族参考。

案例6-1 米罗家族的家族会议

2003年，卡洛斯·米罗（Carlos Miró）家族开始定期举行家族聚会，以讨论家族和企业相关议题。在接下来的几年，他们完成了家族宪章，用于引导继任规划的讨论。在宪章里他们建立了家族成员参与以及最终跨代转移的规则。

这份家族宪章包含一份家族价值观声明、家族成员雇佣规定以及雇佣姻亲的限制、任职公司的下一代成员的行为规范、家族与非家族管理人的关系规范、决策制定守则，包括首席执行官未来五至七年在打破投票平局方面的职责、下一代成员绩效考核规定，以及由家族成员及非家族行政要员专业管理家族企业的承诺。

所有企业主兼管理人都需将每月举办的家族理事会会议

列为他们繁忙工作中的第一要务。会议讨论内容包括企业、投资、继任程序、手足之间或家族与非家族管理人之间的冲突、家族成员之间的关系以及压力的管理。会中对任何可能发生的冲突都会予以处理，也鼓励个人发言。

根据一位姻亲的说法，因为这些会议，家族的互动大有改善。他说："开过这些家族会议以后，我变得更自信也更乐观，而兄弟姐妹们也更常互相沟通。表达并倾听其他人的意见及了解不同的观点都需要时间。若没有这个活动，加上不考虑别人的想法，那大家只是纯粹竞争。"会议把家族团结放在第一位，多加沟通、倾听与妥协后，信任感也自然建立。

家族于 2005 年举办了第一次周末营，下一代成员的配偶也一同参加。他们向配偶们简单报告企业状况（财务业绩、各业务单位的策略以及新的发展），希望为所有参与者创造公平的竞争环境。在活动中，家族成员重温家族传统，并重新提出其希望传承给下一代的价值观。接下来，家族为其主要投资者 El Diario 报纸及家族本身各自完成了一份任务宣言。家族的任务宣言确认，对在家族企业里工作的成员来说，配偶扮演了重要的支持角色。有的配偶则在其他领域有自己须投入精力的事业。

接下来几年，这些周年活动营继续向配偶简单报告家族企业的状态、倡导与家族目前状况有关的家族企业案例分析和讨论，开诚布公地讨论下一代成员的特殊技能及职业生涯愿望，以及审视家族和企业对未来的愿景。家族控股公司的初期设计，也就是后来的米罗集团，也是在这些会议里成形的。

卡洛斯·米罗成功按照计划，在长达八年的过渡期结束时将权力转移给第四代。他将自己能成功引退归功于家族的团结，这也是他认为家族企业最重要的资源。除了他及妻子给予整个家族无限的爱与善意，在这个八年计划里对家族团结有最大贡献的，是家族理事会、家族活动营，以及下一代的创业精神。

案例来源：瑞信，《家族治理白皮书——名门望族如何应付财富带来的挑战》（2017年）。

从会议中学到什么？

精心设计与安排的每一类家族会议都含有丰富的凝聚和教育家族成员的内容。不同的会议本身包括的凝聚与教育要素不尽相同，适宜开展凝聚与教育活动的对象也不尽相同，可以根据会议的具体情况加以规划与安排。以下是家族成员从不同类型家族会议中可以学到的基本内容。

- **家族大会**

家族大会由全体家族成员参加，它的特点是全面性、民主性，是全体家族成员进行信息与观点交流、讨论家族事务、增进情感与相互了解的正式平台，对于小型家族来说，它也是家族事务决策的重要组织形式。但无论是哪种类型的家族，家族大会由于其全员参与的特点，都包含最丰富的凝聚与教育要素，尤其对年轻一代的教育与培养意义更为重大。每个成员特别是年轻成员都可以从家族大会中了解、学习到对自己成长有益的信息与内容，特别是：

√ 了解家族的愿景、使命、核心价值观以及家族财富管理的目标；
√ 了解家族历史、家族事务与家族成员，增强家族意识；
√ 增进与其他家族成员的相互了解，增进相互之间的友爱与感情；
√ 了解其他家族成员的个性与特征，为未来家族与个人事业合作提供内部人际关系基础；
√ 学习如何参与家族事务，培养民主与合作意识；
√ 认识家族成员的多样性，并学习在思想多元化的背景下如何维系家族团结。

- **家族理事会会议**

对于较大型家族来说，家族理事会是重要的决策机构，家族重大事项一般由家族理事会决策，因而家族理事会包含了丰富的信息与资源，可以用于凝聚与教育家族成员。家族成员通过正式参加或者列席旁听理事会会议，可以了解学习到：

√ 家族重大事务包括哪些内容，现状如何？
√ 家族是如何考虑、权衡、决定这些重大事务的？
√ 家族在决策重大事项上是如何体现家族核心价值观的？
√ 家族理事会成员是如何通过协商、讨论达成一致意见的？

√家族理事会成员间是如何管理、处理分歧的？
√家族是如何平衡家族与非家族事务的？
√家族理事会会议的行事风格与效率如何？

考虑到家族理事会在家族治理中的重要性，以及家族理事会成员通常在家族中所具有的影响力，家族理事会会议所展示的进程与内容，对于家族成员，尤其是年轻人具有特别重要的意义。

- **家族专题会议**

家族专题会议是为讨论、处理、决定某一专门性的事项或特定事项而召开的会议。它除了体现家族成员在讨论、处理、决定家族事项上通常所具有的风格外，也包含了与该专门事项有关的信息与资源，这些信息与资源同样可以用来凝聚与教育家族成员。家族成员通过正式参加或者列席旁听专题会议，可以了解学习到：

√在特定事项上如何体现家族的核心价值观？
√家族如何考虑特定事项或事件对家族的意义或影响？
√在特定事项处理上，家族如何体现与家族整体目标的平衡？
√个体在特定事项或事件上能够获得什么样的启示？
√与特定事项处理相关的法律、税务、投资、财务等专业知识与技能。

特定事项或事件通常是影响家族中的特定人员或特定群体，因此家族专题会议对家族成员的凝聚和教育功能，通常是针对特定范围的家族成员更为有效。

重要的是组织安排

虽然家族会议都包含了丰富的凝聚与教育家族成员的资源，但是，要充分发挥这些资源凝聚并教育家族成员的作用，必须就会议的召开进行精心的组织安排。重要的不是会议本身，而是会议如何召开。只要将最合适的教育内容，采取最适宜的方式，有机地嵌入家族会议之中，就能达到效果的最大化。

要组织安排好一次家族会议，需要认真考虑以下五个方面：

- **会议内容与参加对象**。并不是所有的会议都适合所有的家族成员，不同会议因本身的特点与目的、所包括的教育内容、时间与地点安排等不尽相同，能吸纳的凝聚和教育对象也不同。不同的家族会议包括的凝聚和教育内容不尽相同，每次会议均应根据具体情况，在内容选择与对象安排上有所侧重。
- **时间与地点安排**。不同的时间与地点安排，对不同的家族成员有不同的意义，不是所有的家族成员在所有的时间都能到所有地点参加相关的活动。
- **活动的形式安排**。利用家族会议开展凝聚与教育活动，可以两种形式进行，一种是直接参加家族会议的议事主题活动，另一种是在主题活动之外安排附带的专门性活动。不同的形式有不同的要求和不同的效果，须提前做好安排。
- **系统安排与衔接**。不能寄希望于一次会议就能完成凝聚与教育家族成员的任务，必须利用所有会议提供的机会，因此须事先做好不同类型的每一次家族会议规划,再确定具体每次会议的凝聚与教育主题,并在此安排下做好每次会议的主题衔接。
- **策划的专业协助**。在必要时,可以聘请外部专门的会议顾问,协助家庭统筹安排好会议与凝聚和教育活动。

根据上述各方面,不同类型的家族会议应重点策划的内容也不尽相同。

对于家族大会而言,要提高会议在凝聚与教育活动方面的有效性,需特别注意以下几个方面:

- 每次凝聚与教育活动的内容不宜过于宽泛,相对聚集于少数几个专题,更容易产生好的效果。
- 形式多样化,既可以有相对严肃的活动,如仪式性的教育活动,又更多地应该以寓教于乐的形式开展相关活动,吸引家族成员的广泛参与。
- 凝聚与教育活动应贯穿家族大会的各个环节,每个环节的安排都要促进家族的凝聚力,促进家族成员的团结,体现家族的核心价值观与目标,让家族成员在潜移默化中受到沉浸式教育。
- 在开展全员式凝聚与教育活动的同时,要特别安排年轻人和儿童的教育,可根据不同年龄段后辈的特点,有针对性地安排相关活动。如对即将走进社会或接受高等教育的年轻人,开展专题性的家族教育活动,让他们对家族事务有更清晰、深入的了解,为他们未来融入家族事务做好准备；针对儿童，应多开展娱乐性活动，在娱乐性活动中培养他们之间的感情与友爱。

对于家族理事会而言，由于它是家族治理组织中的一个议事与决策机构，因此不宜在任何时候对所有人员开放，但可考虑：

- 根据会议主题与具体安排，对家族年轻人或经遴选的年轻人开放，让他们观摩、学习如何认识、讨论、决定家族事务，也可以结合会议主题，给年轻的家族成员安排专题讲题，通过各种安排，将家族理事会作为培养家族接班人和骨干人员的重要渠道。
- 对于涉及特定事项或特定家族成员的家族理事会会议，也可以邀请利益相关人旁听会议，为他们提供学习和了解的机会，增加会议的透明度，减少不必要的误解。
- 对于未来特定类型年轻人，如未来股权继承人，在讨论专项问题如股权问题时，应让相关的年轻人参加，将参加会议作为培养家族接班人和骨干人员的重要渠道。
- 对年轻人开放时或利用会议开展专题活动时，家族理事会会议在时间与地点安排上要尽量便利参加活动的年轻家族成员。

家族专题性会议在凝聚和教育家族成员方面，应根据专题特色进行策划安排。如：

- 凝聚和教育对象，通常是与专题有相关性或对之感兴趣的人员参加。如家族关于股权或股东权利与责任的会议，除了现家族股东外，可以邀请未来的家族企业所有权人，甚至是他们的配偶参加会议，学习如何成为一个负责任的家族企业股东。①
- 专题会议通常带有专项性，在活动安排上是专题性讨论为主，通常不涉及其他类型的活动。
- 为了提高专业性，专题性研讨会议可以邀请家族之外的专业人士参与，为参加凝聚与教育活动的家族成员提供更广阔的视野。

没有最好，合适就好

要利用家族会议凝聚与教育成员，重要的是每个家族需要真正认识到，家族会议不仅仅是一个家族议事、决事的程式化平台，更是一个凝聚并教育家族成员的场景化平台，因此需要真正重视家族会议在凝聚、教育家族成员方面具有的不可替代的作用，从而认真策划并真正开好每一类、每一次家族会议。至于什么样才算开好会议，并没有标准答案，也没有最好的方案，只要适合自己就好。案例 6-2 是李锦记在 2007 年召开的一次家族会议，也许可以在如何开好家族会议方面给大家一些有益启示。

---

① John L. Ward. *Perpetuating the Family Business: 50 Lessons Learned from Long-Lasting, Successful Families in Business.* Palgrave Macmillan, 2004: 115.

案例 6-2　李锦记的一次家族会议

2007年9月17日，香港私人游艇会码头。

下午3:00，生产调味品的著名企业李锦记集团将在自家的游艇上，召开一季度一次的家族会议。会议四天，与会者为李锦记董事局主席李文达及其夫人、五个子女及其配偶，和下一代子女，即全部家族成员。

会议按照《李锦记家族宪法》的规定，由李锦记家族委员会（家族最高权力机构）负责定期召开。对于开会，"家族宪法"也有规定，要求家族成员无论身在世界上任何地方，都必须及时赶回来参加会议，不能迟到。

2:43，女儿莫李美瑜首先出现在码头，上了游艇；

2:50，长子李惠民上了船；

2:50，父亲李文达和母亲到来，这时突然下起了小雨；

3:00，老三李惠雄、老五李惠森先后到达，雨下大了；

3:02，老四李惠中在大雨中顶着公文包匆匆赶到。他一进会议室，大家就笑着为他鼓起掌来。李惠中上前举着双手依次与每一个人击掌。即使如此和谐，按规定罚款2000港元必须当场就交。老四二话没说掏出钱来，放到了一个箱子里。然后大家再次整齐有节奏地鼓掌，调动起情绪之后，会议启动。

这次会议的主持人是老五李惠森，他在一块大大的提示板上写下"爽指数"三字，以及"压力指数""健康指数"等字样。李惠森会大声问父亲："大李先生，今天你爽吗？"

父亲会大声回答"爽"或是"有点爽""不爽"等,然后在1—10分给自己打个分。每人如此。各项分打完之后,大家就会非常坦诚地彼此分析"爽"的原因是什么,"不爽"的原因是什么。

欢笑声中,会就开了下去。一般在会议第一天,每人介绍自己、孩子和家庭这三个月的情况;第二、第三天,讨论各项家族建设的议题;第四天,向参会配偶和子女通报前三天会议内容及其他方面情况,以便他们"心一致,行动一致"。

四天的会议,绝不谈工作。亲人相聚,只谈家族理念,谈家族发展和个人生活学习的心得体会,谈14个第五代传人甚至第六代传人的教育、培训……

李锦记追求的是"家族永续"。他们认为,追求企业永续往往将个人和企业利益置于家族利益之上,导致家族四分五裂,企业必不能永续;而追求家族永续,"我们>我",家族成员团结和睦,企业也必然得到永续发展。

资料来源　中房金融地产商学院,百年李锦记:还原家族企业的传承真相[N/OL].2019-08-22,https://www.sohu.com/a/335632607_120179418.

3.2　做好正式的家族教育活动

从广义上讲,一切家族活动都可以成为家族教育的一部分,家族教育应根据需要,将教育功能与教育内容嵌入各类家族活动,如上文提到的家族会议。但对于传承的家族来讲,仅仅通过家族会议这种场景化教育是远远不够的，要全面培养传承所需要的合格家族人力资本，通常需要在家族治理层面建立起正规的家族教育系统，主要方式就是建立专门负责家族教育的治理组织，有计划、有步骤地针对家族人力资本培育开展各项家族教育活动。

建立家族教育组织

要常态化并有效地开展家族教育，家族需要有相应的组织或人员专门负责家族教育事宜，承担制订家族教育规划和年度计划、确定具体教育项目并组织实施、评估家族教育体系及具体教育项目等功能与职责。

家族教育的组织体系依家族的规模与复杂性而各不相同。对于小型家族、居住相对集中的家族来说，家族教育相对较容易组织，家族教育的组织体系可以相对简单，甚至只由专门人员负责组织即可；而对于大型的、分散化的家族来说，组织难度相对较大，需要协调、考虑的因素较多，则需要一个相对专业化的组织体系来实施家族教育。家族教育的组织体系可以根据具体情况采取不同形式。

- **家族教育专员**。对于小型家族，可以只设一名教育专员负责家族教育事宜。专员可以是专职的，也可以是兼职的，从成本控制角度看，兼职的教育专员可能更为现实。该人员可以是家族办公室工作人员，也可以是通过一定程序推选出来的家族成员。由家族中退休的但具有相关经验的人员担任教育专员也是一个比较好的选择。

- 家族办公室。对于已经建立家族办公室的家族来说，赋予家族办公室家族教育职责也是一个比较好的选择。家族办公室对家族情况熟悉，而且通常配置有固定人员，由其负责家族教育事宜是合适的。只不过根据需要，家族办公室下可能也需要配置家族教育专员或者建立家族教育工作小组，具体承担家族教育的日常组织工作。这种方式可以适用于所有类型的家族。
- 家族教育委员会。对于大型家族来说，在家族理事会下设立专门的家族教育委员会，也是一个通常的做法。不过委员会的主要职责不是负责家族教育的日常实施，而是制定、评估、调整家族教育政策、家族教育规划与年度计划，指导家族教育工作小组和教育专员的工作。至于具体实施工作通常也需要由专人或专门小组来负责，或者由家族办公室来承担。

案例6-3是施密特家族的一种实践做法，即在家族董事会下设立教育与领导力发展委员会，专门负责家族教育事项，可以供其他家族参考。

案例6-3 施密特家族的教育
——连接企业与家族成员的纽带

施密特家族在美国的威斯康星州拥有一家石油公司，发迹于20世纪50年代，如今主要经营石油产品及汽车配件和轮胎批发生意，旗下雇员1000多人。施密特家族董事会成立于2005年，莎拉·施密特任主席。家族董事会下面有两个委员会，它们都将教育列为核心工作，其中一个是社会责任委员会，另一个是教育与领导力发展委员会。

教育目标：以不断学习带领家族发展，以教育为纽带连接家族企业和家族成员。

组织设置：家族董事会及其下设的社会责任委员会、教育与领导力发展委员会。

教育项目：

（1）家族基金会项目的学习讨论：家族三、四代股东热衷于参与家族慈善事业。

（2）年度股东会议：沟通技巧、了解家族企业、可替代能源、公司资产报表；为年轻成员（4—17岁）专门设计社区服务、团队建设、业务参观等课程。

（3）学习论坛（一年两次）：交流感情、讨论与股东身份的话题。

（4）股东实习项目：为16—24岁成员安排夏季实习项目，进入家族企业获取直接工作经验。

经费安排：列入家族董事会预算，由家族企业提供支持。

项目负责人：莎拉·施密特，家族三代成员，家族董事会主席，公司董事会成员。

案例来源：新财道整理。详细案例参见艾米·M.舒曼，约翰·L.沃德，《家族教育》，第93—104页。

制订家族教育规划和计划

负责家族教育的组织与人员应当制订家族教育规划以及年度实施计划。教育规划是一个较长时间段的规划,如 3 年或 5 年规划,确定未来一段时间内家族教育的目标、对象、内容与方式等,属于中长期规划;年度实施计划是在每一个具体年度内就上述几方面拟订的实施计划。教育规划与计划是指导家族教育的具体实施指南。

制订家族教育中长期规划与年度实施计划,通常需要考虑的主要因素有:

- **家族教育对象**

所有家族成员都应该是家族教育的对象,只不过不同的家族成员,其教育的意义与目标、内容与方式不尽相同。比如,对于年长的家族成员来说,主要是通过家族活动、家族仪式等强化家族意识,了解家族新进展;而对于家族中的年轻人、后辈及新加入家族的成员,教育的意义则不一样,主要目的是教育与发展年轻一代和新加入家族的成员成为家族的一员,学习如何承担家族责任与角色、如何工作、如何相处、如何承担责任、如何决策、如何协调等。[1]因此,家族教育的重点应在后辈、年轻人和新加入家族的成员。

- 在确定家族教育对象方面,一个可行的办法是按一定的标准将家族成员分成不同的类别,如按年龄、性别、家族中未来承担

---

[1] Craig E. Aronoff, Stephen L. McClure, John L. Ward. *Family Business Succession: the Final Test of Greatness*. Palgrave, Macmillan, 2011:52.

的角色（如未来家族企业所有权人、家族企业接班人等）、亲属关系远近等分为不同的群体，以确定需要参加教育的家族成员数量和结构，并针对不同的人群制订有针对性的家族教育规划和计划。

- 家族教育目标

家族教育的目标是多元化的，总体来说，家族教育要实现以下方面的目标[1]：

- √ 让家族成员，特别是不同分支的家族成员相互了解，感情上更为融洽；
- √ 促进家族成员之间相互信任，学会如何一起工作；
- √ 促进家族企业更强大、更健康所需的技能与责任等；
- √ 加强不在家族企业工作的成员与企业的联系；
- √ 学会如何解决成员间的冲突；
- √ 通过分享经验让家族成员生活更丰富多彩；
- √ 教育家族成员更好地融入社会与社区；
- √ 学会尊重家族企业的员工；
- √ 培养家族自豪感。

在上述目标范围内，可针对不同的家族人群，确定不同的具体家族教育目标。教育目标越具体，家族教育就越具有针对性，也就越能产生良好的效果。如对于未成年人，主要是进行家族核心价值观、家族意识、家族历史、家族情感等方面的教育；对于

---

[1] Amy M. Schuman, John L. Ward. *Family Education for Business Owning Families: Strengthening Bonds by Learning Together.* Palgrave Macmillan, 2011: 7.

年轻人，除接受上述教育外，还须为准备承担家族责任做好准备，因此，了解家族、培养家族企业所需的技能等，也是针对这些人进行家族教育的重要目标；对于新加入家族的成员，主要是要了解家族、认同家族方面的教育。

- **家族教育内容**

在第三章关于家族人力资本培育政策的相关内容中，我们已经讨论了家族教育的基本内容，一般包括家族精神教育、家族情感关系教育、家族财商教育和家族技能教育四个方面，但具体内容则要根据教育的具体对象与具体目标来确定。

与正式的学校教育的内容不同，家族教育的内容具有很大的灵活性，同样的教育内容，其具体的组织方式和材料选择也不尽相同。对于家族成年成员来说，家族教育内容可以以文字材料的方式组织编排；而对于未成年成员来说，更合适的方式是以故事、图片、主题活动等来组织与展现。

在教育内容规划与计划方面，既要有整体的规划与计划，也要结合每一次活动的特色与安排具体策划，越具体，教育内容就越容易落实，相应的家族教育就越能完成具体的教育目标。同时，每次教育活动的内容要与活动本身的设计相匹配，内容过多则难以完成教育任务，内容太少则又可能影响家族教育的效率。因此，教育内容量的计划也是家族教育规划与计划要考虑的方面之一。

- **家族教育平台**

家族教育典型的平台是学习班、研讨班等，这些是专门的学习平台。但是，前文提到，家族的所有活动，都可以用于家族教育目的，所以，家族教育的平台非常广泛，家族外部也会有适合于实现家族教育目标的平台，不同的平台适合于不同内容和形式的家族教育。家族教育在实施过程中，可根据各类平台的不同特征与教育的具体目的进行选择。[①] 以下是一张可供选择的家族教育平台清单：

- √家族企业。家族企业可以为家族年轻成员了解家族企业、开展实习提供良好的机会。
- √家族通信或类似的材料。可以为家族成员了解家族动态、了解家族在各方面践行家族核心价值观、履行社会责任等提供好的渠道。
- √家族或企业网站、公众号。这是家族成员全面了解家族与家族企业及其动态的一个窗口。
- √专业协会的成员资格与课程。在家族成员成为某些专业协会会员的情况下，可以利用这样的平台，对家族年轻人开展专业性教育。
- √大学或培训机构提供的各类培训课程。
- √家族或家族企业组织的论坛。
- √家族之外的机构与组织举办的相关论坛。
- √投资俱乐部或个人发展夏令营或课程。
- √实地考察。
- √与其他家族在商业与慈善等方面互相提供人才培养机会。

[①] Amy M. Schuman, John L. Ward. *Family Education for Business Owning Families: Strengthening Bonds by Learning Together*. Palgrave Macmillan, 2011:30-31.

√家族慈善基金会以及家族慈善项目。
√家族的各类会议，如家族理事会与企业董事会会议。
√家族内部组织的教育项目或对家族成员的个体指导。
√家族理事会项目或任务组；等等。

实施并评估家族教育项目

家族教育组织在开展具体家族教育项目特别是自己组织的内部项目时，需要拟订相关教育项目实施方案，该方案应考虑具体教育项目的内容、形式、课程的频率、教育项目的参加者与教师的选择、教育经费的来源及支出、教育的地点、教育项目的评估等。

- **项目负责人**：家族教育项目的开展需要专人来负责、支持、组织和引领整个进程。负责人可以由家族成员毛遂自荐，也可由家族指定。许多家族倾向于选择外部专业机构来组织教育活动，这样省心省事。但也有一些家族倾向于由家族成员自主，或者同时聘请外部顾问来担当教育项目的负责人。
- **项目参加者**：教育项目的受众对象，是所有家族成员，还是某一代际的特定成员？是否包括家族成员的配偶？是否需要对在家族企业中供职的成员展开专门的培训？
- **项目的形式**：如何保证课程设计的趣味性和实用性？通常需要考虑教育活动的受众情况，如年龄、性别、在家族中的位置、家族文化等的确定，课程形式须与时俱进，以轻松愉快的方式为上佳。

- **项目的内容**：课程内容可以高度灵活及个性化，如了解家族情况的家族历史、家族渊源、家族核心价值观及愿景使命等的分享；与家族企业相关的创业经验教训、企业财务知识、战略规划、企业管理及市场营销、品牌宣传等；与个人发展相关的人际交流技巧、心理健康矫正、职业规划指导、性格测试、家族领导力培养等；与家族财富传承相关的法律、税务、投行、资管以及家族治理、家族教育等。

- **教师的选择**：在家族内部开展教育活动，对于教师的要求比较高。可以是教授人际交往技巧、个人发展和商业课程的老师，也可以是商业领域的成功企业家或职业经理人，还可以是某个领域有建树的专家或者具有良好专业素养的专业顾问，如律师、会计师以及其他领域的专家等。家族内部成员也可以作为教师来分享自身的学习体会、心得等。

- **教育经费的支出**：家族教育委员会在年初或年底要确定年度教育经费支出预算，包括外聘教师、学员餐费、设备费用、活动经费、奖励费用、学员出游及整合教育资源等，提交家族理事会或者家族大会审批或备案。教育经费可以由家族企业或者家族基金会承担。

- **教育地点的选择**：根据不同的规模可以选择不同的家族教育地点。通常，小型培训项目可以就近选择家族成员方便参加的住处或企业会议室，大型教育项目则往往要租用外部会议中心。不同类型的教育活动，对于地点的选择也有很大影响,比如社会实践类活动,一般选实践基地、参访企业所在地等。不同类型的教育项目最好能穿插进行。

以下是罗德尔家族专门针对家族第四代成员开展的一个教育项目(见案例6-4),针对性非常强,可以作为家族教育组织开展具体教育项目时的一个参考样本。

案例6-4 罗德尔家族的第四代教育计划

罗德尔家族创始人J. I. 罗德尔1930年在美国成立了一家出版公司,先后创办《有机农业与园艺》《预防》《男士健康》《跑步者世界》等健康主题杂志。如今罗德尔公司出版的杂志在40多个国家发行。公司拥有在线杂志,雇员已达到1000多人。

几年前,家族四代成员发起了一个旨在了解家族企业、承担股东责任的专门针对四代成员的教育计划——"G4教育"。G4教育只允许第四代人及其配偶加入,不允许父母参加,但会将教育项目的进展情况及时通知整个家族。

罗德尔家庭教育项目每次课程持续2个小时,地点在公司的办公室。课程安排主要包括:

(1) 家庭律师讲解家族信托计划;

(2) 公司专家雇员讲解出版、新产品开发、图书制作;

(3) 家族企业顾问讲解股东与家族成员共事、沟通和合作;

(4) 公司线上业务运营情况;

> （5）关于慈善与罗德尔研究院，等等。"G4教育"的特点总结如下：
> ①只对第四代成员开放；
> ②及时收集成员意见更新课程；
> ③营造自由氛围，随意而又有教育性；
> ④创办"圈子"家庭通讯向其他成员通报教育项目进展。
>
> 案例来源：新财道整理。详细案例参见艾米·M.舒曼，约翰·L.沃德：《家族教育》，第79—91页。

家族教育组织需要在教育项目结束后及时评估课程的效果，听取学员的反馈，总结经验教训。此外，也需要对整个家族教育体系定期和不定期开展效果评估，以不断改进与提升家族教育的质量。家族教育的评估包括日常评估和定期评估。日常评估由家族教育组织体系自身开展，特别是设立家族教育委员会的家族，可以由家族教育委员会来组织评估。专门评估则可考虑委托中立的第三方专业机构进行，以便对家族教育情况进行全面、客观的评估，并根据评估结构进一步完善家族教育政策、教育规划与年度计划。

3.3 举行具有自身特色的家族仪式

仪式看起来是形式性的，但它们服务于严肃的目的。家族仪式在家族发展和维系中发挥了重要作用，它为个体提供了将自己与祖先、与家族故事、与家族的独特性联系起来的一种方式。[1]一些人认为仪式过于简单化、程式化，属于形式主义的东西，但实际上仪式对于家族来说具有多方面的意义。对于家族成员来说，仪式往往代表了个体成功经历了前一个阶段，将迈向下一个阶段；对于家族来说，它代表着家族成员的不断发展与家族精神和文化的不断延续。因此，家族仪式具有教育和凝聚家族成员的双重功能。基于此，很多家族都非常重视仪式，注重利用仪式来教育和凝聚家族成员。

在什么情况下举行仪式？

家族仪式大体上可以分为两类，一类是纪念性的仪式，另一类是庆祝性的仪式，不同的仪式适用于不同的情形。

纪念性的仪式通常是在特定的时点或在遇到特别事件时举行的仪式，它的主要目的是纪念，既包括对家族某种抽象的精神、文化和象征性人物的纪念，也包括对特定人物的悼念或追念。前一种纪念性仪式主要目的在于重申家族精神、家族文化，促进家族精神与文化的教育与延续；后一种纪念性仪式的主要目的是情感上的，表达家族对故去人物一种情感上的思念，从而加强家族成员间情感上的联系。这种类型的纪念性仪式通常有：

- 祭祖仪式。通过祭祖强调共同祖先意识，从而强化共同的家族意识。
- 家族创始人特别纪念仪式。对于对家族的形成与发展做出

---

[1] James E. Hughes Jr. *Family Wealth-Keeping It in the Family.* Bloomberg Press, 2004: 51.

开创性贡献的家族人物，因其对家族的贡献与体现的家族精神，很多家族会安排专门的纪念仪式，以传承家族精神。

- 追悼仪式。对于家族中故去的成员，举行追悼仪式，表达一种思念之情，体现每个家族成员的归属感。
- 其他独特纪念仪式。依每个家族所重视的家族精神、家族文化类型或其表现的不同，每个家族可能会创设自己独特的家族仪式。

家族的庆祝性仪式主要是与家族成员的加入和成长阶段相关[1]，在家族成员取得特别成就时，也可以举办庆祝性仪式。对于每一个新家族成员的到来，家族仪式赋予了一种家族成员身份的肯定与欢迎，让家族成员或其更亲近的亲属感受到家族的温暖；而家族成员经历了特定成长阶段的仪式，则既表明了家族对个体的一种祝贺，也对他们进入新一个阶段表达了一种希望，既让家族成员更强化了他们的家族归属感，也使他们获得了前进的一种新动力。典型的庆祝性仪式主要包括：

- 庆生仪式。家族成员出生，通过仪式庆祝家族新成员的到来，也是对家族延续的一种庆祝，并显示家族的团结。
- 加入仪式。家族外的成员加入家族，通常包括两种形式，一是婚姻，二是收养，通过一定的仪式让他们形成家族归属感。

---

[1] James E. Hughes Jr. *Family Wealth-Keeping It in the Family.* Bloomberg Press, 2004: 51-53.

- 成年礼。家族成员成年时，成年仪式标志一个阶段的结束和一个新阶段的开始，在成年仪式之后，意味着家族成员要承担新的家族责任。
- 婚礼。家族成员结婚既是个人人生中的一件大事，也是家族中的一件大事，可通过仪式表示祝福。
- 退休仪式。以这种方式表示对家族成员辛苦工作的感谢，同时也对他们退休后的生活致以美好的祝愿。
- 特别成就庆祝仪式。当一个家族成员取得特别成就，足以令家族感到自豪时，可通过举办仪式，既鼓励家族成员通过努力取得好的成就，也增强家族的荣誉感与自豪感。

如何举行家族仪式？

如何举行家族仪式，没有一定之规，一方面依仪式的类型不同而异，另一方面受社会习俗影响，此外还与家族的选择相关。

- 有些仪式在特定地方有约定俗成的举行方式，如婚礼、葬礼，大多数家族会遵从当地的习俗。但也不必非如此不可，只要家族认为能达到举行仪式的目的，可以自行设计或选择其他的仪式。
- 有些家族对某些类型的仪式，如祭祖、纪念性仪式，有长期的传统，一般按传统举行仪式，能发挥仪式的有效作用。
- 对于重大事项，仪式可以相对复杂一些；对于多数仪式，可以以简约的方式举行。比如欢迎新成员，可以选择在家族大会期间举行欢迎仪式。
- 家族仪式也可考虑采取与时俱进的方式举行,如通过远程参与方式举行仪式。对于家族成员居住分散,特别是分散在世界各地的家族来说,远程仪式有时是一个可行的、合理的选择。

谁来发起、组织、主持仪式,也是家族仪式中应考虑的一个现实问题。一般来说,如果是涉及全家族的纪念性仪式、庆祝性仪式,可考虑由家族领导人或其委托、指定的人负责发起、组织与实施;对于家族成员成长阶段性仪式,除由家族集体举办的仪式,如家族成员集体成年礼外,宜由各核心家庭或家族分支负责;如果是需要列入家族会议的仪式,也应按仪式的类型,由相关的负责人与会议组织者协商安排。

3.4 调解和解决家族冲突

如何解决家族矛盾和冲突,是传承家族必须面对的问题。在家族治理框架下,制定"家族宪法"、家族协议、家族企业政策、家族资产管理规划、家族成员行为规范等,有助于防止不必要的结构性冲突[1],但仅限于此是远远不够的。不论家族如何规划、如何预防,家族内的冲突都是不可避免的。因此,家族需要建立调解和解决家族冲突的机制,并将之付诸实践,以尽可能防止或

---

[1] Randel S. Carlock, John, L. Ward, *Strategic Planning for the Family Business: Parallel Planning to Unify the Family and Business*, Palgrave Macmillan, 2001: 75.

减轻家族冲突对家族的负面影响,维护家族的团结。在调解与解决家庭冲突方面,家族既要积极面对,也要利用一切可用机制化解冲突,或至少在冲突者之间形成一种共识,避免冲突的消极后果。

充分利用冲突的积极面

大多数人一听到冲突就头疼,对冲突有一种天然厌恶或逃避心理。其实,既然冲突是不可避免的,就必须积极面对。就冲突的本质来看,它是对事物的一种不同认知与评判,有时甚至是相反的认知与评判。认知与评判的差异性,有时更有利于我们认知事务的本质,或对事项有更全面、深刻的认识与了解。家族冲突也是如此。家族冲突的存在,至少在以下几个方面可以帮助家族进一步探讨与思考很多问题,从而改进工作,促进家族的发展。[1]

- 家族冲突可以使家族未意识到或深层次的问题浮出水面,从而有助于家族正确识别问题,寻找解决真正问题之道,这有利于家族更长远的健康发展。
- 冲突有可能促使家族创造性地寻找新的方案、方法和途径去解决问题。如果冲突双方对于对方的方案、方法和途径都不满意,通常意味着有更好的其他可能性,迫使家族去探索。
- 冲突的过程可以用于帮助冲突之中的家族成员发泄情绪,

---

[1] Lee Hausner, Douglas K. Freeman. *The Legacy Family: The Definitive Guide to Creating a Successful Multigenerational Family*. Palgrave Macmillan, 2009: 140.

表达不满，家族可利用这一过程，促进家族成员之间真实的交流，表达真实的意见与情感，而不是暗含不满，积累至不可调和的程度。

- 冲突有助于冲突各方了解对方的观点与想法，有助于家族成员之间换位思考，促进相互之间的了解。
- 冲突是各方真实愿望与期待的表达，家族可以借此审视相关政策，确定是否需要做出必要的修订。
- 冲突中意见表达与解决冲突的过程，可以帮助家族成员提高交流的技巧，提高交流的有效性。

基于上述考虑，在家族内部出现冲突时不用害怕，而是要认真分析冲突的性质、类型、具体内容、当事方的理由与依据、真实诉求等，探讨冲突可资利用的积极面，从一个消极事项中获得积极的效果。这将从整体上有助于增强家族的凝聚力和家族成员之间的团结。

搭建冲突双方交流的平台

任何一个冲突的解决，都需要冲突双方面对面的对话，明确冲突涉及的真正问题、缘由、各方的立场与依据等，并在此基础上，分析原因，寻找解决的方案。一个双方都认可的平台非常重要，好的平台有助于冲突各方坦诚、有效地交流。平台可以为冲突各方的交流提供引导，提供必要的帮助，避免冲突的升级或矛盾的激化。

搭建平台，既可利用家族现有的机制，也可考虑搭建临时性的平台。协调平台可采取如下方式搭建：

- 家族冲突与纠纷解决机构。如果家族组织体系中有此类机构，则该机构是当然可选的平台。
- 家族理事会。考虑到家族理事会在家族事务中的中枢作用，以及家族理事会组成人员本身的权威性或代表性，由家族理事会作为协调家族冲突的平台，也是一个比较好的选择。
- 根据冲突各方的意愿和实际需要，搭建一个专门性的新平台，如由家族有威信的长者作为协调者参与冲突的调解和解决，或者由几个长者组成一个调解小组进行协调。
- 必要时，家族也可聘请外部中立第三方参与家族冲突的调解，由第三方主持调解工作。

作为供冲突各方交流的平台，要坚持一些基本原则，特别是以下三项原则：

- 中立原则。平台本身对冲突涉及的事项不持任何立场，只是作为中立的平台，为冲突各方提供坦诚、全面、深入交流的机会。
- 事实与情感并重原则。平台主持冲突各方交流，为了使双方更好地交流与达成一致，平台可以帮助冲突各方澄清事实及相关的家族规范，并提醒冲突各方作为家族成员的身份，敦促各方在事实基础上，兼顾家族规范与家族情感来解决双方之间的冲突。
- 保密原则。对于冲突各方在交流中提出的各种观点、关于事实的依据等，特别是对于冲突各方明确表示不愿为外人知晓的信息，平台负有保密的责任，任何披露，须经冲突各方的同意，以避免引起更多的麻烦，产生更多的矛盾。

形成冲突协调和解决方案

通过冲突各方交流平台的工作，最好的结果是冲突各方达成相互理解与和解协议，冲突自然就解决了。但在有些情况下，冲突各方在通过平台交流之后，仍然无法解决相互之间的分歧，无法解决各方之间的矛盾，则平台应向家族相关决策机构提出解决方案的建议，以最大限度地减少家族冲突的负面影响。

通常来讲，如果交流平台上无法解决家族冲突，冲突会提交到家族纠纷解决机构，最终可能会提交到家族理事会来决定。比如，家族企业股权的冲突，如果冲突的股东之间无法达成一致，则有可能会有部分家族股东退出家族企业，这样更有利于家族企业的顺利经营和长远发展，也避免矛盾与冲突的持续存在。

当然，家族冲突的解决方案，依冲突性质的不同而异。如涉及经济利益的问题，通常可以通过经济利益调整或补偿的方式解决；而情感上的冲突，则更为复杂，如夫妻间的冲突，最终的解决方案可能是离婚，但是，即使是离婚，也需有一个关于家庭与财产事项的合理安排。

4. 评估并重申家族治理体系

4.1 定期评估家族治理效果

当一个家族构建并实施了某种形式的治理体系后,要看其是否发挥了作用以及作用的程度如何,就需要这个家族对家族治理的效果定期地做出评估。评估应该由专门的家族治理组织(如家族理事会或家族办公室)负责进行,评估频率至少一年一次,以及时反映家族的年度治理情况。

运用家族资产负债表

评估一个家族的治理效果,最好的工具仍然是运用家族资产负债表。家族资产负债表作为家族财富管理的一个工具,在家族财富管理中具有多重意义:认识上的意义、管理上的意义、评估上的意义。它是一个家族认识、管理并评估自己家族财富的基本工具。

通过资产方的列示,家族可以全面认识、管理和评估包括家族金融资本、人力资本、文化资本和社会资本在内的所有的家族物质财富和精神财富;通过负债方的列示,家族可以全面认识、管理和评估包括家族内部风险和家族外部风险在内的所有风险;通过权益方的列示,家族也可以全面认识与评估整体家族财富在某一时间段内在数量方面与质量方面的实际结果状况。在对象范围上,所谓家族治理,其实治理的就是一张家族资产负债表。

因此，评估家族治理效果，就是评估家族资产负债表的管理效果，而衡量一定时期内对家族资产负债表的管理是否具有成效，核心是看在该时期内家族权益的增减情况。

不同于企业资产负债表中的企业权益，家族资产负债表中的家族权益不仅包括财务层面的家族金融资本的增减情况，还包括非财务层面的家族人力资本、文化资本和社会资本的增减情况，而最终的检验标准则是全体家族成员是否实现了自我发展和自我幸福。

家族权益基本构成

- 家族金融资本是否增长？
- 家族人力资本是否充足？
- 家族社会资本是否提高？
- 家族文化资本和家族凝聚力是否增强？
- 家族成员是否幸福成长？

定量与定性相结合

对家族权益的评估需要采取定量与定性相结合的方法。这是由家族权益的构成特点决定的。如前所述，家族权益由财务层面权益与非财务层面权益两部分构成。财务层面的家族权益即金融资本的增减情况，可以采取定量标准加以评估。而非财务层面的家族权益即家族人力资本、文化资本和社会资本的增减，更多情况下只能采取定性分析方法加以评估。

实践中，许多家族习惯于看重家族金融资本方面的定量评估,将家族的成功更多定义为物质财富的增加,不顾一切地想要每年增加金融资本。而对于一个传承的家族来说,这种想法则是危险的。家族传承的哲学一再揭示,家族非金融资本特别是人力资本状况才是决定一个家族是否能够成功的关键所在。我们之所以在家族治理实施过程中强调对治理效果的评估,目的就是想提醒家族需要看到家族权益的全貌,尤其是非金融资本的实际状况。通过这种全局性的评估,家族就可以清楚看到当前存在的真正重要的传承问题在哪里,并通过这种评估为未来治理工作的改进指明方向。

立足于家族权益的构成,采取定量与定性相结合的方法,对家族权益进行评估,需要着重关注以下几个方面:

- **家族金融资本是否增长?** 这个方面最容易量化。主要看家族物质财富在价值上是减少、持平还是增长了。比如,去年是10亿元,今年是变成了5亿元,还是变成了15亿元,抑或仍然是10亿元?从中我们可以一目了然地看到家族金融资本的治理效果。当然,除了总量结果外,也应当对家族金融资本的结构特征做出评估,看其结构是优化了还是恶化了。

- **家族人力资本是否增长?** 这需要从数量和质量两个角度进行评估。在数量上,看家族的人丁是否兴旺,家族成员的数量是增加了还是减少了,这个也好量化。在质量上,看家族成员的综合素质是否提高了,可以从基本品行、教育程度、职业状况、能力水平等方面进行评估,这个虽然不好量化,但在家族内部是最容易感知到的。如果家族成员中游手好闲的人、不愿学习和工作的人、能力平平的人多了，说明家族成员的质量在下降。

- **文化资本是否增长？** 这可以从家族成员对家族核心价值观的认同度、家族成员的凝聚力、家族成员的和谐度等方面进行评估。这个虽然不好量化，但在内部也是最容易感知到的。如果家族成员对家族的愿景、使命、核心价值观不认同的人多了，对家族事务不愿参与的人多了，家族矛盾和纠纷多了，就说明家族文化资本在衰减。

- **家族社会资本是否增长？** 这可以从家族信用度、慈善参与度、社会和谐度等方面加以评估，这个虽然也不好量化，但是也是可以感知到的。如果家族失信、被限制高消费人员多了，对慈善公益活动支持和参与的意愿减少了，与社区、员工、合作伙伴、政府部门的关系摩擦多了，就说明家族的社会资本减少了。

- **家族成员幸福感是否增强？** 古希腊哲学家亚里士多德从伦理学角度指出，所有人活着的真谛就是为了追求幸福。美国宪法更是把"追求幸福的权利"与生存权、自由权并列为三大天赋人权加以确认，而中国共产党则把"满足人民对美好生活的向往"作为其核心使命。显然，个人幸福是现代文明的一个核心价值观。同样，良好家族治理的目标表面上看是为了实现传承，而在实质上，其最终使命就是增强每一位家族成员对幸福的追求。"幸福"虽然难以量化，不好定义，但作为一种"美好的生活状态"，也是每个人可以自我感知到的。因此，家族可以通过设计合适的问卷加以评估。

如果在评估期内一个家族的金融资本、人力资本、文化资本、社会资本都能保持健康的状态或者增长的状态，每个成员的幸福感都有所增强，那么，我们就可以说，这个家族的治理是富有成效的。反之，这个家族的治理就存在问题甚至是失败的。

4.2 完善与重申家族治理体系

评估与完善家族治理体系

对家族权益的定期评估，可以反映一个家族的治理效果，而治理效果的好坏，则反映了家族治理体系是否完善。因此，在对家族权益进行评估的基础上，需要对家族治理体系开展评估。反映治理效果的家族权益评估与家族治理体系评估是一个硬币的两面，需要同时进行，并由相同的家族治理组织负责。

与家族权益评估同时进行的对家族治理体系的评估，是全面系统的评估，需要涉及家族治理的所有层面，包括家族成员范围、家族目标、家族治理政策、家族治理组织、家族治理规范、家族治理实施等各个方面。评估是一个回顾事实、总结经验教训、提出改进意见的完整过程。

表 6-6 是一个建议性评估框架，可以供家族评估治理体系时参考。

表 6-6　家族范围与家族目标评估

评估范围	事实描述	实施经验	主要问题	改进建议
家族范围与目标				
家族范围界定	目前标准	如建成核心家族	如范围过大	如缩小范围
家族愿景目标	目前界定	如凝聚了家族	如不太清晰	如更清晰有力
家族治理政策				
家族财产分配政策	政策描述	如激励了年轻人	如一些标准不清	如明确标准细目
家族财产管理政策	政策描述	如控制了风险	如投资顾问不理想	如更换投资顾问
家族与企业关系政策	政策描述	如锻炼了成员	如上市政策欠缺	如明确上市政策
人力资本培育政策	政策描述	如好的教育项目	如针对性不强	如加强针对性
家族社会责任政策	政策描述	如好的慈善项目	如后续跟进不够	如改进跟进方法
家族治理组织				
家族大会	目前结构	如不错的形式	如主题不突出	如改进议题设计
家族理事会	目前结构	如气氛很好	如效率不高	如投升决策效率
家族办公室	目前结构	如协同很好	如人员不足	如补充专业人员
其他家族组织	目前结构	—	—	—

续表

评估范围	事实描述	实施经验	主要问题	改进建议
家族治理文件				
家族宪法	现有结构	如体系完备	如程序简单	如补充议事规则
家族企业契约	现有结构	如针对性强	如遗漏了重大问题	如订立补充协议
家族行为规范	现有结构	如重点突出	如缺乏约束	如建立约束机制
家族治理实施				
家族治理的组织力	现有措施	如领导力强	如成员参与不够	如激励成员参与
家族财产的管理结构	现有措施	如家族基金完备	如投资能力不足	如改进投资管理
家族凝聚与教育实践	现有措施	如好的教育项目	如没有家族仪式	如举办家族仪式

除了定期（通常每年一次）对家族治理体系进行全面系统的评估外，如果家族出现了某种具有重大影响的事件，那么也需要针对事件进行及时评估。比如，投资发生了巨额亏损，就需要对相关投资政策及时进行评估；又如，家族企业出现了重大财务危机，就需要对企业的相关治理事项进行及时评估；再如，家族出现了重大税务事故，也需要及时对家族风险控制政策进行评估。无论是对家族治理体系定期的全面评估，还是因突发重大事件引发的临时评估，负责评估的家族治理组织或者专项评估小组，都应及时制作评估报告，提出改进与完善相关家族治理机制的建议，报诸如家族理事会之类的家族决策机构进行讨论决策，并在通过后予以实施。

重申并加入家族治理体系

长期保有财富的家族治理是一个动态的过程，必须一代又一代地成功延续下去，才能真正实现跨越多代的家族传承。一个家族中某一代出现了一个标志性的人物，创造了巨额的家族财富，并决定通过建立家族治理体系实现财富的家族传承，这只是迈开了正确的第一步。如果他所创建的家族治理体系只有自己一代在践行，后代家族成员并没有及时而持续地跟进，那么，其开创的传承之路很快就会走到尽头。

原因很简单。随着时间的推延，结婚、离婚、死亡接踵而来。老的成员不断离去，新的成员不断加入进来。由某一代成员建立的家族治理体系，随着他们的离开，如果没有新的成员的加入，很快就会丧失活力，由该治理体系维系的家族秩序也很快会陷入混乱。家族新成员本身具有的活力，既可以成为既有家族秩序的维护力量，也可以成为一种破坏力量。如果家族治理体系中能够建立一种使后代家族成员不断认同并参与其中的机制，那么，家族新成员的活力就会注入到家族治理中来，成为家族传承的新生力量；反之，他们的能量就会走向反面，成为家族传承的一种破坏力。

使后代成员不断加入到家族治理体系中来，主要有以下三种途径：

- **不断重申家族治理。**方法就是前面提到的，不间断地凝聚与教育家族成员，使之成为家族治理实践的一种常态。这种不间断不仅是要在当代家族成员中持续下去，而且要在每一代家族成员中持续下去，从而使家族治理体系不断得以重申、不断得以延续。

- **不断完善家族治理**。家族治理体系所反映的愿景、使命、核心价值观应当保持稳定性、连续性，应该通过各种凝聚与教育活动，使其成为一个家族具有信仰性质的"家族精神内核"。但是，家族治理体系中的其他方面如治理政策、治理组织、治理规范等则应与时俱进，适时反映下一代家族成员的时代环境、时代风貌以及他们的心声、愿望，使家族治理体系能够不断适应新的变化而为家族后代成员乐于接受与参与。

- **不断加入家族治理**。除了通过凝聚与教育活动不断重申家族治理，以及通过修正机制不断完善家族治理外，还有必要采取某种方式，使后代家族成员能够正式地签署"家族宪法"和其他家族契约，比如在举办成年礼的时候或者在家族大会上，让新成年家族成员正式签署"家族宪法"等治理文件，以正式方式承认并加入家族治理体系。

对于致力于长期保有财富的家族而言，家族治理不仅是对某一代人的行为管理，更是对每一代人的行为持续进行的动态管理过程。正如本章开篇就已指出的那样，为了传承而实施的家族治理，不是某一代人的事情，而是每一代人的事情。一个家族通过家族契约创建了反映其共同价值观的治理体系后，如果要成功传承财富，其以后的每一代都必须重申并继续采纳这一家族契约，必须重申并继续参与这一治理体系，否则，传承的进程就会中断。这对家族的耐力是一个巨大的考验。